O meu
EU

Charles Handy

O meu **EU**

ACTUAL EDITORA

Almedina Brasil Ltda./Actual Editora Ltda.
Alameda Lorena, 670, São Paulo, SP,
Cep.: 01424-000, Brasil
Tel./Fax: +55 11 3885-6624

Site: www.almedina.com.br

Título original: *Myself and other more important matters*

Edição original publicada pela William Heinnemann
Grupo Random House
Edição: Almedina Brasil Ltda.

Tradução: Walter Sagardoy
Preparação de texto: Maria Suzete Casellato
Revisão: Eliel Cunha
Diagramação: Linea Editora Ltda.
ISBN: 978-85-62937-00-2

Impresso em outubro de 2009

Dados Internacionais de Catalogação na Publicação (CIP)
(Câmara Brasileira do Livro, SP, Brasil)

Handy, Charles
O meu eu / Charles Handy ; [tradução Walter Sagardoy]. -- São Paulo : Actual Editora, 2009.

Título original: Myself and other more important matters.
ISBN 978-85-62937-00-2

1. Cientistas sociais - Grã-Bretanha 2. Economistas - Grã-Bretanha - Biografia 3. Handy, Charles B. I. Título.

09-10428 CDD-335.43

Índices para catálogo sistemático:

1. Economistas : Biografia 335.43

Agradecimentos

Na peça de Tchekhov *A Gaivota*, o famoso romancista Trigorin explica: "Eu adoro escrever... escrever me dá muito prazer. Corrigir provas também é muito bom. Mas depois o livro tem de ser editado. E no momento em que está sendo impresso... é demais para mim. Não está bom, foi um erro, e para começo de conversa nunca deveria ter sido escrito, e então me sinto fraco e infeliz. E depois as pessoas leem e dizem: "Sim, é um bom romance... muito agradável, mas não tão bom como Tolstói", ou: "Um bom texto, mas *Pais e Filhos*[1] é melhor".

Todos os escritores se identificam com ele. Escrever um livro é uma ocupação solitária e o resultado final é sempre duvidoso. Para acreditar num trabalho necessitamos de apoio e encorajamento em todas as etapas. Tenho ideia de ter tido não um, mas dois editores sucessivos da William Heinemann; Joy de Menil me ajudou muito na organização dos meus pensamentos, enquanto Caroline Knigh, depois de Joy ter regressado aos Estados Unidos, sua terra natal, conseguiu transformar os meus textos num livro e encaminhou-o para o seu destino final nas livrarias. Da minha experiência do passado sei que a formidável equipe de marketing e vendas da Random House fará o melhor que puder para que eu não me sinta como Trigorin. Agradeço-lhes antecipadamente.

1. Obra do grande romancista russo IvanTurguêniev (1818-1883). (N.T.)

Também tenho de agradecer o longo sofrimento da minha família, que suportou a angústia de um autor e lhe permitiu utilizar algumas informações pessoais neste livro sem se queixar. À medida que escrevia, compreendi o papel importante que a família teve e tem na minha vida. Elizabeth, minha esposa e parceira, tem tido mais fé no meu trabalho do que eu próprio, o que tem sido uma enorme fonte de força para mim. Sou eternamente agradecido. Espero ter deixado claro nas páginas deste livro meu reconhecimento pela sua importância em minha vida.

Finalmente, ao escrever sobre episódios de minha vida tenho tido mais consciência de que muitas pessoas me acompanharam em muitas fases da minha viagem e do quanto, em retrospectiva, lhes devo por sua ajuda ao longo desse caminho. Espero que saibam quem são, porque quero aproveitar esta oportunidade para agradecer a todos. Minha vida não teria sido a mesma sem eles.

Charles Handy
Norfolk, Inglaterra
Junho de 2006

1

Tem certeza?

Há alguns anos, eu ajudava minha mulher, Elizabeth, a preparar uma exposição das suas fotografias de jardins de chá indianos, quando fui abordado por um indivíduo que estivera observando as fotos. "Ouvi dizer que o Charles Handy está aqui", disse ele. "De fato, está", respondi, "sou eu." Ele olhou para mim durante alguns momentos, com ar de incredulidade, e disse: "Tem certeza?". Respondi-lhe que se tratava de uma boa pergunta, pois, ao longo do tempo, tinha existido várias versões de Charles Handy, e não me orgulhava muito de algumas delas.

Havia, por exemplo, o tímido estudante anglo-irlandês, nascido e criado num vicariato da Irlanda rural, que, por acaso, se tornara um pseudoestudante de grego antigo e de latim em Oxford. Havia o executivo da Shell, que dera por si combatendo as dificuldades com que se deparava nos rios e selvas de Bornéu[1]. Tentava fugir às suas primeiras influências e entrar num mundo mais empolgante, de viagens, dinheiro e poder, a que imaginou ter acesso numa empresa. Esse, descobri, não era o Charles Handy

1. Charles Handy trabalhou para a Royal Dutch Shell, na Ásia. (N.T.)

que eu queria ser. Durante muitos anos não soube qual seria meu eu ideal, mas o professor Charles Handy era o que chegava mais próximo disso, pois o ensino e a pregação faziam parte da herança que eu tentava, inutilmente, ignorar.

Para alguns, serei sempre a voz de "Pensamento do dia",[2] do programa de rádio *Today*, da BBC, enquanto outros conhecem apenas o guru da gestão chamado Charles Handy, que muitos supõem ser americano, como muitos dos denominados gurus dos negócios. Os meus filhos, presumo, conheceram um pai bondoso, se bem que pouco prático, e um cozinheiro razoável, enquanto minha mulher, porque me tinha visto desempenhar muitos desses papéis, conhecia, provavelmente melhor do que eu, o complexo Charles Handy que daí tinha resultado e que ainda está em evolução. O Charles Handy que sou hoje começou a emergir quando cheguei aos 60 anos e, quem sabe, talvez ainda esteja para surgir outra versão. Nenhum homem pode ser considerado feliz, ou totalmente realizado, até o dia de sua morte.

A identidade é uma questão complexa. Fico constantemente chocado com as minhas fotografias. Aquela não é a pessoa que vejo todos os dias no espelho pela manhã, alguém que parece mais afável e, é claro, mais jovem que o senhor idoso de cabelos brancos que aparece nas fotografias. Não é fácil vermo-nos a nós mesmos como os outros nos veem. Até as temidas avaliações de 360 graus que as empresas realizam nos dias de hoje revelam apenas uma versão parcial da verdade. Um dia um amigo descreveu-me a sua vida como o equivalente a um módulo de gavetas, um desses pequenos móveis com cerca de oito gavetas. Cada gaveta, afirmou, representava uma parte da sua vida, e oferecia um olhar

---

2. "Thought of the day" — o programa *Today* (Hoje) está há muito no ar, na estação de rádio da BBC. (N.T.)

diferente sobre toda a sua pessoa. Mas não parava por aí. Uma gaveta estava fechada para os estranhos, enquanto outra estava fechada para si mesmo — o seu subconsciente.

Lembrei-me, então, da velha janela de Johari,[3] que representa uma das minhas primeiras incursões na psicologia social. Criada pelos professores Joe e Harry, consistia numa janela, dividida em quatro quadrantes, ou vidraças, que podem ser designadas de A a D, conforme se pode observar no seguinte esquema:

Conhecido pelos outros	A	B
	D	C

Conhecido pelo próprio

A totalidade da janela representa a nós mesmos, de acordo com a percepção que nós temos e os outros têm a nosso respeito. Segundo essa teoria, os outros nos veem da parte lateral da janela, enquanto nós nos vemos da parte inferior. As divisões entre as vidraças da janela são demasiado espessas para se poder ver através delas, por isso ninguém nos vê por inteiro. Os outros veem as nossas facetas representadas pelas vidraças A e D, mas não as representadas pelas B e C. Nós vemos a C e a D, mas não a A e a B. Em outras palavras, nossa faceta representada pela vidraça D é comum a todos, mas a C é apenas nossa, enquanto

3. Também conhecida como "janela das percepções", descreve o processo de dar e receber *feedbacks*. Para os psicólogos Joseph Luft e Harry Ingham, o indivíduo é formado por quatro "eus". Através da janela de Johari é possível perceber como a pessoa se vê e como os outros a veem. (N.T.)

a B está escondida de todos. Joe e Harry afirmaram que funcionaríamos melhor como pessoas se conseguíssemos ampliar ao máximo a janela D.

Duvido que isso seja possível. Conforme disse Shakespeare, "Um homem, na sua vida, desempenha muitos papéis". No entanto, nos dias que correm, as pessoas fazem-no simultânea e sequencialmente. Neste momento, não apenas sou diferente do Charles Handy da minha juventude como sou diferente de lugar para lugar, de um grupo para outro. Somos, então, a mesma pessoa ou não? Confundimo-nos a nós próprios, bem como aos que nos observam?

Recentemente, minha mulher e eu tivemos de visitar uma central telefônica em Nova Délhi. Aquele espaço atendia usuários dos serviços de apoio a clientes da AOL e da Dell nos Estados Unidos. Como era meio-dia em Délhi, o local estava quase vazio, porque ainda era noite nos Estados Unidos. A maior parte da força de trabalho chegava à noite. Disseram-me que depois trocavam as indumentárias indianas pelas ocidentais, adotavam um nome americano e imitavam ao máximo o sotaque daquele país. Eram incitados a ver telenovelas americanas, no seu tempo livre, para se familiarizarem com a linguagem americana, tudo para que os usuários pudessem se comunicar facilmente com eles e ficassem com a convicção de que estavam telefonando para o Kansas e não para Délhi.

Saímos dali horrorizados com essa exigência de uma vida dupla. Como conseguiam ser americanos à noite e indianos durante o dia? Pensávamos conosco mesmos que não era de admirar que poucos ficassem mais de dois ou três anos, apesar de receberem um bom ordenado. Depois comecei a refletir sobre minha própria vida nas empresas e nas organizações. Também tinha trocado minha indumentária e minha atitude quando entrava nos escritórios da organização. De alguma forma, eu me tornava um Charles Handy diferente daquele que minha família conhecia. Todos nós nos adaptamos, em certa medida, ao ambiente que nos rodeia.

Elizabeth, minha mulher fotógrafa, utiliza os seus retratos "combinados" para exemplificar isso mesmo. Pede a seus modelos que posem de duas ou três maneiras diferentes, para poder refletir os diferentes papéis que assumem na vida, mas tudo no mesmo espaço cênico. No seu próprio autorretrato (ver fotos), tirado na cozinha, ela é vista como fotógrafa, como cozinheira, no fogão, e como minha agente, sentada ao computador. Depois faz uma montagem das imagens para que pareça que estão três pessoas diferentes numa sala — só que é apenas uma.

Há ainda uma especificidade. Uma vez que tira os retratos sempre da mesma posição, mas colocando o seu modelo em vários pontos da sala, a imagem que fica mais perto da máquina fotográfica sai maior. "Qual das suas diferentes facetas", pergunta a quem está posando, "tem mais a ver com você?" Muitas vezes é uma pergunta difícil de responder. Contudo, ela não teve nenhuma dificuldade no seu próprio retrato. A Elizabeth fotógrafa está orgulhosamente posicionada à frente, com uma pequena Elizabeth inclinada sobre o computador em segundo plano e uma Elizabeth ligeiramente maior no fogão, preparando a refeição da família.

Por vezes pergunto a quem observa esses retratos quais seriam as três imagens delas próprias que escolheriam se Elizabeth as fotografasse. Qual a que destacariam? Mudariam com o tempo, e os outros concordariam com sua escolha? Hoje, para mim a imagem mais proeminente seria a do escritor, segurando um livro, sentado à minha escrivaninha ou simplesmente coçando a cabeça enquanto penso no que vou escrever. Quando Elizabeth me fotografou, há alguns anos, usou essas três imagens. Não fiquei muito satisfeito. Transmitia a ideia de que me resumia à escrita.

Queria figurar com uma frigideira na mão, como cozinheiro, ou segurando uma garrafa de vinho, sentado à mesa com minha família. Dez anos antes teria incluído uma fotografia minha numa reunião de negócios — nessa altura desejava ser alguém que age e pensa, quando ainda ansiava estar perto das pessoas influentes. Se Elizabeth tivesse tirado fotos minhas dessa forma, de dez em dez anos, eu seria um retrato vivo do meu progresso ao longo da vida, dos diferentes papéis que fizeram o Charles Handy em evolução.

Quando Elizabeth é contratada por alguém para tirar um retrato, pede sempre que escolham as suas favoritas dentre as primeiras provas. Curiosamente, as escolhas que fazem dependem da pessoa a quem as fotografias se destinam. Uma jovem escolheu quatro, todas diferentes uma das outras. Uma, explicou ela, era para o pai; nessa, tinha uma inocência infantil, bem diferente da que escolheu para a mãe, em que figurava como uma profissional competente e independente, posando ao lado do seu computador. Depois havia a pose destinada ao namorado, muito terna e romântica e, por último, a fotografia que seria para ela, aquela com um olhar curioso e zombador, sério, mas comoventemente indeciso. Ela se via de maneira diferente em cada relação. Em qual delas era ela mesma? Provavelmente em todas, mas poucos veriam mais do que uma de suas facetas e talvez houvesse outras imagens possíveis que ela própria desconhecia. Como demonstra a janela de Johari, somos estranhos até para nós mesmos.

Uma vez por ano, na Grã-Bretanha, existe uma celebração denominada "dia de levar a sua filha para o trabalho", em que se pede aos pais para levarem as suas filhas pequenas para o trabalho com eles e lhes mostrarem como é o mundo lá fora. Também as crianças têm a oportunidade de ver um outro lado de seus pais. "Lá ele é um homem muito importante, mamãe", ouvi dizer uma garotinha na volta para casa, não deixando de haver uma insinuação implícita. O leão no trabalho é, muitas vezes, um gatinho em casa, ou vice-versa. Não somos muito diferentes dos trabalhadores do centro telefônico de Délhi, duas pessoas numa só.

Isso tem importância? Pode ter. Um dos grandes enigmas da ética é o fato de como uma pessoa pode justificar fazer coisas na sua vida profissional que jamais sonharia fazer na sua vida pessoal, e a confusão que isso pode provocar. Muitos descobriram que trabalhar com amigos ou conhecidos é o mesmo que estar num campo minado, pois há áreas que se sobrepõem. Um amigo é alguém que aceitamos com as suas excentricidades e defeitos, bem como com suas competências e talentos. É o que é, tanto para o bom como para o mau. Mas isso não funciona em muitas situações de trabalho. Como seus superiores ou colegas podemos sentir necessidade de tentar mudá-lo, e até de lhe pedir que vá embora.

Certa vez um amigo me pediu que o ajudasse com os problemas da gestão da instituição de caridade que administrava. A diretoria me nomeou formalmente como consultor e passei quatro semanas entrevistando os altos quadros da organização. No final desse período, cheguei à conclusão de que era por causa do meu amigo e do seu estilo reservado e distante de gestão que se tinha criado a falta de confiança instalada no local, o que impedia o progresso de todas as iniciativas. Convidei-o para um jantar para lhe dizer o que pensava e para sugerir algumas coisas práticas que poderia fazer para melhorar a situação. Ele assentiu com certa relutância e eu me congratulei por ter feito esse trabalho delicado. Minha alegria foi prematura. Na semana seguinte, na reunião de administração ele demitiu-se, depois de me criticar severamente por ter semeado a discórdia e ter tornado a sua permanência impossível.

Desolado, eu e Elizabeth convidamo-lo e à mulher para jantar mais uma vez, mas ele deixou muito claro que nunca mais queria, conforme disse um pouco hipocritamente, voltar a "dividir o pão".

Desde então, decidi nunca mais trabalhar com amigos ou para eles, ou mesmo partilhar a casa com eles. A amizade é muito preciosa para ser colocada em risco. As duas zonas, o trabalho e a amizade, operam melhor quando não se sobrepõem, pois as percepções de quem somos não se confundem. No entanto, o problema seguinte se manifesta quando aqueles com quem trabalhamos se tornam nossos amigos. Talvez nós os ultrapassemos, ou eles a nós. As circunstâncias podem se alterar. O amigo colega é promovido, e agora é amigo do chefe. Imagine como será a próxima reunião de avaliação entre eles. Até que ponto conseguirá o novo chefe ser honesto se for preciso fazer algumas críticas? As preocupações da organização devem se sobrepor à consideração para com um amigo? Não seria de admirar se as necessidades da amizade acabassem por prevalecer e se todas as críticas e sugestões de mudança fossem mencionadas de forma tão diluída que se dissipassem amigavelmente.

A verdade é que todos nos comportamos de maneira diferente e, de certo modo, somos diferentes em circunstâncias distintas. Aqueles que afirmam que não o são, provavelmente não levaram essas circunstâncias suficientemente longe ou não viram a si mesmos como os outros os veem. Já pensei muitas vezes em como seria meu comportamento num cenário de guerra ou numa emergência. Estaria à altura do desafio ou falharia? Felizmente, ou talvez não, nunca me vi diante desse teste. Tudo o que podemos fazer é abrir ao máximo a vidraça inferior esquerda na nossa janela de Johari pessoal e, possivelmente, explorar um pouco aquela vidraça secreta do canto superior direito, para sermos abertos e honestos sobre nós mesmos em vez de fingirmos ser alguém que não somos. Durante muitos anos vivi uma espécie de mentira, tentando ser exatamente isso, alguém que não era

— um apreciador de cerveja extrovertido durante um período da minha juventude, um duro executivo do setor petrolífero, até que fui considerado, mais tarde, um líder inspirador de outros que, estranhamente, nem sempre pareciam inclinados a seguir por onde eu queria ir. Foi um grande alívio permitir-me ser eu mesmo, apesar de por vezes desejar ter nascido uma pessoa muito diferente. Mas já não tento tornar realidade esse sonho impossível.

Um dos grandes debates em psicologia é saber se possuímos uma identidade principal que está dentro de nós, à espera de se revelar, ou se nossa verdadeira identidade só se desenvolve ao longo do tempo. Uma das eternas questões que incomodam as organizações consiste numa variação desse debate — os líderes nascem ou se fazem? A verdade, tal como na maior parte das coisas, será provavelmente um pouco de ambas. O conjunto de testes de personalidade que pretendem mostrar se somos introvertidos ou extrovertidos, se gostamos de situações organizadas ou de um pouco de caos, baseiam-se na ideia de que as nossas verdadeiras identidades são criadas no início da idade adulta e que uma boa vida passa pela descoberta das situações que se adequam às nossas características. Há um fundo de verdade intuitiva nisso. Nós desenvolvemos, ou herdamos, algumas predisposições. Uma das classificações mais interessantes dessas predisposições, da autoria da Malcolm Gladwell no seu livro *The Tipping Point*, sugere que todos somos um misto daquilo a que se chama o Perito, o Fomentador de Relações e o Vendedor, ou, de forma mais simplista, aqueles que são inteligentes e estão interessados em ideias, aqueles que são sociáveis e se relacionam bem com os outros, e aqueles que são persuasivos e carismáticos, e todos nós, normalmente, temos mais de um do que de outro.

Para começar, não podemos fugir aos nossos genes. Eu sou parecido com meu pai, com algumas feições da minha mãe. Não obstante serem boas pessoas, ninguém poderia dizer que eram bonitos. Um dia, quando estava para ir a Belfast proferir uma conferência, a secretária que deveria me apanhar no aeroporto telefonou para saber como iria me reconhecer. Supondo que falava com minha secretária, ela disse: "Consta que é um homem baixo e gorducho". Minha mulher, pois foi ela quem atendeu o telefone, respondeu: "Sim, ele realmente é um homem baixo, gorducho e careca". De fato, muito parecido com meu pai. A secretária, quando nos foi receber, ficou bastante embaraçada quando descobriu que tinha sido com minha mulher que ela falara. Eu tinha protestado e dito que não era assim tão baixo nem tão gorducho, mas minha mulher me disse para não ser tão vaidoso: "O que importa é aquilo que você é e não a sua aparência". Talvez, mas sempre invejei os indivíduos bem apessoados, com imensa cabeleira, e tenho de me lembrar constantemente de que Júlio César era baixinho, rechonchudo e careca e que, mesmo assim, conquistou o mundo, e era, segundo rezam as crônicas, considerado muito atraente pelas senhoras em Roma.

Sou parecido com meu pai em muitos aspectos. Penso que ele sempre se sentiu pouco à vontade com o poder. No seu trabalho, como pastor de uma paróquia, preferia o papel pastoral e era um maravilhoso mentor para os jovens, demonstrando, como me contaram mais tarde, uma consciência surpreendente das provações e tentações — em particular no que dizia respeito ao sexo — do mundo para além da sua paróquia rural. Detestava a parte dura de administrar uma paróquia, as decisões, principalmente se tinham de ser impopulares, a necessidade de impor regras e disciplina e a necessidade esporádica de afastar alguém para o bem do grupo. Eu também, razão pela qual provavelmente nunca seria um bom gestor do que quer que fosse.

Por outro lado, evoluímos à medida que aprendemos com a nossa experiência, e parece que fazemos mais do que revelar a nossa personalidade herdada. Estamos sempre preenchendo as nossas identidades, que se tornam mais seguras e mais consistentes à medida que envelhecemos e começamos a descobrir as esferas da vida que se adequam melhor. Agora penso, ao refletir, que sempre fui principalmente um Perito, interessado em ideias e no conhecimento, mas ansiava pela vida de um Fomentador de Relações e sonhava avidamente ser um Vendedor. No entanto, ao analisar-me a mim mesmo e a alguns empreendedores de sucesso, descobri também que a paixão pode criar Vendedores e Fomentadores de Relações nas pessoas menos prováveis de sê-lo. Se nos interessarmos o suficiente, poderemos e conseguiremos aprender a fazer praticamente qualquer coisa. Meu verdadeiro problema não foi o de assumir as funções erradas durante a primeira metade da minha vida, mas sim o de não me sentir suficientemente apaixonado pelo que fazia.

Talvez também tenha tido sorte por estar casado com alguém que, entre suas muitas qualidades, é por natureza uma grande Fomentadora de Relações e Vendedora das coisas pelas quais se interessa. Isso pode tornar o seu companheiro preguiçoso. Tendo passado a maior parte de sua infância na Áustria, ela também fala alemão fluentemente, o que significa que eu não preciso aprender essa língua. Na maioria das vezes não desenvolvemos capacidades próprias por confiarmos demais nas capacidades e talentos dos nossos parceiros, o que nos deixa incapazes e desorientados se eles partirem.

Existem outras formas de preguiça. Uma mulher me contou como seu primeiro casamento tinha sido vazio. De fato, quando seu marido descobriu, alguns anos depois de casados, que não podia ter filhos, a depressão e a desilusão foram tão grandes que ele não falou com ela durante um ano. “Percebi, na nossa lua de mel, que o nosso casamento tinha sido um erro”, disse.

"Então por que foi que se casou com ele?", perguntei.

"Naquela altura, eu me sentia como que viajando numa espécie de trem", respondeu, "e não sabia como sair dele. Estávamos no exterior e meu pai, na Inglaterra, tinha preparado uma enorme festa de casamento, com archotes, fogos de artifício, o Bentley, e tudo o mais. E eu acabei aceitando!" Na verdade, ela viveu com o marido durante 13 anos, num casamento de fachada, até conhecer uma pessoa muito diferente, que funcionou como o "gatilho" que a disparou para uma nova vida e uma identidade nova e completa, incluindo, atualmente, uma filha. Uma vida de concessões pode acabar se tornando uma enorme perda de tempo.

Hermínia Ibarra, da Escola de Ciências Empresariais do Insead, entrevistou 39 pessoas de sucesso e descobriu de que forma tinham reinventado a vida delas. Esse grupo incluía um professor de literatura que se tornara corretor da bolsa e um banqueiro que se transformara em um romancista de sucesso. Ela defende que uma vida de sucesso não significa que saibamos o que queremos fazer antes de agir, mas exatamente o oposto. Só fazendo, experimentando, questionando e fazendo outra vez é que descobrimos quem somos. É essa certamente a minha experiência. A nossa identidade é em parte herdada, e em parte moldada pelas primeiras experiências, mas não está completamente formada até que tenhamos explorado mais possibilidades. Devíamos espreitar constantemente aquela quarta vidraça escondida e expô-la mais à luz do dia. Não é fácil, mas talvez, quando chegarmos ao fim da nossa vida, não haja mais nada escondido de nós mesmos ou dos outros.

Hoje penso que a vida é realmente uma busca da nossa própria identidade. Infeliz daquele ou daquela que morre sem saber quem é na realidade, ou do que é realmente capaz. À medida que progredimos na vida, subimos uma espécie de escada da identidade, mostrando gradualmente as nossas capacidades e descobrindo-nos a nós mesmos. O psicólogo Abe Maslow chamou a isso de "uma hierarquia de necessidades". Para mim é mais como uma escada. O primeiro lance é o da sobrevivência. Poderemos ganhar a vida, criar uma família, manter um emprego ou obter uma qualificação? Depois, não existindo dúvidas quanto à sobrevivência, precisamos nos exprimir, nos destacar dos outros de alguma forma, e assim estabelecer uma identidade independente. Para a maioria das pessoas, o sucesso na meia-idade significa atingir esse lance da escada. Contudo, a escada não para por aí. Ainda ansiamos por deixar nossa marca, um vestígio no mundo, e partir deixando-o um pouco diferente, para o bem ou para o mal, pelo simples fato de termos vivido nele. O último lance de escadas, portanto, é o do "contributo" para algo maior do que nós, a nossa contribuição pessoal para a imortalidade, para uma celebração eterna. Há quem tenha descrito a hierarquia de Maslow de outra forma, fazendo uma lista dos componentes de uma boa vida como: Viver, Aprender, Amar e deixar um Legado. Gosto disso. Capta aquilo que tentei fazer da minha própria vida.

O contributo não tem de ser fora de série. Para muitos, os filhos que criam são o seu melhor Legado. Para outros, é o trabalho que fazem, ou a empresa que criaram, enquanto para alguns são as vidas que salvaram ou melhoraram, as crianças que ensinaram ou os doentes que curaram, ou até o jardim que plantaram. O pensamento soberano é que os indivíduos e as sociedades não são, em última análise, lembrados pela maneira como ganharam o seu dinheiro, mas pela maneira como o gastaram. Uma lápide que mencione os milhões ganhos pelo corpo que ali jaz não impressiona nenhum dos que por ali passem. O que importa é o que foi feito com esses milhões.

Talvez seja arrogância pensar que o pouco que podemos fazer tem alguma importância no grande plano universal. Provavelmente não tem. Os meus livros serão todos reciclados, as minhas ideias esquecidas. Sei disso e, mesmo assim, escrevo e ensino. Pergunto-me por quê. Suponho que seja para preencher aquela janela, descobrir todas as minhas facetas antes de morrer. Este livro é, ele mesmo, uma parte dessa busca da minha plena identidade. É uma viagem através dos diferentes Charles Handy que emergiram à medida que minha vida progredia com as coisas que aprendi pelo caminho. Saberei quem sou? Suspeito que não completamente. Pode haver mais por conhecer. Nas muito citadas palavras de T. S. Eliot: "O fim de toda a nossa busca será chegar aonde começamos e conhecer o lugar pela primeira vez".

No entanto, quando paramos de explorar, mais vale morrermos, e eu ainda não estou preparado para isso.

Jeff Skoll, um dos fundadores do eBay,[4] fala do dia em que seu pai chegou a casa com a notícia de que padecia de um câncer em fase terminal. Não tinha medo de morrer, disse a Jeff, então com 14 anos de idade, mas estava triste por não ter conseguido fazer todas as coisas que desejava ter feito na vida. Em outras palavras, tinha medo de morrer antes de experimentar todas as suas possibilidades. Felizmente, no seu caso, o diagnóstico estava errado e foi-lhe dada outra oportunidade. Outros podem não ter tanta sorte.

---

4. *Site* de leilões *online*. (N. T.)

2

Origens irlandesas

Durante os primeiros 20 anos de minha vida, meu endereço foi: St. Michael's Vicarage, Sallins, Co. Kildare, Eire. Para alguém familiarizado com a Irlanda desses tempos, esse endereço, por si só, teria dito muito acerca de minha pessoa. Eu seria reconhecido como um protestante da Irlanda do Sul, atualmente conhecida como República da Irlanda. A menção ao vicariato indicava que era filho da Igreja. Neste caso, da Igreja da Irlanda, ainda que ligada à (ou, na terminologia oficial, "em comunhão com a") Igreja Anglicana. Isso, por sua vez, significava que eu era um anglo-irlandês. Não propriamente irlandês, não propriamente inglês. Costumavam chamar-nos "a Ascendência", o que não nos granjeava popularidade entre o resto da população. Quem quer que conhecesse aquele endereço, àquela altura, podia prever razoavelmente qual a escola e a universidade que eu frequentaria, quem seriam os meus amigos e para qual partido político eu votaria quando crescesse.

Hoje percebo que os nossos "começos" moldam os nossos "fins", não havendo muito a fazer com relação a isso. Quando era ainda um rapazola que vivia na Irlanda rural, não sabia nada sobre a história da minha família ou a longa e trágica história da Irlanda — isso veio mais tarde —, mas sabia que de alguma maneira eu era diferente. Não conhecia as expressões "anglo-irlandês" ou "a Ascendência", mas costumava me perguntar por que razão minha mãe tanto insistia que eu falasse sem nenhum sotaque irlandês. Morávamos no vicariato, em pleno campo, a 48 quilômetros de Dublin, a 90 metros da linda igreja rural onde meu pai fazia as suas orações todas as manhãs.

Não éramos, de maneira alguma, ricos, mas não éramos propriamente pobres. Tínhamos uma governanta e um jardineiro. Eles eram católicos e iam à missa na aldeia mais próxima. Nós íamos à "igreja" assim como todos quantos conhecíamos, pois também eles eram protestantes, e muitos eram, como nós, os últimos sobreviventes dos velhos anglo-irlandeses. Suponho que, quando fazemos parte de uma pequena minoria, procuramos nos agarrar a tudo quanto nos lembre a nossa identidade, mesmo que já não acreditemos nela. Para a maioria aristocrática anglo-irlandesa, talvez tenha sido sempre assim. Alguns desses frequentadores da igreja ainda viviam nos esqueletos decadentes daquilo que tinham sido as suas grandes casas, e outros possuíam propriedades mais modestas, em que trabalhavam. No entanto, a maioria deles exercia uma profissão: eram médicos, professores, advogados ou arquitetos. Não me lembro de ter conhecido alguém que tivesse a designação de empresário. Isso talvez se devesse ao fato de meus pais não terem trânsito no mundo dos negócios, mas também porque os anglo-irlandeses tradicionais não eram homens ou mulheres de negócios. Tratava-se, na sua maioria, de aristocratas rurais, cujos antepassados tinham vindo com Cromwell[1] no século XVII e aos quais tinham sido concedidas parcelas de terra em troca dos serviços prestados ao Grande Protetor, que,

1. Oliver Cromwell (1599-1658) foi um político britânico. Depois de adquirir o título de Lorde Protetor na sequência da queda da monarquia britânica, governou a Inglaterra, Escócia e Irlanda desde 16 de dezembro de 1653 até sua morte. (N.T.)

na Irlanda, só protegia os seus seguidores. Durante muitos anos, seus descendentes governaram a Irlanda em nome dos ingleses e, por isso, passaram a ser conhecidos como a Ascendência.

Há alguns anos localizei a primeira casa irlandesa da família Handy. Era um castelo arruinado perto de Mullingar, no centro da Irlanda. Fomos levados até um amontoado de pedras no meio de um campo por Liam Handy, um parente muito afastado que ainda vivia nas imediações e conhecia a história. Os primeiros Handy irlandeses também foram para a Irlanda com Cromwell, quando da invasão, com um exército de 20 mil homens determinados a reclamar vingança pela rebelião de 1641[2], na qual muitos agricultores protestantes de Ulster[3] tinham sido chacinados. Cromwell não era dado a delicadezas, tampouco, segundo consta, os seus oficiais. Como Liam nos contou nesse dia, tinham sido dadas ordens ao nosso antepassado para capturar o castelo, que era defendido por cerca de 30 irlandeses. O tenente Handy ofereceu aos defensores do castelo um salvo-conduto, se depusessem as armas. Em inferioridade numérica e de armas, eles acederam. Quando estes saíram do castelo, Handy e seus homens os mataram. Como recompensa, foram-lhe oferecidos o castelo e suas terras. Não admira, pois, que os protestantes anglo-irlandeses não fossem muito apreciados pelos seus vizinhos católicos, mesmo que alguns deles tenham tomado parte da campanha para lutar pela independência do seu país adotivo.

A família da minha mãe era apenas um exemplo da grandeza decadente tão típica dos anglo-irlandeses desse tempo. A mãe dela era uma Herbert, descendente distante dos Herbert de Muckross. A

---

2. Rebelião que teve lugar na Irlanda, levada a cabo pelos católicos irlandeses, devido à execução do conde de Strafford, no reinado de Charles I, pois se temia o regresso do poder protestante. (N.T.)

3. Irlanda do Norte. (N.T.)

Muckross House e a propriedade onde fora erigida compreendiam uma larga parcela da costa norte do lago médio de Killarney. Era, e ainda é, um lugar singularmente belo, parte do Munster Settlement de 1580, por meio do qual a rainha Elizabeth I repartiu entre os seus ingleses favoritos as terras que tinham pertencido ao conde irlandês de Desmond. A família Herbert viveu aí até 1900, quando a vendeu a lorde Ardilaun, que também era anglo-irlandês. Consta que os Herbert foram à bancarrota quando a rainha Vitória, com todo o seu séquito, ali se instalou para uma visita prolongada. A Muckross House passou por vários donos, até que um deles, Arthur Rose, doou-a ao Estado em 1932, o ano em que nasci. Quando ouço a canção *How can you buy Killarney?*[4], gosto sempre de responder: "É só passar um cheque". Infelizmente, esse cheque nunca chegou à nossa parte da família.

Mantivemo-nos unidos — nós, os protestantes —, pois éramos uma pequena minoria de menos de 8% da população, à época, e muito menos numerosos agora. Todos frequentávamos as mesmas escolas e, mais tarde, se fôssemos suficientemente inteligentes, o Trinitty College, em Dublin. Nosso banco era o Bank of Ireland, tomávamos o nosso café no Bewley's Café, assistíamos religiosamente ao Festival Equestre da Royal Dublin Society e esperávamos ser convidados para almoçar no Kildare Street Club — todos eles bastiões da Ascendência protestante. Os amigos católicos eram poucos e distantes. Havia a família Boylan na Millecent House, no fim da rua, em que um dos habitantes, Frankie, era amigo da minha irmã, razão pela qual eu brincava às escondidas nos seus sótãos abandonados. Havia também os descendentes das verdadeiras famílias inglesas, os Punkett, os Nugent e os Brabazon, cujos antepassados se haviam recusado

4. "Como é que se pode comprar Killarney?". (N.T.)

a apoiar Henrique VIII quando este se tornou protestante, mas que eram tão ingleses como nós. Eu costumava encontrar os filhos deles no barco de volta à escola, na Inglaterra, quando iam para Ampleforth ou Downside, as grandes escolas públicas[5] católicas. Naturalmente, eu frequentava uma escola protestante, a Bromsgrove, em Worcestershire, tendo os meus pais relutantemente acatado o conselho do diretor da minha escola preparatória de que as escolas protestantes irlandesas não exigiriam o suficiente de mim. Em retrospectiva, a decisão de muitos dos anglo-irlandeses de educarem os seus filhos na Inglaterra apenas acentuava e eternizava a separação. Muitos desses filhos nunca regressaram, eu inclusive.

Olhando para trás, fico espantado com a complacência com que nós, todos nós, incluindo os meus bem-intencionados pais, aceitamos o que, pensando bem, era uma forma de *apartheid*. Duas raças diferentes vivendo lado a lado. Não existia ainda a violência que se verificaria mais tarde na Irlanda do Norte, mas a divisão era evidente. Em parte religiosa, em parte social, e em tudo devido a questões históricas. No seu livro *Dublin Made Me*, C. S. Andrews encara o mesmo mundo do outro lado:

> Desde a infância tive a noção de que éramos dois tipos de cidadãos distintos e imiscíveis: os católicos, dos quais eu fazia parte, e os protestantes, que eram tão distantes e diferentes de nós como se eles fossem negros e nós, brancos. Não conhecíamos os protestantes, mas sabíamos que eles estavam lá — um elemento hostil da comunidade, vagamente ameaçador para nós [...] eles eram muito respeitáveis [...] os seus filhos nunca se misturavam com as crianças da aldeia.

---

5. *Public schools*. Contrariamente ao que a designação sugere, trata-se de escolas privadas de elite, muito caras. (N.T.)

Eu teria concordado com essa descrição, não fosse o fato de pensar em nós como os brancos e nos católicos como os negros. Lembro-me de perguntar à minha mãe, muitos anos mais tarde, ao regressar dos Estados Unidos depois de lá ter estado um ano, se tinha havido alguma mudança na Irlanda durante minha ausência. "Sim", respondeu, "houve muitos casamentos mistos." Ainda com o raciocínio americanizado, perguntei-me de onde teriam vindo os negros, mas depois compreendi. Ela se referira a casamentos entre católicos e protestantes e não a casamentos entre brancos e negros. O que não deixava de ser um *apartheid* cultural com o qual eu sempre tinha convivido, sem nunca o ter considerado errado.

Hoje, fazendo uma retrospectiva, começo a compreender de que forma as diferenças étnicas duradouras podem trazer a discórdia às comunidades, ainda que para os estranhos não façam nenhum sentido. Os meus pais, e todos quantos eles conheciam, eram pessoas decentes e dedicadas, cristãs nos atos e na fé. Tratavam educadamente todos os que conheciam, cuidavam daqueles que trabalhavam para eles, acreditavam em direitos iguais para todos. Minha mãe estava sempre pronta a ajudar um padre católico local quando havia complicações domésticas que exigiam a influência feminina. No entanto, vivíamos no nosso pequenino mundo anglo-protestante, pensávamos e dizíamos "nós" e "eles" e não víamos nada de insólito nisso. Pergunto-me agora como foi que me atrevi, mais tarde, a condenar no meu coração os amigos sul-africanos que viviam confortavelmente com o seu próprio *apartheid*, sendo bons e atenciosos para com seus criados mas isolando-se das realidades do seu país, quando eu tinha vivido numa concha semelhante, ainda que menos destrutiva.

Hoje percebo a força do ambiente em que crescemos. Consigo compreender como é fácil crescer e acreditar que existe apenas uma maneira de ver o mundo e aceitá-la sem questionamentos. Trata-se de uma situação ainda mais comum se nunca formos confrontados com pontos de vista diferentes dos nossos, se apenas lermos os mesmos jornais que o resto do nosso clã — o *Irish Times*, no meu caso —, se frequentarmos as mesmas escolas, as mesmas festas e se nos tornarmos membros dos mesmos clubes e associações. Entendo agora que se possa defender pontos de vista sobre a vida e a sociedade que poderão parecer ultrajantes e, não obstante, ser uma pessoa intrinsecamente boa. Aprendi, muito mais tarde, a olhar para além dos estereótipos.

Os anglo-irlandeses, na realidade, já não existem, submergiram na nova prosperidade irlandesa. Os solares rurais estão ocupados pelos novos milionários ou foram transformados em clubes de golfe, como o Millecent House, no fim da rua, ou a Straffan House, onde vivia a família Barton, que é agora o K Club, com um campo de golfe concebido por Jack Nicklaus.[6]

Muitos, como eu, partiram durante o triste período das décadas de 50 e 60, quando a Irlanda parecia ter sido deixada no abandono pelo resto do mundo. Naquela época, a taxa de desemprego rondava os 30%, não havia empresa na qual valesse a pena investir e o futuro residia, claramente, em outro lugar. Sair dali o mais rapidamente possível era a receita tradicional irlandesa — e depois olhar para trás, com nostalgia, para uma Irlanda que existia apenas na nossa imaginação. Os membros do clã protestante a que eu pertencia e que por lá ficaram não tinham nenhuma recordação da Ascendência e não viam motivos para ser algo mais do que irlandeses. De fato, desenvolveu-se a tradição de que o verdadeiro irlandês era gaélico e católico, o

6. Jack William Nicklaus foi uma grande personalidade do golfe profissional desde os anos 60 até os anos 90 e é visto por muitos como o melhor jogador de golfe de todos os tempos. (N.T.)

que efetivamente me excluía. Depois de ter completado os estudos na Inglaterra, nunca regressei para trabalhar, mas trago as lembranças sempre comigo.

As divergências religiosas também desapareceram. Para mim, a mudança ficou assinalada de uma forma dramática. Estávamos no Natal, naquele que se seguiu à tragédia do Domingo Sangrento[7] na Irlanda do Norte, em que paraquedistas britânicos abriram fogo contra uma marcha de católicos em Londonderry. Eu e o restante da família tínhamos vindo de Londres para passar o Natal com meus pais. O primeiro evento era o tradicional serviço religioso, com cânticos natalinos, na igreja do alto da rua. "É melhor você chegar cedo", disse-me minha irmã. Olhei-a incrédulo. Nunca havia mais de 40 pessoas na congregação, mesmo nas festividades. "Você vai ver", disse ela. Na verdade, quando chegamos, a igreja estava praticamente cheia. Não reconheci quase ninguém, mas reparei na harpista que estava sentada ao fundo das escadas do altar, com os dedos nas cordas. Aquele não era o tipo de iniciativa que meu pai normalmente apoiasse. Então, ele entrou para dar início à celebração. Mas não ia sozinho — a seu lado seguia o padre católico local. Tinham tomado a decisão de celebrar um serviço religioso conjunto como forma de dizer que os problemas ocorridos no norte não iam ter lugar no sul.

Pouco depois, ninguém mais falava em casamentos mistos. A hierarquia católica revogara a proibição de frequentar o Trinity College em 1959, e pelo menos 90% dos seus alunos são católicos. Entretanto, a Igreja da Irlanda começava a enfraquecer, contando com menos de 100 mil fiéis em 1985 e com menos ainda atualmente. A Igreja Católica também perdeu muito da sua autoridade quando rebentaram os escândalos da pedofilia.

7. Bloody Sunday, em 30 de Janeiro de 1972. (N.T.)

A sociedade de consumo tinha chegado, e a Irlanda se tornava, cada vez mais, um Estado secular.

Era demasiado tarde para mim, um dos últimos anglo-irlandeses. Eu tinha partido, e qualquer oportunidade de regressar se desvanecera havia muito tempo. Estava destinado a ser uma dessas figuras que estão se tornando cada vez mais comuns. Pessoas que repartem a sua fidelidade entre dois ou mais países e que, por vezes, tentam tornar esse fato atraente, dando-lhe o nome de cidadania global. Eu achava isso desconfortável. Depois do nosso almoço de Natal no vicariato, sentávamos para ouvir o discurso da rainha, como a maior parte dos anglo-irlandeses desse tempo. Minha mãe se levantava, numa atitude de desafio, quando tocava o hino nacional britânico no fim do discurso. Eu não conseguia imitá-la e ficava envergonhado pelo seu entusiasmo anglófono, mas também tinha vergonha de não me lembrar da letra ou mesmo da melodia do hino nacional irlandês.

O que era eu, afinal? Inglês ou irlandês? Gostava do meu passaporte irlandês, apesar de poder ter um passaporte britânico, pois nasci antes de 1948. Nesse ano a Grã-Bretanha aprovou a lei da nacionalidade, que reconheceu por fim a nacionalidade independente da Irlanda e que estabeleceu direitos recíprocos de cidadania e trocas comerciais, bem como a liberdade de circulação de pessoas entre os dois países. O primeiro-ministro irlandês respondeu a esse ato de generosidade um ano depois, numa visita ao Canadá, declarando a Irlanda uma república e abandonando a Commonwealth. Ainda tenho direito a um passaporte britânico. Mas mesmo com um passaporte britânico, continuo a levar bomba no teste do críquete de Norman Tebbit[8] — tor-

8. O teste do críquete foi uma frase eternizada por Norman Tebbit, quando se referiu às alegadamente questionáveis lealdades dos imigrantes do Reino Unido, em 1990. Também conhecido pelo teste de Tebbit. Esse político conservador afirmou que

cerei sempre pela Seleção Irlandesa e não pela Seleção Inglesa, ainda que as probabilidades de ganhar sejam mínimas. Certa vez concorri ao Ministério Irlandês dos Negócios Exteriores, mas obviamente minha candidatura não foi bem acolhida, pois não era um representante crível do meu país, apesar de minha família ter vivido ali durante mais de 300 anos.

Não tenho o temperamento do irlandês. Não possuo espírito gregário, não sou o centro das atenções numa festa, nem me sinto à vontade num *pub* ou num bar. Não sou sequer o típico anglo-irlandês, um indivíduo que gosta de caçar e pescar. Fui uma grande desilusão para meu futuro sogro, que adorava suas férias de pescaria na Irlanda, quando descobriu que eu não tinha uma bela propriedade em algum lugar do oeste da Irlanda que ele pudesse desfrutar. Já vivo na Inglaterra há mais de 40 anos, mas jamais me sentirei verdadeiramente inglês ou mesmo britânico, apesar de não querer viver em outro lugar. Fiquei chocado, quando andava à procura de alojamento para estudantes em Oxford, ao ver avisos nas janelas de muitas residências que diziam: "Não admitimos negros, cães e irlandeses". Consigo simpatizar com os milhões de imigrantes que são agora cidadãos britânicos e que, apesar disso, recusam-se a se integrar completamente e insistem na ideia de que se pode ser fiel a duas tradições: às de seu país de origem e às do país onde residem. Num novo país agarramo-nos às nossas raízes, para mantermos a nossa identidade. Posso ter o coração na Irlanda e, não obstante, sentir-me ligado física e emocionalmente à Grã-Bretanha e, de certo modo, à Europa. Nem sempre é fácil, mas, mesmo assim, é possível possuir uma cidadania dupla ou até tripla. Acredito que seja desejável, se não mesmo inevitável, que vivamos e trabalhemos juntos, dado que

grande parte da população britânica de origem asiática apoiava as seleções de críquete dos países de origem e não a Seleção Britânica. (N.T.)

cada vez mais pessoas vão viver e trabalhar em países diferentes daqueles onde nasceram.

Ao longo do tempo tenho aprendido a apreciar meu papel de membro da grande diáspora irlandesa, esses milhões de pessoas espalhadas por todo o mundo que se sentem irlandesas nos seus corações, mas que só vão à Irlanda para umas curtas férias. Consta que só nos Estados Unidos são 40 milhões. Descobri que, tal como os norte-americanos, todos têm um fraco pelos irlandeses. Aparentemente, a Irlanda era a segunda seleção favorita no último campeonato mundial de futebol, depois da seleção do próprio país. A Economist Intelligence Unit descobriu em 2004 que a Irlanda era o país com melhor qualidade de vida. Os que lá vivem não têm tanta certeza disso, enquanto outros os invejam.

A Irlanda é hoje um país menos diferenciado, cada vez mais igual a qualquer outro. É o quarto país mais rico do mundo, tomando como referência o rendimento *per capita*. Isso significa que a mística romântica de uma história trágica foi substituída pelo consumismo desenfreado, pelo aumento dos preços das casas, pelos engarrafamentos, pela poluição, pelas drogas e pelos roubos de automóveis. Os bonitos campos do oeste estão cheios de bangalôs brancos e mansões com fachadas triangulares, situados no meio de terrenos rodeados de asfalto, em vez de jardins. Podem até ser mais confortáveis do que as antigas casas de campo irlandesas com telhados de colmo, que mais pareciam ter surgido do pântano, mas falta-lhes certamente algum encanto.

Sim, é um lugar melhor que a propriedade sombria e humilde, gerida por um padre, que eu deixei para trás, parte de um mundo descrito de forma tão real por Frank McCourt no seu livro *Angela's Ashes*[9]. No entanto, por vezes penso que a vida era

9. *As Cinzas de Ângela*, editado no Brasil pela Editora Objetiva. (N.E.)

mais simples naquele tempo. Não tivemos eletricidade até eu ter 13 anos, não tínhamos aquecimento a não ser o oferecido pela lareira, não tínhamos música a não ser quando a tocávamos. Tínhamos de puxar a nossa água, cultivar os nossos legumes e recolher os nossos ovos; íamos buscar o leite na propriedade vizinha todas as manhãs e íamos para todo lado de bicicleta. Todos os sábados acendíamos a caldeira para que pudéssemos tomar banho no domingo. Nas outras manhãs aquecia-se água numa chaleira para meu pai poder barbear-se. O resto da família tinha de se lavar com água fria. Havia um sentimento de realização verdadeira todas as noites e um motivo de celebração todos os fins de semana. Não, não gostaria de regressar a esses tempos difíceis, mas, filosoficamente, era tudo mais simples. A vida era para se viver, e isso era quanto bastava.

Agora que as coisas físicas da vida são muito mais acessíveis — a luz e o calor ao toque de um interruptor, a comida ao ligar um micro-ondas ou "para viagem" —, temos de encontrar um objetivo para além de simplesmente viver. Isso é difícil. Também temos de ser suficientemente bons em alguma coisa, para podermos ganhar o dinheiro necessário para comprar todas as outras coisas de que precisamos. Isso também é difícil. Empurra-nos para o egoísmo, para as preocupações individuais acima das preocupações com o próximo. O progresso é um fenômeno curioso, pois significa muitas vezes dar dois passos para a frente e um para trás, ou vice-versa.

Recentemente, eu e minha mulher fomos convidados para conduzir um seminário em Dublin intitulado "O que estamos fazendo de nós?". Os jovens que participaram sentiam que talvez estivessem perdendo tanto quanto estavam ganhando, que algumas das coisas boas da velha Irlanda — o companheirismo, o sentimento de atemporalidade, a vida simples, a família com núcleo central — tinham desaparecido com as coisas más — a pobreza, a falsa religiosidade, a mentalidade insular, a nostalgia. Eles sentiam que a globalização era uma faca de dois gumes. Muitos de nós sentem o mesmo. No entanto, que país pode sensatamente fechar-lhe as portas? A Irlanda é, atualmente, um estudo de caso dos nossos dilemas modernos, porém, mais do que qualquer outro, o povo irlandês consegue discutir esse assunto. Os irlandeses não se desnortearam com palavras ou ideais.

Em 1943, Éamon de Valera, o então líder do governo, salientou a visão que tinha do seu país num discurso intitulado "A Irlanda com que sonhamos". Foi uma das transmissões radiofônicas mais famosas do século, naquele país, e prestava homenagem aos valores tradicionais imateriais. De Valera afirmou que dar era tão importante quanto receber, que servir era tão importante quanto enriquecer. Era uma sociedade em que os direitos seriam equilibrados com as responsabilidades, e na qual os adultos nos seus anos produtivos assumiam obrigações imateriais tanto para com os que tinham chegado antes como para com aqueles que estavam para chegar. As gerações estavam unidas num tecido social uniforme. Infelizmente, os feitos do governo de De Valera não estiveram à altura da sua retórica, mas o sonho persiste. Nos dias de hoje, a Irlanda possui os meios necessários para oferecer o melhor desse sonho, mas a sua vontade de realizá-lo pode ter sido obscurecida pela sedução do consumismo e pela desagregação das velhas comunidades. Que razão têm as pessoas para preocupar-se com o próximo, para não falar do filho do próximo, quando daqui a alguns anos poderão estar bem longe, perseguindo um objetivo individual? Não é um problema que se restrinja à Irlanda. No entanto, enquanto as reminiscências do sonho de De Valera permanecerem, a Irlanda tem grandes probabilidades de solucioná-lo.

3

Sabedoria grega

"Só para começar", disse ele, "gostaria que me escrevesse 3 mil palavras sobre 'O que é a verdade?'." Não era propriamente um assunto novo, pensei comigo mesmo. Pôncio Pilatos fez essa pergunta a Jesus. Não obteve resposta. Não creio que esperava consegui-la. Mas não escaparia tão facilmente, uma vez que era meu orientador da cadeira de filosofia quem me pedia aquilo, logo no nosso primeiro contato. Eu estava na Universidade de Oxford, onde estudava filosofia e história da Grécia e da Roma antigas, e já passara dois anos traduzindo para o inglês, e vice-versa, literatura clássica daquelas civilizações. O que não percebi naquela altura foi que o tema do ensaio proposto pelo meu orientador, aparentemente fácil de compreender, me encaminhava para uma forma de ensino muito diferente daquela que tinha tido até então. Só anos mais tarde percebi como isso tinha sido determinante para o resto da minha vida.

Foi por acaso que me tornei estudante de humanísticas. Aconteceu aos 12 anos, quando um amigo da escola que precisava aprender grego para entrar na Universidade de Winchester me pediu para lhe fazer companhia durante os estudos. Concordei de bom grado, sem fazer a menor ideia de que isso moldaria minha educação nos dez anos seguintes. Naquele tempo, eram poucos os que aprendiam simultaneamente grego e latim, razão pela qual rapidamente me destaquei e fui logo alcunhado de classicista, acabando por estudar essas duas línguas em Oxford. Agora chamo sempre à atenção os meus alunos para terem cuidado com esses "rótulos" que nos são colocados desde cedo — agarram-se a nós, quer sejam adequados, quer não. Poderia ter sido um cientista entusiasta, quem sabe? Nunca tive essa oportunidade. Os gregos e os romanos me apanharam, independentemente de eu gostar ou não.

Não gostei muito dessas línguas, pois não me sentia um verdadeiro linguista. No entanto, quando transpus a barreira da linguagem e comecei a mergulhar na história e na filosofia dessas duas grandes civilizações, as coisas melhoraram. Achei a sua história fascinante. Descobri um prazer crescente ao procurar deslindar as causas das coisas, ao procurar entender a estreita interligação entre os indivíduos, contextos e acontecimentos. Os historiadores sempre souberam que a vida nunca é tão simples como parece. Era uma forma de pensar que se tornou parte de mim. Ninguém me disse que eu começava a descobrir algo que mais tarde percebi ser aquilo que se designava como "pensamento sistêmico". Algum tempo depois, quando já era responsável pela elaboração dos programas na London Business School, não me surpreendi ao perceber que os melhores estudantes eram frequentemente os historiadores.

Com a filosofia já foi outra história. Platão e Aristóteles não são uma leitura fácil, especialmente quando existem tantas atrações concorrentes durante os curtos semestres em Oxford. Esforcei-me muito, constantemente intimidado pelos trabalhos estipulados pelo meu orientador de filosofia para serem apresentados na semana seguinte. No nosso primeiro contato, forneceu-me uma seleção de leituras sobre o tema da verdade, de forma a ajudar-me no trabalho, e que iam desde *A República*, de Platão, até a *Linguagem, Verdade e Lógica*, de A. J. Ayer. Saí da reunião pensando que não precisava de tais textos para escrever sobre um assunto tão evidente como o da verdade, apesar de ter sido algo que desconcertou Pilatos. Naquela mesma semana, dei comigo tentando desesperadamente justificar meu ponto de vista de que, exceto em tautologias ou em algumas áreas da matemática, não existe verdade objetiva absoluta. Tudo depende do contexto, da perspectiva e dos princípios de origem. Aquilo que considero belo, em termos estéticos, pode parecer muito feio aos olhos de minha mulher, o que traz alguns problemas quando se trata de decoração de interiores. Quem tem razão, qual é a verdade? Ambos, suponho, dado que não conheço nenhuma definição exata de beleza. Aquilo que é uma verdade óbvia para alguns é claramente falso ou errado para outros. Os que se esforçam em tribunal por dizer a verdade, toda a verdade e nada mais do que a verdade estão mentindo logo de início, porque ninguém poderá jamais saber toda a verdade sobre determinada situação. Na prática, compreendemos que é a percepção que têm da verdade que iremos ouvir. Defini que diria a verdade nesta autobiografia, mas trata-se apenas da verdade da forma como a recordo. Outras pessoas, em especial minha irmã, têm frequentemente recordações diferentes dos mesmos acontecimentos. Quem tem razão? Ambos ou nenhum? Isso se tornou óbvio desde que comecei a pensar sobre o assunto.

Para Platão, tudo aquilo que vemos ou sabemos nada mais é que uma sombra da própria coisa. Trata-se da nossa percepção da verdade, não a realidade concreta, que sempre será desconhecida. Não podemos confiar nos nossos sentidos para saber o que está realmente diante de nós, se bem que tenhamos de agir como se o soubéssemos. Tal como aconteceu com David Hume, o pragmático filósofo escocês, que depois de provar — para sua própria satisfação — que não se pode ter a certeza de nada, disse: "mas agora vou acender o cachimbo e sair para comer alguma coisa". A verdade se torna ainda mais problemática quando passamos do mundo físico para o domínio das ideias. A vida, em outras palavras, é uma forte hipótese que — além disso — é difícil de provar ou contestar até que tudo tenha terminado.

Para mim, aquele primeiro ensaio foi como um desconfortável toque de despertar. O mundo, pelo que eu podia ver, não era tão simples como tinha pensado. Poderia nunca ser aquilo que parecia ser a meus olhos. Se eu queria alcançar o sucesso, ou mesmo sobreviver, seria melhor que verificasse as hipóteses que os outros tinham sobre o mundo, a forma como o vivenciam, para ver se correspondiam à minha visão. A verdade não é um dado adquirido. Bastava isso para transformar alguém num cético inveterado ou, encarando de forma positiva, em alguém mais sério.

O ensaio sobre a verdade foi o primeiro de muitos. Lentamente, fui descobrindo que os filósofos gregos tinham antecipado muitos dos nossos problemas contemporâneos e até mesmo contribuído para alguns deles. Platão tinha uma visão completamente doentia da raça humana. Atendendo à natureza egoísta e gananciosa da maioria das pessoas, ele queria confiar o seu Estado perfeito a um grupo de guardiães, homens — sempre homens — criados e educados de forma que pudessem gerir adequadamente os interesses dos demais. Platão acreditava na hierarquia. As coisas funcionavam melhor quando todos sabiam qual era o seu lugar. O lugar da mulher era, decididamente, em casa. O lugar do homem era onde pudesse desempenhar a função, no

Estado, para a qual estivesse predestinado. Nessa hierarquia, logo abaixo dos guardiães — ou reis filósofos, como eram conhecidos — ficavam os guardiães militares e físicos do Estado, seguidos da comunidade econômica, dos comerciantes, dos trabalhadores livres e dos escravos. Tratava-se de uma visão de mundo que contagiou as atitudes dos britânicos, ao longo dos tempos, no que diz respeito ao *status* social e à educação. Obviamente que era do interesse da aristocracia fazer-se platônica. "Deixem isso conosco", diriam eles, acreditando no que diziam, "e tudo será feito tendo em vista o melhor para todos nós."

Durante muito tempo, os negócios também foram vistos pelos britânicos como uma ocupação de menor *status*, declaradamente inferior às forças armadas. Meu tio-avô, um duro general que me deu a conhecer o verdadeiro Martini seco, perdeu todas as esperanças em mim quando declinei um convite para me alistar no Exército britânico e preferi ir trabalhar para a Shell, acusando-me de covardia. Ele até podia ter razão, conforme reconheci interiormente. Até ameaçou me retirar do seu testamento. Para minha grande consternação, quando morreu, alguns meses depois, descobri que tinha efetivamente cumprido sua ameaça. Ele tinha uma visão verdadeiramente platônica ao considerar que o serviço militar era uma ocupação mais válida do que aquilo a que chamava "comércio". E não era o único a pensar assim. Eu fui um exemplo pouco habitual, entre os meus colegas de Oxford, ao optar por uma carreira no mundo dos negócios.

Como Platão, os britânicos consideram que as coisas funcionam melhor com uma hierarquia adequada, que seja estabelecida logo ao nascer. A meritocracia não é um conceito que faça parte da corrente platônica. Conforme Platão testemunhou por si mesmo em Atenas — sua cidade natal — no fim do seu século dourado, a democracia era, e é, ineficiente, apesar de ser menos perigosa do que as demais alternativas. Muitas vezes pensei que é Platão quem dá credibilidade à forma nada democrática como gerimos as nossas organizações no mundo dos negócios, onde existem guardiães autonomeados e cuidadosamente preparados que determinam a forma como o seu Estado é gerido. Eu próprio era, conforme percebi mais tarde, um potencial guardião da Shell, entre 14 membros dos licenciados daquele ano, que estavam numa via de desenvolvimento de carreira especial, popularmente denominados "Os Rapazes de Ouro".

Sócrates, tal como caracterizado por Platão, foi o grande inquiridor, sempre questionando as coisas, sempre dando provas dos seus pontos de vista subjacentes. Há poucos anos, recordo-me de me terem dito que, quando se pergunta "por quê?" três ou quatro vezes seguidas, é possível que se acabe por conseguir chegar ao âmago das nossas motivações, muitas vezes inconscientes. Eu próprio usei esse método de autoavaliação:

> "Por que motivo você adotou essa estratégia?"
> "Porque me oferecia a melhor rentabilidade no nosso investimento."
> "Por que razão você utilizou esse critério?"
> "Porque é isso que os nossos investidores esperam."
> "Por que motivo são eles os únicos árbitros das suas decisões?"
> "Porque é assim que os negócios funcionam."
> "Mas qual a razão para ser assim?"

E daí por diante. Sem dúvida que é bastante socrático e irritante ser sujeito a tal vigilância, conforme os infelizes companheiros de Sócrates descobriram. Mas como forma de chegar aos pontos de vista de cada um, e às verdadeiras razões para fazermos aquilo que fazemos, é bastante eficaz, desde que seja feito delicadamente. Quando estamos em Londres, eu e minha mulher abrimos as portas do pátio de nossa casa ao exterior, durante o café da manhã, para recebermos quem quer que possa ter lido nossos livros ou ter nos ouvido falar e que deseje trocar algumas ideias conosco. Não damos conselhos, mas perguntamos "por quê?" o máximo de vezes possível. Isso parece ajudar as pessoas a clarearem as suas ideias. Aprendi isso com Sócrates.

Recorro à mesma técnica comigo mesmo, desafiando todas as minhas opiniões de base, ajudado por minha mulher, que conhece melhor do que eu os meus preconceitos. Pode ser um jogo intelectual bastante empolgante, que desafia a maioria das formas como as coisas são feitas em sociedade. No entanto, o perigo reside no fato de podermos ficar paralisados, tal como uma centopeia presa num fosso tentando perceber que pata deve mover primeiro. Às vezes é melhor mantermos as perguntas para nós mesmos, como rapidamente percebi depois de ter deixado as paredes seguras, cobertas de hera, da Universidade de Oxford.

Quando chegou o momento de me decidir por uma carreira, queria algo que me desse segurança e conforto, e concorri à multinacional Shell, que sabia estar espalhada por todo o mundo. Mas a Shell era uma empresa petrolífera, e eu era licenciado em humanísticas. Pedi desculpas, durante a entrevista, pela minha escolha acadêmica. "Não se preocupe", disseram-me, "você tem uma mente bem formada, mas vazia, que vamos preencher com conhecimento útil." Mas a Shell sabia o que minha formação inicial tinha significado. Os meus estudos me deram amor pelas palavras e capacidade de argumentação. Ensinaram-me a observar as coisas com um sentido curioso e a questionar a sabedoria convencional, a reconsiderar a opinião recebida e a procurar abordagens alternativas para os problemas. Não era uma má formação para o mundo dos negócios, mas não convenceu os meus superiores. A primeira vez que tentei pôr essa formação em prática, sugerindo que o sistema de transporte de petróleo na Malásia poderia ser mais bem organizado, o administrador operacional dessa área nem sequer leu meu relatório, além do breve resumo.

— Há quanto tempo você está aqui, Handy? — perguntou-me.

— Bem... há seis meses.

— E há quanto tempo acha que esta empresa está no negócio do petróleo neste país?

— Cinquenta anos? — arrisquei eu.

— Cinquenta e cinco, para ser exato. E acredita que em seis meses já sabe, melhor do que nós, com toda a nossa experiência, como as coisas poderiam funcionar de forma mais eficaz?

— Não, peço desculpas.

Saí do gabinete, ainda convencido de que tinha razão, mas calculando que aquele não era o melhor momento para desafiar a sabedoria que me era transmitida. Mais tarde, as circunstâncias provariam que eu tinha razão, mas nessa altura meu relatório já tinha ido parar nos "esgotos" de Cingapura. Espero ter aprendido com esse episódio a nunca ignorar as ideias dos mais jovens, independentemente do quão impertinentes possam parecer.

Estou certo de que é devido ao meu contato com o Sócrates de Platão que hoje tenho todo o gosto em defender o ponto de vista contrário numa discussão ou debate. Se bem que isso possa ser útil na ocasião, acabei por perceber que pode não ajudar muito a conseguir uma decisão unânime. Mais tarde, na minha vida, fiz algo a respeito. Decidi que os meus pensamentos e conselhos teriam mais eficácia se fossem transmitidos em particular, caso assim me fosse pedido. Depois de tomar essa decisão, demiti-me de sete comissões e conselhos de administração no mesmo dia. Apenas três me responderam, agradecendo minha contribuição — um sinal, senti eu, de que minha saída não fora totalmente mal vinda ou mesmo notada.

Platão era difícil, especialmente no grego original, mas Aristóteles era quase inatingível para mim. Ele era pupilo de Platão, mas, conforme me alegrei por perceber, discordava dele em muitos pontos. O problema com que me deparava era o fato de Aristóteles saber muito e, nos seus textos, ter abrangido inúmeras áreas da atividade humana, da ciência à ética, passando pelas artes e pela política. Até antecipou a teoria da evolução de Darwin. Suas ideias chegaram até nós por meio de suas notas de leitura, que eram difíceis de compreender, pelo menos para mim. Só recentemente, graças a um livro de grande percepção, *Creating the Good Life: Applying Aristotle's Wisdom to Find Meaning and Happiness*, escrito por um amigo meu, James O'Toole, consegui perceber o quanto a percepção que Aristóteles tinha da vida se enraizara na minha consciência.

Foi Aristóteles quem primeiro me deu a conhecer a ideia de "suficiência", por meio do seu conceito de "meio-termo dourado". Segundo ele, a virtude não era o polo oposto do mal. Encontrava-se no meio, entre o demasiado e o muito pouco. A riqueza, para Aristóteles, não era necessariamente boa ou má, desde que fosse vista como um meio para chegar a algo mais grandioso. O pecado era exceder o meio-termo, o ponto médio entre o demasiado e o muito pouco. São Paulo poderia estar certo ao dizer que era o amor pelo dinheiro que constituía o caminho para todos os males, mas isso não significava que os ricos fossem necessariamente maus — tudo dependia da forma como usavam o dinheiro que tinham.

Dessa forma, qual seria o "algo mais grandioso" para o qual o dinheiro poderia ser útil? Nesse ponto, Aristóteles contagiou-me o pensamento ao longo dos anos, mesmo que eu nunca me tenha dado conta disso. Para Aristóteles, o eudemonismo era aquilo em que consistia a boa vida. Essa complexa palavra derivada do grego [*eudaimonía*] normalmente é traduzida por "felicidade", mas Aristóteles queria dizer outra coisa. Para ele, a felicidade não é um estado, mas sim, uma atividade. Não é estar deitado numa praia com um copo de vinho e um livro, tampouco ter sexo impudico com a pessoa dos seus sonhos. *Eudaimonía* se traduz melhor por "florescência", ou fazer o seu melhor com aquilo em que é melhor. Curiosamente, também se aplica a organizações, se bem que nossos modernos gurus da gestão chamem a isso "otimizar as competências-chave". Prefiro a versão de Aristóteles.

Aristóteles dizia que éramos diferentes dos outros animais devido à nossa capacidade de raciocínio. Somos a única espécie que não é motivada apenas pelo apetite ou por impulsos. Assim, a nossa função na vida é extrair o máximo daquilo com que começamos. Todos podem ser bem-sucedidos. Thomas Jefferson compreendeu isso muito bem. A sua grande declaração de Vida, Liberdade e Procura da Felicidade como os três direitos invioláveis do modo de vida americano não era uma receita para a autoindulgência, mas um apelo a todos os cidadãos para tirarem o máximo partido de sua vida.

Ao mergulhar de novo em Aristóteles, passados todos esses anos, compreendo-o hoje muito melhor e fico maravilhado com a forma como previu tantos dos nossos atuais dilemas. A vida, em muitos aspectos, parece não ter mudado tanto assim para os humanos ao longo dos milênios, apesar de todos os progressos tecnológicos. Mas tal como seu pupilo Alexandre[1] ignorou a sua sabedoria, assim o fiz eu enquanto jovem estudante de Oxford. Talvez haja um momento na vida para a energia, a aventura e a ambição, e outro momento, mais tarde, para a reflexão e uma espécie de sabedoria. Lamento não ter levado Aristóteles ou os

1. Alexandre Magno, também conhecido como Alexandre, o Grande. (N.T.)

meus temores mais a sério quando tive oportunidade para isso. As universidades são desperdiçadas nos jovens. Existem demasiadas distrações nessa fase da vida.

No entanto, apesar das distrações, alguma coisa me ficou dos meus anos passados em Oxford. A educação é uma forma sistemática de transmitir o conhecimento de uma geração para a seguinte. Nesse sentido, atua como uma forma de socialização, de acostumar os jovens à maneira de ser dos mais velhos. Sejam como nós, é a mensagem implícita das nossas escolas e universidades, e ficarão bem. Têm em vista um mundo confortável e, de alguma forma, isso dava resultado, quando a vida não mudava tanto de geração para geração. Este mundo previsível está em mutação, até mesmo dentro de uma mesma geração. Basear-se naquilo que funcionou ontem não o ajudará hoje; poderá até retardá-lo. Oxford oferecia-nos uma escolha — podíamos sobreviver se memorizássemos o trabalho de mentes brilhantes e o debitássemos nas salas de exames, mas não prosperaríamos ali. Demorei algum tempo até perceber isso e, inicialmente, fiquei esmagado com um programa de estudos que me exigia, aparentemente, que tivesse lido a maioria dos textos clássicos e toda a filosofia desde os primeiros tempos da Grécia até os dias de hoje. Tenho má memória e facilmente me sinto aborrecido com o que não me interessa. Conseguiria eu dar conta do recado?

Rapidamente descobri que havia outra forma. Jamais me esquecerei, e serei sempre agradecido por isso, de uma das primeiras sessões de estudo com meu orientador, Reggie Burton. Traduzi para ele um dos discursos de Churchill para a prosa grega. Ele trabalhou sem interrupção na minha tradução, sublinhando algumas partes e questionando outras. Leu uma palavra que ainda não conhecia. “Não conheço esta”, disse ele, e abriu o enorme dicionário grego da Liddel and Scott. “Hummm, nem eles conhecem, ao que parece. Mas penso que os gregos teriam entendido e, sim, teriam gostado. Muito bem" — sublinhou. Essa foi a mensagem que levei comigo naquela tarde, se bem que atualmente nem me recorde de qual era a palavra em questão.

Continuo a ter má memória, mas isso já não me preocupa tanto. Agora digo que a falta de memória encoraja a criatividade e cito o irlandês apócrifo que disse: "Como é que sei aquilo que penso enquanto não ouvir aquilo que digo?". Aprendi mais a falar e a debater ideias do que a estudar, apesar de muitas vezes ter me surpreendido com aquilo que me surpreendia a dizer. Demorei algum tempo até ter confiança suficiente para confiar em mim, construindo com base naquilo que acontecera no passado, mas preparado para deixá-lo para trás, se fosse necessário.

É estranho pensar, talvez, que tudo isso pode ter nascido do estudo da Grécia Antiga. Mas não foi à toa que minha licenciatura — curso de estudos clássicos, ou *Literae Humaniores*, como era oficialmente designado — tenha sido vista durante muito tempo como a melhor preparação para os destinados a ser guardiães de alguma área da sociedade. Independentemente de eles, como eu, terem esquecido tudo aquilo que sabiam de latim e grego ou dos pormenores da sua história e filosofia, o que importa é que aprenderam a pensar por si próprios, a expressarem seus pensamentos de forma convincente e coerente e a aplicarem seu raciocínio/argumentação à própria vida. Era isso, provavelmente, que o pessoal da Shell queria dizer quando falava de uma mente bem formada, independentemente do seu conteúdo.

Muitos anos mais tarde, quando o nosso filho iniciou a carreira de ator, mostrou-me a curta nota biográfica que tinha inserido no verso do programa da peça. Comentei que não tinha feito nenhuma referência à sua formação acadêmica, o que incluía três anos e uma boa licenciatura em Cambridge. "Pai", disse ele, "o que importa, neste caso, é aquilo que se é capaz de fazer, não como ou onde se aprendeu a fazê-lo." A prova do "bolo" da educação é quando se "come", mais tarde. Infelizmente, não temos muitas medidas como essas, apenas nossas marcas de saída. Oxford me preparou para a vida de uma forma que não reconheci na ocasião. Este livro de memórias é, suponho, um registro daquilo que fiz com o que me foi dado aprender lá. Estou também reconhecido por ter finalmente voltado a Aristóteles. Ele me ajudou a dar sentido à minha vida, a depender menos da aprovação dos outros, a redirecionar minha vida para o eudemonismo e, acima de tudo, a cultivar o companheirismo da família e dos amigos, outro dos grandes temas de Aristóteles.

Infelizmente, na ocasião não sabia tudo isso. A sabedoria chega mais tarde na nossa vida. Entretanto houve outras lições que aprendi na escola da vida, ou na Shell.

4

As lições de Bornéu

— Costuma beber conhaque no desjejum?

Quem me fez essa pergunta foi meu gestor de vendas, Peter Messum, olhando de soslaio para o copo ao lado da minha xícara de café. Peter era meu superior hierárquico direto. Ele tinha vindo de Cingapura para Kushing, em Sarawak,[1] onde era o representante de marketing para a Shell Company Singapore, e tinha sob minha responsabilidade todas as vendas de petróleo em Sarawak e em Brunei, que em 1959 representava metade do que era, ainda, Bornéu Britânico.

— Não, claro que não. Mas ultimamente tenho me sentido um pouco pra baixo e descobri que um gole disto faz com que consiga funcionar de manhã.

Não era verdade. Eu queria ir embora — não da Shell, mas de Bornéu. Esperava, ingenuamente, que meu aparente hábito de beber conhaque o encorajasse a procurar um substituto. Afinal de contas, meu antecessor tinha sido mandado para casa às pressas, depois de ter sido hospitalizado devido a *delirium tremens* — ti-

1. Maior estado da Malásia. (N.T.)

nha se queixado dos bichos que subiam pelas paredes, o elefante cor-de-rosa do mito do alcoólico.

Tinha apenas 26 anos e trabalhara para a Shell em Cingapura, na Malásia e em Bornéu durante três anos, sem poder ir a casa. Três anos eram a duração normal do contrato para um cargo no exterior, o meu estava quase no fim e tinha a sensação desagradável de que longe da vista podia também significar longe do coração. Estava sozinho em Sarawak com outro expatriado, Derek von Bethmann Hollweg, que era ainda mais novo do que eu, e que me ajudava a gerir nossos armazéns e pontos de venda num país maior do que a Inglaterra, onde os rios eram as únicas vias de comunicação e a maioria da população ainda vivia em aldeias na selva.

Não existia ligação telefônica para Cingapura, e poucos na sede tinham sentido necessidade de ir até lá. Bornéu era uma terra fascinante, mas Kushing, no final dos anos 50, não era propriamente o centro da civilização. Pelos menos não para um jovem solteiro. Eu estava sozinho, com saudade de casa, e sonhava com um Natal com frio. Para ser sincero, também queria partir antes que algumas das minhas asneiras fossem descobertas.

Nesse tempo, a Shell acreditava na teoria da imersão para o desenvolvimento da gestão — atirem-nos lá dentro e vejam se eles aprendem a nadar. Tem as suas vantagens, mas eu teria precisado de algumas instruções acerca do trabalho antes de ter sido enviado para colocá-lo em prática. Afinal de contas, era licenciado em grego, latim e filosofia e não sabia distinguir querosene de gasolina, quanto mais os detalhes relacionados com a organização e a gestão de cerca de 200 pessoas espalhadas ao longo de uma vasta área. Estava destacado na sede regional de Cingapura, fingindo que era um economista e tentando prever a possível procura de petróleo no Sudeste Asiático, quando fui chamado ao gabinete do diretor geral.

— O que é que você sabe acerca de Sarawak? — perguntou.

— Não muito — respondi, tentando imaginar aonde a conversa iria chegar. — A maioria da população pertence à tribo dyak, a capital é Kushing e produzem pimenta.

— Bem, vai descobrir muito mais coisas sobre esse lugar. Vamos enviá-lo para Sarawak como nosso representante de marketing, para substituir o colega que estava lá e que teve de regressar para a Inglaterra. Você terá de partir antes do fim da semana. É uma oportunidade empolgante, Handy, sua primeira função independente de comando. A equipe do departamento de vendas vai esclarecê-lo sobre a situação do mercado. Boa sorte! — Levantou-se com a mão estendida, dando a entender que a conversa tinha terminado. Antes que eu tivesse tempo de compreender o que tinha acontecido à minha vida, já tinha saído da sala. Aquilo era a Shell, como diziam os anúncios.

Para mim, "empolgante" era uma palavra sinistra, que tanto sugeria problemas como oportunidades, como não tardei a descobrir nos escritórios do departamento de vendas. Para começar, a Shell detinha 95% do mercado, um número que, a meu ver, só podia diminuir. Depois havia os aeródromos, em que detínhamos 100% do negócio de abastecimento de combustível, e pelo menos seis deles encontravam-se naquele país de rios e selva. Eu sabia como abastecer carros, mas abastecer aviões era outra história. Tinha de descobrir como se fazia isso, e depressa.

Bati à porta do gabinete do gestor do departamento de aviação.

— Vou ficar encarregado de Sarawak — disse-lhe —, e preciso aprender tudo o que puder acerca do negócio da aviação, incluindo os aspectos práticos do seu funcionamento.

— Excelente — respondeu-me, com o rosto iluminado de entusiasmo. — Vamos conceber um curso prático especial a você, ensinar-lhe tudo sobre o transporte em aviões verdadeiros etc. Vai ser divertido, você vai gostar e vai aprender tudo da melhor maneira possível.

— Isso seria esplêndido — disse-lhe eu. — O problema é que parto depois de amanhã.

— Nesse caso — respondeu ele com ar pesaroso —, é melhor irmos ali à catedral e rezar.

E foi exatamente o que fizemos.

O voo para Kushing, num Dakota, demorou duas horas. Lembro-me de olhar para baixo, à medida que sobrevoávamos a linha costeira da vastíssima selva e as linhas castanhas sinuosas que eram os rios. Procurei em vão por estradas, e descobri mais tarde que havia apenas 48 quilômetros de estrada em todo o país, dentro e em torno das poucas cidades existentes. Até mesmo o acesso à residência colonial do governador só podia ser feito por via fluvial. Eu me questionava sobre o mundo no qual estava prestes a entrar e como iria enfrentá-lo. O velho princípio militar "Avancemos, sargento-mor" parecia a única solução possível. Utilizado por jovens oficiais inexperientes ao longo dos séculos, podia ser que funcionasse comigo.

Fui apresentado ao gestor de operações, um engenheiro euro-asiático muito competente que, como logo vim a descobrir, estava lá havia algum tempo e já tinha lidado com muitos jovens gestores. Ele seria os meus olhos e ouvidos e gestor interventivo. Havia apenas um problema: ele trabalhava de acordo com os regulamentos e, quando surgia um problema que não estava previsto no manual, paralisava. Também não considerava que fizesse parte das suas funções melhorar o manual ou tomar a iniciativa de fazer algo de novo. Espírito empreendedor era algo que não existia no seu vocabulário, e "experimentação" era uma palavra que o fazia tremer. Mas tudo bem — era aí que eu podia intervir. Afinal de contas, estava lá para fazer a diferença, não estava?

Comecei por explorar meu novo território. Nesse tempo, para chegar a qualquer ponto de Bornéu Britânico, primeiro tinha-se de apanhar um voo para Sibu, que era um lugar desolado e imundo, ao longo de cerca de 96 quilômetros do Rejang, o grande rio que era a principal via de comunicação do país — 800 metros de largura em Sibu e cheio de crocodilos. Depois tinha-se de embarcar num barco aberto e estreito, com um potente motor externo, e esperar que alguém conhecesse bem esse grande rio e suas particularidades. Também se esperava que o condutor tivesse boa visão, devido aos troncos que houvessem caído durante as operações de derrubada de mata ao longo do rio. Estavam encharcados e poucos se conseguiam ver na superfície. Chocar-se contra algum deles a alta velocidade teria como consequência ter de nadar com os crocodilos. Quando a luz começava a diminuir, o condutor acendia sua tocha para poder ver os troncos, enquanto eu prendia a respiração e rezava para que depois da curva seguinte houvesse um ponto de atracação.

Nas aldeias, os dyaks viviam nas suas chalupas e canoas e precisavam de combustível para abastecer os motores. Era esse o meu trabalho — fazer que o obtivessem ao mais baixo custo possível. Na minha opinião, a logística era ridícula. O combustível vinha de Kushing, em bidões de 170 litros empilhados nos conveses de velhos e decrépitos barcos a vapor. Esses bidões tinham de ser enchidos em Kushing, depois tinham de ser carregados e descarregados dos barcos, armazenados nas aldeias sem nenhuma condição de segurança e, por fim, carregados de volta para Kushing. Era uma operação dispendiosa, ineficiente e, acima de tudo, perigosa. Assim, quando conheci John Reynolds achei que tinha a solução, mas dessa vez não ia mostrá-la a quem quer que fosse em Cingapura. Já tinha aprendido que eles não viam com bons olhos as ideias novas dos jovens principiantes.

John Reynolds era um desses aventureiros que não se enquadram numa vida convencional. De boa aparência, um grande contador de histórias, uns 15 anos mais velho do que eu e, além disso, um antigo aluno de Eton[2], tinha um pequeno barco a vapor para transporte de mercadorias e queria fazer negócios. Pensamos em pôr de lado os bidões, criar espaço para armazenamento nas margens das aldeias e distribuir o combustível com o barco a vapor. Era muito mais barato, seguro e rápido. Contudo, primeiro tínhamos de estudar os locais possíveis para os depósitos de 19 mil litros que nos propúnhamos a distribuir. Assim, embarcamos numa viagem de reconhecimento pelas aldeias do Rejang, subindo o grande rio, sem nenhum contato com o mundo durante dias e noites seguidos, apenas com a vista do rio e da selva e a ocasional companhia dos crocodilos. Havia apenas um problema — John não confiava na inocuidade da água, com toda a razão, por isso recorria ao xerez. Nós o usávamos para beber, para cozinhar numa grande panela de pressão — para tudo, menos para nos lavarmos. Uma noite, quando estávamos descansando, atracados na margem, e os únicos sons eram os ruídos da selva e o murmúrio da água, John me presenteou com histórias irreais das suas andanças. Estávamos ambos em torpor alcoólico. A vida não era nada do que eu tinha imaginado. Pensei, por momentos, no que os meus pais, no vicariato na Irlanda, iriam pensar se soubessem.

De volta ao escritório em Kushing, fiz as contas. O que se tinha poupado em transporte, utilizando o barco de mercadorias de John, dava para pagar os depósitos encomendados e instalados nas margens das aldeias. Quatro meses depois, John e eu partimos em nossa primeira viagem. Quando passamos por Sibu, a

2. Escola de elite britânica. (N.T.)

uns dois dias de Kushing, e alcançamos aquela parte do rio que reconheci de outras vezes, algo parecia diferente. O nível do rio estava visivelmente mais baixo. John disse que era a estação da seca e que o nível das águas descia consideravelmente. Como pudemos verificar, isso era dizer pouco. Quando chegamos a Kapit, a maior das aldeias, o reservatório estava lá, sim. Mas estava uns 30 metros acima do nível do rio em vez de estar na margem, onde devia. Estava fora do alcance das nossas mangueiras e perigosamente colocado acima de nós. Era óbvio que não podíamos usá-lo. O mesmo aconteceu nas outras aldeias.

Não havia maneira de contornar o problema. Se colocássemos os depósitos a contar com a estação da seca, ficariam debaixo da água na estação das chuvas. Se abastecêssemos para a estação das chuvas, ficariam fora do alcance quando o nível das águas descesse. Culpei John. Ele disse que só tinha feito o que eu tinha pedido. Foi um triste fim para uma breve e inebriante amizade. Os depósitos voltaram para Sibu, onde os vendi como sucata — e nunca contei isso a ninguém, até agora. E ninguém notou. Ninguém em Cingapura, quero dizer. Os aldeões notaram, e as expressões de desdém no rosto deles não deixaram dúvidas acerca do que pensavam de mim.

Não precisava de uma entrevista de avaliação para saber até que ponto tinha sido estúpido, até que ponto tinha prejudicado a reputação da empresa, até que ponto tinha sido ingênuo ao agir por iniciativa própria sem pedir conselhos à minha equipe, que tinha assistido contente, enquanto eu me arrastava para uma situação de fracasso. Se havia o que aprender com a experiência, este tinha sido o caso. Eu tinha uma tarefa gigantesca nas mãos para recuperar minha credibilidade. Contudo, se conseguisse reparar meu erro antes que os gestores em Cingapura dessem por ele, teria aprendido minha lição sem necessidade de mais retaliações. Decidi confessar os meus erros à minha equipe em

Kushing e pedir-lhes ajuda se percebessem que eu estava para cometer mais algum erro crasso.

Naquele dia em que enfrentei o gestor de vendas à mesa do desjejum, perguntava-me se ele teria tido conhecimento desses fatos. Se teve, não disse nada. Nem mesmo uma vez, pelo menos que eu saiba, minha equipe mencionou o que acontecera a quem quer que fosse. Em vez disso, deram-me a oportunidade de me redimir, algo que não acontece muitas vezes nas empresas, ainda que devesse acontecer. Tive mais lealdade e compreensão do que merecia.

Mais tarde, nessa noite, sentado sozinho na varanda, ouvindo o coro dos sapos no jardim que competiam com o Beethoven no toca-discos, pensava, uma vez mais, no que estava fazendo ali. Sim, Bornéu tinha sido uma experiência interessante, até mesmo empolgante, e eu estava grato à Shell por me ter deixado cometer os meus erros e corrigi-los sem ser notado. No entanto, uma parte de mim sabia que aquele não era o trabalho para o qual estava destinado. Era mais do que óbvio que outros podiam fazê-lo muito melhor do que eu. Antes de ir embora, meu gestor de vendas, querendo ser prestativo, comentou que eu realmente não aceitava bem a autoridade, preferindo fazer as coisas à minha maneira. "Vai ter de corrigir isso se quer evoluir nesta empresa", disse-me. Palavras agourentas — e proféticas, como se verificou mais tarde.

Dois meses depois estava de volta a Londres, candidatando-me a emprego em outras empresas, sem a Shell saber. Ainda estava convencido de que meu futuro residia naquele mundo, mas de preferência mais perto de casa. Fui à primeira entrevista.

— Tem alguma experiência de gestão? — perguntou-me o indivíduo.

Empertiguei-me e disse orgulhosamente.

— Bem, estive à frente de um departamento de marketing que cobria uma região do tamanho da Inglaterra, com cerca de

200 pessoas trabalhando para mim, seis aeródromos e quatro armazéns.

— Sério? E onde foi isso?

— Em Bornéu, no Sudeste Asiático.

— Muito bem.

Lendo ao contrário, vi-o escrever: "Não tem experiência relevante".

Talvez não para os objetivos dele, mas certamente para os meus. Além de todo o resto, descobrira o que não queria fazer para o resto da vida. Alguns poderão chamá-la aprendizagem negativa, mas eu a encarava como o resultado útil de uma experiência. Se todas as nossas experiências na vida correrem bem, provavelmente será porque não nos esforçamos suficientemente. Há vidas que poderíamos ter vivido se tivéssemos sido mais ousados. Quando concorri para a Shell, tinha apenas uma ideia muito vaga do que estava em jogo, do quanto ia gostar ou de como ia ser competente nas minhas funções. Agora, já sabia.

Bornéu foi o ponto culminante da minha aprendizagem de três anos na Shell. Tinha sido um período importante, e talvez ainda mais por não ter sido planejado. Sem um programa formal de desenvolvimento previamente preparado, estava disponível para ser chamado a resolver as situações à medida que iam ocorrendo. Esse tipo de abordagem inesperada do desenvolvimento tinha começado quando cheguei a Kuala Lumpur, diretamente do Reino Unido, e obviamente minha presença não era esperada. O jovem diretor geral não se deixou intimidar.

— Vamos fazer uma coisa — disse. — Passe os primeiros dois meses no meu gabinete. Não diga nada, ouça e aprenda. A não ser que haja algum assunto muito pessoal ou confidencial, pode ficar lá o dia todo ou me acompanhar quando eu for a uma reunião fora do escritório. Isso vai lhe dar uma noção de como a empresa funciona e podemos reservar algum tempo todas as noites para falar sobre o que observou. Quem sabe se eu não poderia aprender tanto com você quanto você comigo.

Foi a melhor apresentação possível ao mundo em que estava entrando, apesar de alguns membros mais antigos da equipe ficarem chocados por me verem participar das reuniões. Com o tempo, fui encarregado de uma série de projetos específicos para investigar, todos sob a orientação pessoal do diretor geral. Para um novo colaborador, essa versão de luxo do método de formação "sitting by Nelly"[3] como forma de aprendizagem sobre uma nova empresa era tão fascinante como inestimável, apesar de dois meses de silêncio serem mais do que suficientes.

Um ano depois, antes de partir para Bornéu, naquele que foi mais um episódio de planificação inesperada, saboreei minha primeira experiência de preferência da Shell pela aprendizagem por imersão. Tinha sido convocado para uma reunião com o diretor geral em Cingapura, onde estava situada a sede para toda aquela região.

— Londres quer que nomeemos um economista para ficar encarregado do Sudeste Asiático — disse-me. — Pensamos que você se sairia bem.

— Mas eu não sei nada de economia — protestei. — Na universidade, estudei grego e latim.

— Mas foi em Oxford, não foi?

— Sim, foi.

— Então — sorriu —, está tudo bem, vai conseguir.

De repente compreendi que uma licenciatura é apenas uma licença para continuar a aprender, o princípio da educação, não o fim.

3. Método que consiste em pôr o formando para aprender a desempenhar suas funções por meio da observação e da prática. (N.T.)

Saí e fui comprar um pequeno livro amarelo chamado *Teach Yourself Economics* e li-o com mais atenção do que qualquer outro livro até então. O trabalho consistia em prever a procura de produtos petrolíferos na região. A Shell tinha descoberto que havia uma forte correlação entre consumo de petróleo e o Produto Nacional Bruto — PNB. Meu problema residia no fato de Cingapura, sendo ainda uma colônia britânica na ocasião, não dispor de números oficiais de PNB. Tive de criar as minhas estimativas para ter algo em que basear minhas previsões. Não posso fingir que eram todas precisas e não creio que tivessem muita importância no esquema global, mas posso dizer que, se quisermos descobrir o que se passa num país, a melhor maneira é tentar saber o seu PNB. Como eu era o economista da Shell, tinha acesso a vários responsáveis governamentais e empresários. No entanto, nunca compreendi as preocupações comerciais dos chineses nem consegui prever o volume de vendas da grande variedade de restaurantes ali existentes.

Um mês mais tarde pediram-me para fazer um seminário na Universidade de Cingapura sobre o futuro da indústria petrolífera. Descobri, então, outra coisa: se realmente queremos aprender alguma coisa, devemos tentar ensiná-la a alguém. Uma vez que, a essa altura, já sabia mais que os meus ouvintes, não deveria ter representado um grande desafio. Contudo, a perspectiva de uma conferência fez com que me debruçasse sobre livros e estatísticas pela noite adentro. Desde então, aprecio o desafio de falar ou escrever para novas audiências. Sei que vou aprender mais do que elas.

A Shell também me ensinou que o que realmente importa são as pessoas. Pouco depois de chegar a Cingapura, conheci Adrian Sharpe, que era então o gestor de vendas. Ele me disse que era o primeiro licenciado não técnico a quem tinha de dar formação. Perguntou-me o que eu tinha estudado na universidade. Repeti meu triste refrão: latim e grego. Ele riu.

— Isso não vai ser de grande utilidade quando estiver com os vendedores chineses que terá de gerir. Vou levá-lo para jantar esta noite para conhecer alguns deles. Vai ser o começo da sua verdadeira educação.

Tentaram embebedar-me nessa noite, mas pelo menos Oxford também me tinha ensinado a beber. Depois de uma longa noite, fui eu quem levou Adrian para casa. Tinha sobrevivido ao ritual de iniciação mas comecei a perceber que meu futuro mais imediato dependeria mais de quem me rodeava do que das minhas capacidades intelectuais. Desde então, tenho procurado descobrir quem realmente faz as coisas acontecer, muitas vezes na base da hierarquia, porque esses têm acesso a um grande poder negativo. A menos que confiemos uns nos outros como indivíduos, nada será feito. Em Bornéu aprendi que ter pessoas certas para começar é a chave de qualquer operação e que não devemos confiar sempre nas primeiras impressões. Quem me ensinou isso foi John Reynolds.

Mais tarde, quando estive na London Business School, um dos meus colegas desistiu do curso para abrir um restaurante. Encontrei-o seis meses mais tarde e perguntei-lhe:

— Como estão as coisas? Deve ser empolgante poder aplicar a uma situação real todo o seu conhecimento sobre o trabalho de grupo eficaz.

Ele disse:

— Sabe o que mais? Descobri que se você arranjar as pessoas certas com quem começar, não precisa de tudo isso. E se não arranjar as pessoas certas, o que você aprendeu não vai ter nenhuma utilidade.

A Shell tinha me ensinado, talvez sem querer, que a aprendizagem armazenada é inútil. Se a aprendizagem e a experiência não estiverem associadas, a aprendizagem evapora, mesmo que, como aconteceu comigo, a experiência venha em primeiro lugar. É por isso que, do meu ponto de vista, grande parte da educação formal pode ser desperdiçada. A Shell me ensinou, nas palavras do investidor e filantropo escocês Tom Hunter, que, no mundo dos negócios "Eu Faço funciona melhor do que o Quociente de Inteligência". Tente dizer isso em voz alta.

No entanto, experiência sem reflexão também não ajuda. Mais tarde, observei minha mulher quando ela foi conselheira matrimonial voluntária. Todos os conselheiros tinham um formador com quem se reuniam uma vez por semana. De duas em duas semanas ela também se reunia com os colegas conselheiros para reverem o seu trabalho, sob a direção de um orientador de aprendizagem. O objetivo não era criticar ou atribuir culpas, mas compreender, aprender e obter ajuda. Era preciso honestidade absoluta e vontade de aceitar que se tinha errado ou que não se sabia como seguir em frente. Os sistemas de avaliação que as organizações empresariais levam a cabo são o que elas dizem que são — avaliações. Sejam quais forem as intenções, acabam inevitavelmente por fazer juízos de valor, conduzindo a reações defensivas.

Algumas empresas começam a seguir, tardiamente, a orientação de conselheiros. A ideia foi posta em prática pelo Exército norte-americano na Guerra do Golfo de 1991, quando as "Críticas Pós-Ação"[4] começaram a fazer parte do seu programa. Trata-se de reuniões regulares de grupo, após qualquer projeto ou combate, que procuram estabelecer qual era o objetivo inicial, o que aconteceu realmente, por que razão aconteceu dessa forma, o que pretendem fazer da próxima vez. Eu não tinha um grupo para levar a cabo uma AAR, mas elaborei aquilo que mais se aproximava disso — dei-me ao trabalho de escrever meu

4. *After-Action Reviews — AAR.* (N.T.)

próprio relatório de ocorrências, em particular. Naquele tempo, a Shell não tolerava erros. Queria um sistema à prova de falhas em lugar de uma cultura em que se pode errar.

Por último, e mais importante, desaprendi a principal lição da escola primária, que era a de que havia sempre alguém que sabia mais do que nós. Aprendi que, na maior parte das situações humanas, não existe uma resposta predeterminada; que todos somos diferentes e que quase sempre temos de formar as nossas próprias opiniões, tomar as nossas próprias decisões e defendê-las. Só em questões técnicas é que o perito sabe mais. Foi o que tentaram ensinar-me em Oxford. Em suma, eu cresci tarde, mas não tarde demais.

Passados alguns anos, quando me vi encarregado de um programa de gestão para futuros executivos, começava pedindo a cada um dos participantes para pensar na experiência de aprendizagem mais importante de sua vida. Sempre que fiz essa pergunta, e eu a fiz muitas vezes, não houve ninguém que fizesse referência a um curso da universidade ou em outra fase da vida. Relatavam sempre o fato de eles próprios, ou alguém muito próximo, terem estado perto da morte, de não terem tido conhecimentos para lidar com determinada situação ou de lhes ter sido exigido mais do que podiam dar. E eu lhes dizia: "Agora já sabem que este programa não vai ser uma das suas oportunidades inesquecíveis de aprendizagem, a não ser que os ajude a refletir e a compreender as experiências que tiveram no passado. Se for assim, vai permitir que lidem melhor com os problemas que vão surgir. A experiência com reflexão é a aprendizagem que perdura". No meu caso, pensava ter saído de Bornéu com mais conhecimentos sobre a forma como a Shell e o mundo funcionavam, mas acabei por descobrir que as minhas experiências, bem como minha aprendizagem, só agora tinham começado.

5

As sementes douradas

Pediram-me recentemente que dissesse algumas palavras no funeral de uma velha amiga. Chamava-se Pat Kendall, se bem que a tenha conhecido como Patricia Rawlings. Enquanto pensava no que ia dizer, eu me dei conta de que a conhecia havia mais tempo do que à minha mulher. Compreendi então que lhe devia mais do que imaginava. Ela tinha me ajudado num momento crucial da minha vida e eu nunca lhe agradecera. Finalmente podia fazê-lo com atraso, mesmo que postumamente.

Pat entrou na minha vida em Cingapura, quando fui para lá com a Shell, para meu primeiro trabalho no exterior. Ela era uma das magníficas mulheres que a Shell contratara para tomarem conta das questões pessoais dos seus expatriados — ajudá-los com o alojamento, organização da viagem e todos os minuciosos pormenores que complicam a nossa vida quando mudamos de país. Muitas vezes essas mulheres se tornam confidentes, particularmente de jovens solteiros e solitários como eu, longe da sua zona de conforto e muitas vezes sem saber o que fazer. Fiquei triste quando ela voltou a Londres.

Seis anos mais tarde, também voltei para essa cidade. Depois de dois períodos distintos de três anos na linha de frente em Cingapura, Malásia e Bornéu, a Shell reconheceu que já era hora de eu voltar ao centro das atividades e passar um período na matriz, em Londres. Os dias agitados da vida de um expatriado tinham acabado, bem como meus dias de solteiro, pois estava noivo de Elizabeth e íamos casar no outono. Fiquei feliz por estar de volta a Londres. O que eu não esperava era a quebra significativa do meu padrão de vida.

Quando conheci Elizabeth, era o gestor da Shell em Malaca, na costa sul da Malásia. Vivia numa bela casa colonial com jardins, quadra de tênis, empregados para cozinhar, lavar e tratar do jardim, e um segurança no portão todas as noites. Havia até uma casa independente para as visitas. Os pais de Elizabeth foram para ficar. Impressionaram-se com meu estilo de vida. Isso foi até me visitarem em Londres, onde a casa que oferecia à filha era um apartamento arrendado num porão, com dois quartos, na zona sul da cidade. Cobraram-me, confusos, o anúncio da minha promoção. Era verdade, mas, infelizmente, já não era uma expatriado, que vivia uma vida de sonho. Era apenas um colaborador comum que vivia do salário normal para o escalão britânico. De repente, a vida era de verdade.

A promoção também me desiludiu um pouco. Tinha um novo título magnífico, gravado sobre metal à porta do meu gabinete — Coordenação de Marketing de Petróleo, Região do Mediterrâneo. Infelizmente, reparei também que meu nome não estava na placa de metal, mas numa tira de plástico, abaixo. Ficou evidente que era o que eles designavam "ocupante temporário". Na prática, era o "posto dos correios" para as sucursais da Shell no Mediterrâneo. Eles enviavam os seus pedidos de encomenda e eu redirecionava para os canais apropriados na hierarquia, acrescentando algum comentário quando necessário. Não tinha nenhuma autoridade para tomar decisões. Não me era permitido visitar os países aos quais prestava os meus serviços nem reunir-me com os seus gestores quando eles se deslocavam a Londres.

Era, no mínimo, aborrecido. Pela primeira e última vez na minha vida, estava sempre olhando para o relógio. O dia de trabalho oficial terminava às 17h20, eu saía em cima da hora e os elevadores estavam sempre cheios com outros colaboradores, também eles desejosos de voltar à sua outra vida assim que se libertavam do horário de trabalho. Foi minha primeira experiência de estresse por estar subcarregado, por ter poucas responsabilidades. Não gostava do meu trabalho e, para ser franco, não era muito bom em desempenhá-lo. Tenho certeza de que os meus ombros descaíam cerca de 2 centímetros cada vez que entrava no edifício da Shell para começar um novo dia. Passei muitas horas observando os barcos que navegavam no Tâmisa, através da minha janela, e reparando como eram pequenas e insignificantes as silhuetas das pessoas lá embaixo. Pensava em como seria fácil despedir umas quantas centenas, caso fosse preciso. Bastaria um estalar de dedos. Eu me perguntava se os administradores dos andares superiores teriam esse pensamento.

Por vezes subestimamos os problemas da falta de ocupação no emprego. É uma situação que provoca tanto estresse como o excesso de trabalho, que afeta as pessoas ocupadas. Pelo menos, estas se sentem úteis e necessárias, mesmo que estejam exaustas, sobrecarregadas e por vezes incapazes de aguentar o ritmo. A falta de ocupação começava a se tornar, psicologicamente, cada vez mais perturbadora. Sentia-me inútil e subaproveitado. O trabalho era uma perda do meu tempo e da minha vida. O fato de ter ficado por causa do salário que me pagavam só fazia eu me sentir como uma espécie de cúmplice, tão culpado como eles. Queria pagar-lhes na mesma moeda. Foi nesse momento que percebi que, apesar de não ter nenhuma autoridade para fazer algo de positivo no meu trabalho, tinha um poder negativo. Podia interromper coisas.

Um dia o correio me trouxe uma proposta de investimento de capital da nossa empresa na Itália. Queriam construir uma refinaria na baía de Nápoles. Meu trabalho era reencaminhar essa proposta para o comitê adequado, mas dessa vez não o fiz. Simplesmente joguei a proposta fora. Pareceu-me que uma refinaria na baía de Nápoles seria esteticamente errado. Claro que, com o tempo, a empresa italiana percebeu que sua proposta se havia extraviado e enviou outra, dessa vez acompanhada de cópias para todos. A empresa obteve sua refinaria, mas, pelo menos, eu a tinha atrasado um bocado. Não me orgulho do que fiz nesse dia, mas isso me ajuda a compreender que outros trabalhadores frustrados podem sentir-se tentados a ativar o poder negativo que até os mais humildes possuem. A moça do centro telefônico que interrompe minha ligação, a garçonete que me ignora, o funcionário que me indefere um alvará de licença de construção sem nenhuma razão, o pessoal da linha aérea que fecha a porta de embarque mesmo vendo que estou correndo para lá chegar — todos eles poderão estar exercendo seu poder negativo por ter sido a única maneira de mostrarem que têm valor. Num inquérito recente feito na Grã-Bretanha, 72% dos trabalhadores disseram que se sentiam insatisfeitos em sua empresa e 19% tinham sérias intenções de sabotá-la. Ao lembrar-me desses tempos na sede da Shell, sei como se sentem.

Então, um dia, meu chefe surgiu à porta.

— Podia vir ao meu gabinete por um momento?

— Claro. — Que quereria ele? Não nos comunicávamos muito. Eu julgava que ele era uma perda do meu tempo. Ele achava que eu não servia para o trabalho e que era um desperdício de recursos. Podia até ter razão.

— Pediram-me algo bastante fora do comum — disse. — As chefias querem que eu o deixe ir para o centro de formação de gestores na Shell Lodge, como subdiretor.

É óbvio que ele pensou que aquelas chefias tinham perdido o juízo:

— É uma pena, porque você estava começando a pegar o jeito neste trabalho. Mas eu não tenho uma boa razão para mantê-lo aqui, por isso concordei em deixá-lo ir.

A Shell Lodge era uma mansão vitoriana, rodeada de relva e situada nas margens do Tâmisa, perto de Kingston. Atualmente é uma zona residencial, mas em 1963 era uma gloriosa propriedade nos subúrbios. O emprego até me dava direito a uma casa com quatro quartos. A Shell Lodge era utilizada para alojar quem frequentava os cursos médios e avançados de formação de gestores, constituídos por cerca de 18 pessoas, que lá permaneciam de seis a oito semanas. Minha tarefa era dirigir os cursos de gestão de nível médio, que correspondiam aos cursos de especialização organizados pelo exército. Tratava-se de um rito de passagem necessário aos que estavam destinados a subir dentro da empresa. A concepção dos programas estava a cargo do departamento de pessoal em Londres, mas eu tinha de executá-los. Nem queria acreditar na minha sorte.

Foi só quando me encontrei na casa com meu novo chefe e a sua mulher que percebi o que tinha acontecido. Ele era o Kendall "Cansado", um maravilhoso veterano da Shell cuja alcunha não o largara — nunca soube o seu verdadeiro nome. Estava casado com a pessoa que eu conhecera como Pat Rawlings. Lembrei-me de que Pat era amiga chegada do chefe de recursos humanos da Shell e presumo que tenha desejado ter um dos seus antigos protegidos de volta aos seus cuidados. Talvez tenha ouvido falar do meu descontentamento e ainda se via no papel de minha guardiã benevolente dentro daquela empresa grande e impessoal.

Esse cargo era usado pela Shell como preparação para a colocação seguinte, no exterior. Não fazia parte dos planos deles que eu ficasse seduzido pela tarefa.

No entanto, descobri que estava fascinado pelo desafio educacional de preparar aqueles jovens gestores para o mundo mais ampliado que estavam prestes a enfrentar. Soube, instintivamente, que tinha encontrado a minha vocação, por isso, quando a Shell surgiu com outro cargo, que era o de gestor da empresa na Libéria, recusei. Queria continuar com aquilo que estava fazendo, mas o lugar não estava disponível. Assim, sem saber o que deveria fazer, sentei-me e escrevi a minha primeira carta de demissão.

Parece simples, agora que escrevo sobre isso. Mas naquele tempo não se saía da Shell. Sobretudo quando não se tinham alternativas. Pela primeira vez na minha vida eu não estava sob a "proteção" de uma instituição. Estava sozinho e era assustador. No entanto, sem eu saber, Pat e minha mulher estavam engendrando um plano. Vendo como eu pensava, entraram em contato com "Sinbad" Sinclair, que tinha sido o gestor regional em Londres para o Sudeste Asiático quando eu lá estava, e que era também mais um velho amigo de Pat. Para minha sorte, ele havia se aposentado da Shell e administrava a Foundation for Management Education, um organismo composto por líderes de negócios que fundaram e financiaram as primeiras escolas de ciências empresariais da Grã-Bretanha. Recomendou-me a Arthur Earle, que tinha sido nomeado reitor do que viria a ser a London Business School, mas, nessa altura, era apenas um gabinete com um arquivo e um telefone.

Arthur Earle perguntou-me:

— O que é que você pode ensinar?

— Bem, gestão, penso eu. É o que eu tenho feito.

— Não vamos ensinar gestão — disse, para meu grande espanto, enquanto eu me questionava se teria ido ao lugar certo. Ele continuou:

— Vamos ensinar finanças, marketing, economia — os elementos da gestão. Pode assumir alguma dessas cadeiras?

Disse-lhe que, infelizmente, não tinha qualificações em nenhuma daquelas áreas — tinha me formado (mais uma vez a velha desculpa) em latim, grego e filosofia na universidade.

— Ótimo — disse —, então pode ensinar lógica. Os gestores precisam bastante de lógica. No entanto, também pode coordenar um programa de prestígio, para o qual esperamos obter financiamento da Fundação Sloan — é um programa sabático destinado a executivos selecionados em plena trajetória profissional.

E foi assim que meu futuro se decidiu da maneira como essas coisas normalmente são decididas; por um misto de oportunidade e bons contatos — e de Pat. Só agora, olhando para trás, consigo realmente avaliar sua contribuição, pois assim que percebeu para onde eu queria ir, resgatou-me da tortura da sede da empresa e ajudou-me a ter uma vida para a qual estava muito mais vocacionado. Nunca falou nisso, nunca se ofereceu para dar conselhos, nunca tomou a liberdade de pensar que me conhecia melhor do que eu próprio, apenas agiu quando achou que podia me ajudar e nunca, jamais, mencionou o importante papel que desempenhara. Penso que terá sido por isso que nunca consegui lhe agradecer.

Tinha mais um empurrãozinho para me dar, apesar de eu não ter compreendido na ocasião. Na festa privada de despedida que ela e o marido nos ofereceram, Pat surgiu com um presente. Desembrulhei aquele pacote de um formato estranho, intrigado com o possível conteúdo. Quando finalmente o vi, fiquei sem palavras. Era uma frigideira antiaderente, uma novidade em 1965; o Teflon foi um dos primeiros derivados do programa espacial americano. Não era exatamente o que eu esperava. Talvez estivesse apenas nos dando algo útil para a nossa nova vida, mas, pensando melhor, o que me ocorre é que ela estava delicadamente sugerindo que podia haver outras coisas na minha vida além de trabalho, e que o papel do homem podia vir a estender-se à cozinha. Se foi esse o caso, ela estava, mais uma vez, antecipando o que viria a ser uma parte importante do meu futuro.

Numa conferência recente, o orador convidou-nos a elaborar uma lista com o nome de três ou quatro pessoas que tivessem tido maior influência no início da nossa vida.

Os professores eram as figuras proeminentes nessas listas, assim como as mães. Fiquei triste por reparar que delas raramente constavam os pais. No topo da minha lista tive de colocar a minha mulher, Elizabeth, cuja fé inabalável na minha capacidade é fora de série. Contudo, juntei-me aos meus colegas ao enumerar dois professores. Sam Derby, o diretor dos Estudos Clássicos em Bromsgrove, que depositou em mim fé suficiente para me propor como candidato a uma bolsa de estudos em Oxford, e Jim Ball, o segundo reitor da London Business School, que me nomeou professor efetivo antes de possuir os requisitos necessários, de ter publicado ensaios e livros importantes. Pode ser assustador descobrir que as pessoas têm tanta fé no nosso potencial — temos de corresponder a essas expectativas. E havia Pat. Percebi, com remorsos, que nunca tinha agradecido como devia a qualquer um deles. Quando Elizabeth e eu escrevemos um livro sobre empreendedores de vários quadrantes, as pessoas a quem chamamos "os novos alquimistas"[1], uma das características notáveis da vida deles era o fato de existir a influência de alguém que respeitavam e que lhes tinha dado a autoconfiança necessária para se lançarem sozinhos. Depois de escrever o livro, descobri que Freud chamou isso de a "semente dourada".

Muitas vezes, a semente era apenas um comentário ao acaso, mas podia ser um empréstimo ou uma oferta em dinheiro em

1. No original, *The New Alquimists*, título do outro livro do autor. (N.T.)

um momento crucial, uma apresentação ou recomendação importantes ou a oportunidade de assumir novas responsabilidades — tudo evidências da confiança de alguém em nossa capacidade. Quando o professor de Dee[2] disse a uma das nossas Alquimistas, quase de passagem, que ela tinha tido as melhores notas da região nos seus exames, ela nunca mais se esqueceu disso. A semente tinha sido plantada. Mais tarde, quando se candidatou a uma faculdade de medicina, sabia que seria bem-sucedida, apesar de a essa altura já ter ultrapassado a idade recomendada, porque "sabia que era inteligente". Pergunto-me se Dee alguma vez agradeceu àquele professor.

Sei agora, por experiência própria, que os professores, os pais, os companheiros, até os gestores, têm de viver por intermédio dos outros. Ou seja, têm de retirar satisfação pessoal dos feitos públicos daqueles de quem cuidaram, aos quais ensinaram ou orientaram, pois os que se beneficiam dessa ajuda raramente se apercebem disso na ocasião ou, se percebem, consideram que eles não fizeram mais do que a sua obrigação. Com sorte, voltam atrás nessa opinião quando tiver passado tempo suficiente.

Seja reconhecido ou não, semear sementes douradas, por atos ou palavras, é uma das coisas mais agradáveis e talvez mais importantes que se pode fazer por alguém. O mundo não tem muitas destas sementes. Por vezes parece culturalmente inapropriado, como quando um líder de negócios da velha escola resmungou comigo: "Eles não precisam que lhes diga, eles sabem que estão se saindo bem, a não ser que grite com eles". As sementes douradas raramente são semeadas num enquadramento formal de avaliação, provavelmente porque alguns comentários positivos fazem parte do ritual exigido nessas ocasiões. Nem as

2. Dee Dawson, a primeira médica britânica a abrir um centro de tratamento da anorexia nervosa. (N.T.)

sementes, atiradas ao acaso, como se fossem confete, chegam a germinar, pois não são intencionais ou levadas a sério. Têm de ser genuínas e sinceras, podendo até ser anônimas. Uma vez recebi um cartão de uma pessoa da qual nunca tinha ouvido falar. Dizia apenas: "Li o seu último livro. Obrigado". Como não tinha o endereço do remetente, não pude responder. Para mim, aquilo transbordava de sinceridade. Foi enternecedor e encorajador, dado que a escrita é um trabalho solitário.

Pat Kendall nada sabia sobre sementes douradas, mas a fé que depositou em mim e o seu desejo de me ajudar da forma que podia fez levantar o meu moral enquanto lutava para começar uma vida nova. O que não esperava era que o prelúdio para essa vida estivesse nos Estados Unidos. Seria necessário passar pelo menos um ano após a minha reunião com o novo reitor da London Business School para que o financiamento da Fundação Sloan fosse confirmado. Pareceu-me sensato aprender tudo sobre o funcionamento dos dois programas norte-americanos da Sloan, e o MIT[3] tinha se oferecido para me acolher durante um ano enquanto eu estudava a sua experiência. A Foundation for Management Education — uma vez mais, "Sinbad" Sinclair — estava atribuindo bolsas de estudo aos que queriam formar-se nas escolas de ciências empresariais na Grã-Bretanha. Foi assim que, com um bebê de seis semanas, partimos para Boston, em maio de 1966. Os Estados Unidos ainda eram, na época, um país por descobrir para a maioria dos europeus. Muito falado, mas raramente visitado. Kennedy tinha morrido, a Guerra do Vietnã estava em curso, as marchas de protesto pelos direitos civis enchiam as manchetes dos jornais e a prosperidade norte-americana era algo invejado por uma Grã-Bretanha ainda empobrecida. Estávamos empolgados com a expectativa.

---

3. Massachusetts Institute of Technology. (N.T.)

O desembarque no aeroporto de Logan, em Boston, deu--nos uma amostra do nosso novo país. A tarde estava quente e úmida e o agente dos serviços de imigração não estava de bom humor. Estufou o peito dentro da camisa manchada de suor e fez cara feia para nós.

— Os senhores vêm de uma zona endêmica de varíola. Onde estão os cartões de vacina?

Já havíamos previsto isso, pois tinha havido um caso de varíola em uma cidade do sul da Alemanha alguns meses antes. Nosso médico tinha se manifestado contra vacinar um bebê tão pequeno e deu-nos uma declaração para esse efeito. No entanto, isso não teve nenhuma relevância para o tal agente.

— Vamos ter de pôr vocês em quarentena durante quatro semanas — disse, e desapareceu para um escritório a fim de tratar dos preparativos, enquanto olhávamos um para o outro desapontados.

Quando ele regressou, expliquei-lhe que meu trabalho começava dali a três dias e que tinha de me apresentar. Por outro lado, não poderia arcar com as despesas hospitalares de quatro semanas. Minha mulher suplicou. Ele começou a ceder às súplicas. Se eu responsabilizasse o MIT pelo pagamento de uma indenização no valor de 7 milhões de dólares no caso de estarmos infectados, deixava-nos passar. Deu-nos um documento datilografado e eu assinei em nome do MIT, o que, é claro, não tinha o direito de fazer.

Enquanto íamos recolher a nossa bagagem, concluí que aquele era mesmo um novo país. Eu gostava dele. Ali estava um homem que tinha iniciativa de contornar as regras de modo que ajudasse um casal angustiado. Ele sabia que minha assinatura em nome do MIT não tinha nenhuma legitimidade. No entanto, tinha um papel que poderia mostrar a quem o questionasse, se fosse preciso. Tinha confiado em nós, tinha encontrado uma solução, tinha cedido e feito tudo sem ter de obter nenhuma autorização de algum superior.

Alguns anos mais tarde, viajávamos pela Califórnia e, quando chegamos ao hotel, em Los Angeles, percebemos que tínhamos deixado os passaportes no cofre do quarto do hotel, em São Francisco. Telefonamos para o hotel e puseram-nos em contato com a empregada que tinha feito a limpeza no quarto. Ela foi ao cofre, encontrou os passaportes e, então, disse: "Fazemos o seguinte: vou enviá-los pela Federal Express com a menção 'expresso', e os senhores deverão recebê-los aí amanhã de manhã. Não se preocupem, pois a despesa corre por nossa conta". Excelente serviço e uma excelente organização, que lhe conferia tanta autoridade.

Iniciativa. Era disso que eu gostava, bem como da vontade de ajudar. Havia uma energia que me tinha feito falta na Grã-Bretanha, e um entusiasmo contagiante, aliado a uma confiança sem restrições. Concordava com Isaiah Berlin, que descreveu os americanos como "o tipo de pessoa aberta, vigorosa e prática". A essa altura, tudo parecia possível. A Guerra do Vietnã talvez pudesse ser ganha. A aterrissagem na Lua estava à vista. Pouco tempo depois de chegarmos, estávamos expondo novas ideias de negócios no decorrer de um jantar. Na Grã-Bretanha teria sido um jogo de cena divertido, mas estávamos na América. Na manhã seguinte recebi um telefonema:

— Excelente a sua ideia, Chuck. Já falei com meu banco e posso arranjar a garantia. Quando é que você pode começar?

Não, não levamos o projeto adiante. Não gostei de ser chamado de "Chuck" em vez de Charles, e não gostei do risco. Ainda estava muito britânico.

Mais do que tudo, gostei do fato de meu passado ter deixado de ter tanta importância. Na Grã-Bretanha, assim que entrava numa sala e abria a boca as pessoas ficavam com uma ideia razoável do tipo de família e contexto socioeconômico de que eu provinha.

Não era assim na América. Percebiam logo que eu era britânico por causa da minha maneira de falar, ainda que eu protestasse e dissesse que na verdade era irlandês. Contudo, não podiam me catalogar além disso, nem eu queria que o fizessem: aceitavam-me como tinham me conhecido. Era esse o tipo de libertação do passado que, julgo eu, agradava tanto a alguns imigrantes.

Alexis de Tocqueville[4] foi meu instrutor sobre os Estados Unidos. A meu ver, seus comentários continuavam tão válidos como quando lá tinha estado em 1831. Comentou a ausência de aristocracia rural e o espírito independente daí resultante. Também comentou que não conhecia outro país "onde o amor pelo dinheiro tivesse controlado tanto o afeto dos homens". Também eu estava intrigado e, devo admitir, ligeiramente chocado, com a forma como o dinheiro parecia ser a medida da maioria das coisas, especialmente na minha escola de ciências empresariais. Os norte-americanos afirmam que querem a liberdade e a igualdade, mas parecem bem preparados para trocar a igualdade econômica pela liberdade individual, pelo que têm a sociedade economicamente mais desigual do mundo desenvolvido. Contudo, estranhamente, não existe nenhum partido socialista sério para corrigir isso. Cheguei à conclusão de que deve ser o poder do sonho americano — a crença de que qualquer pessoa pode chegar ao topo por seus próprios esforços — que fez com que os pobres se resignassem à sua condição. A liberdade individual também implicava a responsabilidade individual pelo próprio destino.

Depois da minha vida institucionalizada na Grã-Bretanha, onde eu nunca tinha ficado sem a proteção e a orientação de uma organização ou outra, aquela experiência era um tônico

4. Alexis de Tocqueville, francês, escreveu dois grandes livros: *De la Démocratie en Amérique* (1835-1840) e *L'Ancien Régime et la Révolution* (1856), ambos sobre o mesmo tema, a grande transformação que marca o fim das sociedades aristocráticas. (N.T.)

revelador, especialmente na minha nova condição desprotegida. Começava a compreender que a minha vida futura dependeria quase inteiramente dos meus próprios esforços. Dava para perceber que meu ano nos Estados Unidos seria uma preparação inestimável, tanto cultural como intelectualmente.

Na verdade, descobri que a cultura era, em parte, culpa nossa, dos britânicos. A cultura americana deve bastante aos puritanos que fugiram da Grã-Bretanha para sua terra nova. Os puritanos viviam na expectativa de algo novo, até mesmo na restauração do reino de Cristo na Terra, pela qual eles, os seus santos, seriam os responsáveis. Os puritanos também acreditavam que ser bem-sucedido pelos próprios esforços era um sinal da aprovação de Deus. Não era errado mostrar os sinais exteriores de riqueza e *status*, desde que o prazer que proporcionassem não fosse profano ou desregrado. Quando o dinheiro que se ganha é motivo de orgulho, torna-se a maneira mais fácil de retribuir algo à sociedade. Assim, a filantropia é a maneira educada de explicitar uma vida bem vivida.

Havia muitas coisas, em tudo isso, que eram totalmente estranhas para mim. Um dia, Winston Churchill afirmou que, se queríamos uma sociedade rica, tínhamos de tolerar os homens ricos. Nos Estados Unidos eles não eram tolerados, mas admirados, desde que a riqueza tivesse sido ganha decentemente. Eles nos eram citados como exemplos no MIT e na Sloan School of Management, na qualidade de heróis a imitar; eles, por sua vez, financiavam generosamente a escola para permitir que se produzissem mais pessoas à sua imagem.

Porque fui educado para encarar o dinheiro como algo necessário, mas ligeiramente desagradável quando em excesso, achei isso estranho. Acabei por perceber, contudo, que não é o dinheiro em si que precisa ser encarado como algo reprovável, mas sim a utilização que lhe é dada. Em certas carreiras, sobretudo no mundo dos negócios, o dinheiro é a medida exterior do sucesso. Se aqueles que o ganharam usam depois parte dele em benefício da sociedade, todos saem ganhando. Nos Estados Unidos, filantropia não é caridade, mas sim, uma maneira de investir numa sociedade melhor. Na Grã-Bretanha, costumávamos pensar que o futuro da sociedade era tarefa do governo. Se pagássemos os nossos impostos, isso seria contribuição suficiente. Foi uma atitude que estimulou a percepção dos negócios como uma ocupação egoísta.

As coisas estão mudando gradualmente na Grã-Bretanha. A grande maioria da população adulta faz algum trabalho voluntário. Os novos ricos são mais americanos no que diz respeito à vontade de serem vistos como indivíduos que retribuem à sociedade com o dinheiro, mas também — uma dádiva igualmente valiosa —, com o seu tempo e experiência. A melhor filantropia poderá ser anônima, porém, para que uma cultura retributiva possa crescer, será necessário que algumas pessoas se destaquem como exemplo. O mundo dos negócios começa a perceber que parte do que tem sido a sua "licença para intervir" na sociedade deve ser tido como uma contribuição mais visível do que os impostos que pagam. É injusto que se relegue esse novo sentido de responsabilidade a uma simples questão de boas relações públicas.

Em 1967 não tinha a certeza de que fosse capaz de criar a mesma atmosfera em Londres. Em vez disso, trouxe dos Estados Unidos a outra mensagem, aquela de que compete a nós criarmos o futuro, que tudo é possível se nos dedicarmos o suficiente, que devíamos ser encorajados e permitir que os outros fizessem uso da nossa iniciativa. A partir daí, durante muitos anos, fui aos Estados Unidos para uma injeção anual de otimismo e energia. O ano que passei nos Estados Unidos alterou a minha atitude em relação à vida.

6

Escolas de ciências empresariais

Antigamente havia três ocupações na Grã-Bretanha para as quais eram aceitas quaisquer qualificações e para as quais não existia formação: político, pai e gestor. Infelizmente, eram também três das mais importantes. Especificamente em relação à gestão, havia a ideia de que se tratava de algo que, em último caso, qualquer pessoa conseguiria fazer. Tal como fazer amor, era algo em que os mais sensíveis instintivamente sabiam como atuar quando a necessidade surgia.

Mas acontece que, conforme descobri, até o próprio ato de fazer amor não é tão natural como as pessoas pensam. Hoje existe uma tal abundância de revistas, filmes e livros explícitos, que revelam o que vai dar onde, e como, que ninguém pode não saber como deve ser feito, mesmo que nem sempre seja um perito no desempenho. Eu só tinha acesso a uma estranha revista denominada *Health and Efficiency*, uma publicação com modelos nus, para me familiarizar — por meio de fotografias bastante censuradas e distorcidas — com o corpo feminino. Até o *Ulisses* de James Joyce fora banido na Irlanda da minha juventude. No momento devido, aprendi com a experiência, mas não sem a frustração e o acanhamento próprios de quem ainda é desajeitado.

Ser pai não era muito mais fácil, se bem que a minha jovem mulher e eu tenhamos recorrido dia e noite ao *Baby and Child Care*, uma bíblia do dr. Spock. E sempre havia mães e sogras ávidas por dar conselhos. Olhando para trás, só posso pedir desculpas aos nossos dois filhos. Um dia a nossa filha, meio de brincadeira, acusou-nos de termos usado a sua educação como uma experiência social. Ela não sabia da história nem metade. Toda a sua infância foi uma experiência, como inevitavelmente sucede com o primeiro filho de todo casal.

A gestão nem sequer tinha um dr. Spock. Pensando nos anos 50 na Grã-Bretanha, não havia um livro decente, tanto quanto consigo me lembrar, que pudesse ajudar um futuro gestor. O primeiro livro vagamente legível, *The Human Side of Enterprise*, de Douglas McGregor, professor do MIT, só foi publicado em 1960. O livro de McGregor, no qual se diferenciavam dois estilos de liderança, era tido como uma referência na Shell. Um deles, a Teoria X, funcionava como base do princípio de que as pessoas precisam que se diga a elas o que fazer, enquanto a Teoria Y partia do princípio de que se podia confiar nas pessoas para agirem de forma responsável por sua própria iniciativa. Nesse mesmo ano, a Shell enviou uma circular memorável a todos os gestores, resumindo o livro e estabelecendo que, a partir daquele momento, a empresa seria uma organização de Teoria Y, sem estar consciente, provavelmente, da confusão que tinha provocado ao recorrer à Teoria X para implementar a Teoria Y. Os velhos hábitos demoram a ser eliminados.

A ideia de ter de ir à escola para aprender gestão era algo considerado bizarro, ou pelo menos assim pareceu às universidades de Oxford e de Cambridge, que declinaram o convite por parte da comunidade empresarial para criarem escolas de ciências empresariais com base nas diretrizes americanas. "Não somos uma escola de comércio", disse um professor indignado.

Isso aconteceu no início da década de 60, quando o governo da Grã-Bretanha, incentivado por um grupo de empresários importantes, começou a se preocupar com o estado da gestão britânica e com a forma como poderia haver uma melhor formação nessa área. Tinha razão em estar preocupado. Trinta anos mais tarde, na elaboração de *The Making of Managers*, um relatório de 1987 para o governo pelo qual fui responsável, calculei que quase todos os executivos da época teriam terminado os estudos aos 15 anos de idade e desde então nunca mais tinham tido um único dia de aprendizagem formal. Isso porque, naquele tempo, apenas 8% dos que terminavam o ensino secundário iam para a universidade. Quase todos entravam de imediato no mercado de trabalho ou iam prestar serviços civis ou coloniais. Os negócios tinham de governar-se com a "Universidade da Vida", conforme os gestores de então a chamavam.

Havia duas exceções: os pupilos do exército e os contabilistas. As forças armadas levaram a sério a gestão. Formavam os seus oficiais durante a recruta e, mais tarde, nas suas universidades próprias, onde os cursos para os aviadores em plena trajetória profissional, com duração de até um ano, era a norma. Muitos gestores britânicos nos anos 50 e 60 cumpriram o serviço militar obrigatório, e foi lá que aprenderam as teorias e práticas de gestão das forças armadas. Depois transpunham essa experiência para as suas novas carreiras empresariais e, durante algum tempo, foram muitas as empresas da Grã-Bretanha que tinham o equivalente às messes dos oficiais, em que os gestores desfrutavam seus almoços compostos por três pratos, enquanto os de hierarquia inferior comiam o prato do dia na cantina. Muitas vezes levava tempo para que os novos ex-oficiais do exército compreendessem que as organizações empresariais operavam num mundo diferente, em que o direito a liderar tinha de ser conquistado e em que já não podiam contar com a pronta aceitação de autoridade e com os privilégios inerentes. Nunca ninguém tinha dito que a formação para combater numa guerra era a preparação acertada para gerir um negócio. Apenas aconteceu ser dessa maneira, como consequência não intencional da necessidade nacional de preparação militar.

No entanto, um grau acadêmico em contabilidade era normalmente visto como a melhor preparação para um cargo de gestão empresarial. Ao preparar meu relatório intitulado *The Making of Managers*, descobri um fato intrigante: a Grã-Bretanha tinha 168 mil contabilistas qualificados, em comparação com 4 mil na Alemanha Ocidental, 6 mil no Japão e 24 mil na França. Nós não precisávamos nem utilizávamos os serviços de tantos contabilistas. A grande maioria não trabalhava nessa função, mas sim como gestor não financeiro em organizações empresariais. Não há nada de errado na formação em contabilidade — para os contabilistas. Mas os contabilistas aprendem a dar prioridade aos custos e ativos financeiros visíveis, não a ativos humanos menos quantificáveis — que eles percebem como custos. Concentram-se no passado em vez de se focalizarem no futuro, porque o passado pode ser avaliado e auditado com precisão. Sua formação os faz encarar os riscos, a incerteza e o desconhecido como algo indesejável. Os gestores, a essa altura, não faziam parte do programa, uma vez que o dinheiro e sua avaliação eram tudo quanto interessava. As profissões de contabilidade tinham se tornado, acidentalmente, as escolas de ciências empresariais da Grã-Bretanha. Não admira que nossa economia estivesse ficando para trás comparativamente com a dos nossos concorrentes.

Eu desconhecia tudo isso em 1965, quando me preparava para sair da Shell. Estava apenas fortemente empolgado com a descoberta de que existiam universidades em que era possível aprender todos os segredos do negócio e das organizações e sobre a forma como podiam ser geridos. Alguns indivíduos da minha geração que tiveram conhecimento da Harvard Business School e das suas rivais conseguiram bolsas de estudo Harkness para lá estudarem e obterem um MBA, grau acadêmico que eu também desconhecia. Isso porque tinha estado imerso no Sudeste Asiático, onde não se falavam dessas coisas. A essa altura, não fazia ideia de que seria um privilegiado que estudaria numa das principais escolas norte-americanas; que ajudaria a criar uma das duas primeiras escolas britânicas de atribuição de grau universitário, que mais tarde desempenharia uma função de liderança no primeiro curso do que se tornaria a Open Business School da Universidade Aberta da Grã-Bretanha[1]; que seria conselheiro da Universidade de Cambridge, quando esta tardiamente decidiu criar a sua própria escola de ciências empresariais; e que presidiria o grupo de trabalho responsável pela elaboração do relatório *Making of Managers*, que ajudou a dinamizar o florescimento da formação em gestão nas universidades britânicas dos anos 90. Nesse processo, aprendi muito sobre gestão, sobre ensino e sobre o processo de aprendizagem. Acredito hoje que nós — também me incluo — podemos ter interpretado muita coisa de forma errada, mas, como acontece em tantas coisas na vida, se tivéssemos esperado pela perfeição poderíamos nunca ter sequer começado. Olhando para trás, 40 anos depois, posso ver que, no mínimo, ajudamos a tornar respeitável o estudo de gestão e do mundo dos negócios. Tanto que os estudos de ciências empresariais são hoje o curso universitário mais popular na maioria das universidades inglesas. Tendo em conta a cultura antiempresarial existente na Grã-Bretanha quando fui para a América do Norte, isso pode ser interpretado como uma revolução cultural. E foi empolgante fazer parte dela.

---

1. Ensino a distância. (N.T.)

Eu estava bastante entusiasmado e ansioso quando cheguei à Sloan School of Management, no MIT, num dia ensolarado de maio em 1966, depois de ter sobrevivido ao processo de imigração. Éramos de tal forma desconhecedores, na Grã-Bretanha de então, da cultura norte-americana e das escolas de ciências empresariais, que um dos meus amigos, ao ouvir dizer que eu ia estudar no MIT aquilo que ele chamava comércio, pensou que eu ia ingressar no Montreal Institute of Typing[2]. No entanto, eu sabia que a Sloan School era uma das dez melhores escolas de ciências empresariais do mundo, que o MIT era famoso por suas escolas de ciências empresariais e de engenharia e que tinha um, de apenas dois, programas anuais sabáticos para gestores de elevado potencial em meio de carreira, sendo o outro da Stanford University Business School, na Califórnia. O diretor do programa do MIT, Peter Gil, disse-me — revelando alguma sensibilidade — que a melhor forma de conhecer o programa era participando como um estudante normal. Foi assim que me juntei a 50 executivos norte-americanos — ainda não havia mulheres frequentando o programa, na ocasião — durante um ano de estudo intensivo da gestão.

Recordo-me de pensar que a biblioteca da Sloan devia guardar os segredos da boa gestão, que os estudantes e investigadores da Sloan já deviam ter descoberto havia muito tempo aquilo que funcionava e o que não funcionava e que em breve tudo me seria revelado. Sentia que tinha sido privado, durante os dez anos em que estivera na Shell, de toda a sabedoria acumulada que devia residir naquelas estantes. Afinal de contas, se havia algo chamado ciência da gestão, era porque deviam existir leis e regras científicas. Acabei por me decepcionar bastante. Li hipóteses sem fim, que tentavam explicar o porquê de as pessoas e as organizações

2. Instituto de Datilografia de Montreal. (N.T.)

se comportarem da forma como se comportavam, mas nada de provas. Li sermões seculares até o fim, histórias baseadas em casos reais e livros de dicas, mas continuei mais confuso do que esclarecido. Acabei por perceber que gerir um negócio, ou uma organização, consistia mais numa arte prática do que numa ciência aplicada. Sim, havia algumas disciplinas úteis, como acontece em qualquer forma de arte, mas o que funcionava melhor não podia ser inteira e previamente determinado. Cada situação tinha a sua especificidade própria. Os intervenientes, os motivos, os recursos, as condicionantes eram sempre diferentes.

A descoberta chegou inesperadamente, e foi um grande alívio. Significava que a ingenuidade, a imaginação e o caráter ainda tinham importante papel a desempenhar. O mundo das organizações não era seguro e fixo como uma peça de engenharia. Uma organização assemelhava-se mais a uma minissociedade na qual tudo podia mudar ou ser mudado. Mas não um tipo de sociedade que inibisse os professores da Sloan School de tentarem reduzir o processo da gestão a fórmulas passíveis de serem transmitidas. Foi a minha primeira conclusão evidente — que as escolas, em todos os níveis, preferem ensinar aquilo que pode ser ensinado, em vez daquilo que é preciso aprender. Essa percepção acabou por moldar todo o meu futuro pensamento sobre o ensino.

Economia era uma cadeira essencial do nosso primeiro semestre. Não esperava ter dificuldades. Tinha aprendido economia na Shell e trabalhara como economista durante algum tempo, tanto na Shell como no intervalo entre ter saído da Shell e ter ido para a América. Era essa a minha convicção, até que tivemos o exame no final do semestre. Tratava-se de um teste de escolha múltipla que, conforme o professor irritantemente nos informou, tinha sido marcado pelo seu filho de 10 anos, que apenas tinha de verificar os quadrados por nós selecionados para ver se batiam certo com a cópia original. Tive 23 pontos em 100, a classificação mais baixa da turma. Fiquei chocado. O problema residiu no fato de eu ter escolhido demasiadas vezes o quadrado "nenhuma das anteriores", acreditando que a resposta correta frequentemente dependia das circunstâncias. Rapidamente aprendi a jogar pelas regras deles, nem que fosse para garantir que conseguiria passar, mas não gostei da extrema simplificação e relativização que estavam envolvidas. Só mais tarde percebi que por vezes é preciso simplificar ao máximo as coisas para podermos começar a compreendê-las. Só quando as estruturas de base estão criadas podemos acrescentar as qualificações e complexidades. Talvez, pensando melhor, o que provocou meu aborrecimento tenha sido mais um orgulho ferido que a simplificação indevida.

As regras de base, conforme os professores as definiam, eram complementadas por estudos de caso, sobre os quais nos apresentavam pilhas de informações relativas a uma determinada situação de negócio, para depois debatermos o aspecto que considerávamos ser o problema e o que fazer. Tratava-se de exercícios muito úteis de análise e que nos ajudavam a separar "o joio do trigo" na acumulação de informação e na tentativa de descobrir um caminho a seguir. Para mim, significava um novo e empolgante método de estudo, com problemas reais com conteúdo, em vez de páginas de um manual. No entanto, a minha preocupação prendia-se ao fato de os estudos de caso ignorarem, inevitavelmente, um dos principais problemas da vida real, a verdadeira recolha de informação — incluindo, particularmente, a avaliação dos indivíduos envolvidos. As aulas de estudo de caso também sugeriam, consequentemente, que o mais importante era a análise, relegando para segundo plano a aplicação da decisão. Descobri muitas vezes que é fácil saber o que alguém deve fazer numa determinada situação; fazer é que é difícil. Mas isso, obviamente, não podia ser experimentado na sala de estudo, por isso era raramente debatido. Por mais fascinantes que aquelas aulas pudessem ser, preocupava-me — tendo meu futuro desempenho em mente — que tudo aquilo fizesse a gestão parecer mais fácil do que era na realidade.

Gostei do tempo que estive na escola de ciências empresariais. Era divertido estar aprendendo outra vez. Era puro luxo ter um ano inteiro para investir em mim, não ter responsabilidade para com a minha família. Se eu viesse a fracassar, desiludiria a mim próprio e não à organização. Não tinha de me preocupar com orçamentos, se a minha equipe se sentia feliz ou se os clientes estavam satisfeitos. Não tinha nenhum deles e era uma alegria. Mas pergunto-me se lá aprendi alguma coisa de útil. A minha resposta é simples, mas um pouco paradoxal. Aprendi algo muito importante — que não precisava ter ido para outro país para aprender. No final do meu programa, percebi que já havia realmente aprendido o mais importante. Mas tinha sido preciso ir para os Estados Unidos para descobrir isso. Não quero, com isso, relativizar a experiência. Todos acumulamos muita aprendizagem individual ao longo da nossa vida. No entanto, na maior parte do tempo, não sabemos que a possuímos. Está alojada no nosso subconsciente. Para que possa estar mais prontamente disponível quando precisamos, temos de transpô-la para a nossa mente consciente. Foi isso que o MIT fez por mim. É isso que a maioria ganha com aquilo a que — muitas vezes de forma invulgar — se dá o nome de programas pós-experiência.

Não é comum descobrir que sabemos aquilo que nem nos passava pela cabeça que sabíamos. Terminamos o programa sentindo que éramos capazes de enfrentar a maioria dos problemas da organização — se os nossos superiores hierárquicos nos dessem margem para isso. Nem as partes mais técnicas do programa eram irrelevantes. É preciso saber que existem coisas como fluxos de caixa futuros descontados e de que forma podem ser usados a nosso favor. Sentia que já era capaz de falar de forma moderadamente inteligente como os contabilistas e consultores que, àquela altura, pareciam estar sempre rondando as organizações. A gestão, descobrira eu, não é algo misterioso ou conceitualmente difícil. Sua dificuldade reside na aplicação das ideias e não nas ideias em si. Essa percepção foi um grande impulso para a minha autoconfiança e valeu todo o tempo e esforço. Tornou-se mais um dado importante para as minhas teorias sobre a educação. No fundo, destina-se a incutir nas pessoas a autoconfiança necessária para conseguirem tomar as rédeas da própria vida.

Com isso, não quero relativizar as competências e conhecimento específicos, que nos ajudam a avaliar e aplicar a aprendizagem mais profunda, que podem enriquecer a nossa personalidade e a nossa vida. No entanto, essas capacidades não substituem aquilo que comecei a perceber que era a verdadeira essência das coisas: percebemos aquilo que já sabíamos, privada e subconscientemente, e compreendendo tudo isso. Só então podemos usar eficazmente todo o conhecimento que possuímos. A experiência e a aprendizagem têm de andar de mãos dadas e no mesmo espaço temporal. Ter acesso aos conceitos antes da experiência corresponde a guardar conhecimentos num armazém mental, na esperança de que isso nos possa ser útil mais tarde. No entanto, pela minha experiência, o conhecimento armazenado perde-se muito rapidamente. Acontece com frequência de já não estar lá quando precisamos dele. Sabemos que, para aprender uma língua como deve ser, temos de começar a falá-la o quanto antes, mal a tenhamos aprendido. Acontece a mesma coisa com tudo o mais.

Saboreei os Estados Unidos e fiquei seduzido pela sua forma de ser. Voltei a Londres determinado a ajudar a construir uma escola de ciências empresariais ao estilo norte-americano. Decidi que o programa pelo qual seria responsável se concentraria mais em ajudar os participantes a perceberem as suas próprias experiências passadas, o que os levaria para fora da sala de aula mais vezes, e a encorajá-los-ia a pensarem por si mesmos em vez de se regerem pelo que aprendiam na faculdade como "certo". Os meus novos colegas já tinham começado e, também eles com estudos feitos em escolas norte-americanas de ciências empresariais, estavam ávidos por aplicar partes do modelo americano aos pobres britânicos mergulhados nas trevas da ignorância. Tínhamos a confiança, ou talvez a arrogância, própria da juventude. A nossa média de idades devia rondar os 35 anos, e sentíamos que era nossa missão mudar a forma como os negócios eram feitos na Grã-Bretanha. Levaríamos a melhor experiência americana e a adaptaríamos em prol de uma Grã-Bretanha melhor. Foi uma fase impetuosa.

Hoje me pergunto por que razão não paramos um pouco para pensar de que forma nós, na Grã-Bretanha, organizávamos a formação e o desenvolvimento das nossas outras profissões antes de adotarmos incondicionalmente o modelo americano. Os cursos profissionais de contabilidade poderão ter sido inadequados para aprender gestão, mas a forma como esses mesmos cursos — bem como os ministrados nos ramos do direito, da medicina e da arquitetura — vinham ensinando seus futuros profissionais parecia ter resistido ao teste do tempo. Todos eles misturavam, de forma consistente, o ensino formal com uma espécie de aprendizagem prática. Não só essa conjugação de teoria e prática — na minha maneira de ver — era essencial como também o modelo de aprendizagem prática permitia aos seus alunos ganharem dinheiro enquanto estudavam. Bastante útil. É exatamente o misto de sala de aula com local que trabalho a que os franceses chamam *formation*, que está no centro do seu sistema de grand école[3]. Nós, seguindo

3. O ensino superior na França tem dois sistemas paralelos. Depois de concluir o ensino médio, conhecido como *Baccalauréat* (bacharelado), o estudante pode escolher

os americanos, fechávamos os nossos alunos em salas de aula durante dois anos e lhes cobrávamos elevadas mensalidades por esse privilégio. Para poderem compensar as dívidas que contraíam, naturalmente procuravam o seu futuro emprego nas lucrativas áreas da consultoria e dos bancos, setores para os quais estavam bem preparados devido à imensa quantidade de estudos de caso que tinham analisado durante dois anos, além da capacitação para a análise e a avaliação. Sentia que o MBA — ou *Master Business Administration*, a antiga expressão para gestão — deveria sinificar *Master of Business Analysis*, e era exatamente isso que pretendiam as empresas de consultoria e ligadas a bancos.

O problema, conforme muitas empresas eram rápidas em identificar, residia no fato de aquele tipo de aprendizagem não preparar os novos licenciados para a gestão prática, nem as empresas estavam preparadas para pagar a esses aprendizes inexperientes o nível de salário que eles podiam ganhar nos bancos e nas consultoras. Diante disso, a maior parte do mundo empresarial britânico, com poucas exceções, revelava-se intocável ante nossos esforços.

A minha própria posição diante desse dilema era tortuosa. Estabeleci que selecionaria para o programa apenas aqueles que, conforme defini, não precisavam frequentá-lo. A meu ver, existiam aspectos ao nível da gestão de que poderíamos falar na sala de aula mas que não poderíamos desenvolver nesse local. Esses aspectos abrangiam, essencialmente, competências ao nível do relacionamento com os outros — a capacidade para trabalhar com pessoas, de persuadi-las, de motivá-las e, quando necessário, para discipliná-las. Precisavam também de imaginação, perseve-

---

entre ingressar numa universidade ou numa "grand école". Públicas na sua maioria, as universidades oferecem cursos mais teóricos. As "grandes écoles" são particulares e mais voltadas para a prática profissional. (N.T.)

rança, coragem, de uma dose de conhecimento adquirido como autodidatas e de uma atitude ética perante a vida. Atualmente, muitas dessas qualidades estão incluídas no conceito de inteligência emocional, mas nessa época tal expressão ainda não tinha sido inventada. Se eles possuíssem esses atributos, defendia eu, poderíamos acrescentar algumas competências úteis, principalmente de análise, que os tornariam ainda mais eficientes como gestores. Mas se os pré-requisitos não estivessem presentes, então a capacidade analítica por si só não os ajudaria.

Acredito que, na prática, a maioria das escolas de ciências empresariais procede desse modo, se bem que dissimule os seus motivos, optando por aquilo a que chamam "experiência relevante" como pré-requisito de admissão. Contudo, mesmo nesse aspecto, a aprendizagem na sala de aula estava muito distante de qualquer oportunidade de testar esse conhecimento na vida real, onde mais tarde seria necessário. Consequentemente, muitas vezes passava-se para os alunos uma visão distorcida e limitada das suas responsabilidades. Harold Leavitt, um notável professor da Stanford Business School, vai mais longe, e afirma: "Nós criamos uma estranha, quase inimaginável concepção para o ensino [das ciências empresariais] que distorce aqueles que a ela são sujeitos, transformando-os em criaturas com cérebros assimétricos, corações de pedra e almas pequenas".

Em 1981, a Universidade Aberta da Grã-Bretanha atribuiu uma pequena quantia a um curso-piloto de gestão. Chamava-se "The Effective Manager", e fui nomeado conselheiro acadêmico e convidado a escrever os textos de grande parte do resumo do curso. A Universidade Aberta é baseada no ensino a distância, e encarei-a como uma excelente oportunidade para ligar o ensino na sala de aula às experiências diárias dos estudantes nos seus empregos, pois todos eles trabalhavam em alguma organização — ganhando enquanto aprendiam, salientei com satisfação. Essa experiência também representou uma valiosa aprendizagem para mim. Era membro de uma equipe do curso — na verdade era o único membro acadêmico. Os restantes eram os editores dos textos publicados que criávamos, os argumentistas e produtores das transmissões televisivas de acompanhamento, os organizadores dos cursos de férias disponíveis no final do curso, os controladores financeiros, a equipe do departamento de marketing e vendas, bem como vários outros membros que, de tempos em tempos, participavam do processo e do seu resultado.

Nunca ninguém contestou a minha versão sobre as teorias relevantes, mas perguntavam sempre a mesma coisa quando liam o material que lhes entregava: "Por que razão vão querer ler a página seguinte?". E salientavam que os estudantes teriam de estudar em casa, depois de um longo dia de trabalho. O material tinha de despertar seu interesse. Tinha de ser relevante, interessante, até mesmo empolgante, se a intenção era que ficassem absorvidos por ele. Eu estava sendo "atacado com minhas próprias armas" e via-me obrigado a agarrar-me firmemente à minha convicção de que os conceitos devem estar ligados à experiência. Além disso, estava sendo julgado por um grupo muito rígido de colegas, cujo trabalho dependia da minha contribuição. Foi a coisa mais difícil que já fiz, mas obrigou-me a analisar tudo aquilo que tinha escrito para ver até que ponto era, de fato, relevante e útil. O curso que criamos juntos foi um sucesso. Tornei-me a pedra basilar da Open Business School, que tem agora mais estudantes inscritos nos seus programas do que qualquer outra escola europeia de ciências empresarias. A teoria da conjugação funciona.

Alguns anos mais tarde, em 1987, baseei-me nessa experiência quando presidi o relatório intitulado *The Making of Managers*, que comparou e contrastou as variadas formas como a Grã-Bretanha, os Estados Unidos, a França, a Alemanha e o

Japão ensinavam os seus gestores. Tornou-se evidente que cada país seguia as suas próprias tradições educacionais. Os Estados Unidos o faziam nas salas de aula; a Alemanha, pelos estudos universitários prolongados; o Japão, dentro de megacorporações, e a França, nas suas *grandes écoles*. Por que razão, eu me questionava, só a Grã-Bretanha tinha se distanciado de suas próprias tradições e seguido os norte-americanos? Defendi um MBA bipartido. A primeira parte, a ser realizada antes da entrada ou imediatamente após em uma organização, cobriria aquilo a que chamei de Linguagem do Negócio, a ser estudada na sala de aula. Seria o equivalente à primeira parte de uma licenciatura em medicina ou à primeira parte de uma qualificação na área da arquitetura. A segunda parte do MBA viria mais tarde, e estaria relacionada com a experiência atual, seria de meio período e envolveria mentores das organizações participantes.

Essa foi uma proposta demasiado radical para a época, mas acabou por concretizar-se, se bem que de forma bastante mais confusa. A proliferação de cursos sem grau acadêmico em estudos empresariais é o equivalente à minha Parte I, enquanto o crescimento de programas de meio período para executivos que trabalham abriu caminho para um maior recurso à conjugação de prática e teoria. Os britânicos voltaram, gradualmente, às suas tradições ancestrais.

No entanto, essas reflexões vieram mais tarde — tarde demais para a versão londrina do programa da Sloan que eu tinha trazido dos Estados Unidos para criar e dirigir. Mas estava determinado a fazer com que fosse tão bom como o programa do MIT, e a ter alguns benefícios extras. Esperava encontrar uma forma de incluir algumas partes da introdução de Oxford ao pensamento filosófico — que no decorrer da minha vida eu descobria ser cada vez mais valioso. Sentia que o misto de Oxford e MIT poderia ser uma poderosa combinação.

7

O desafio de Antígona

Em setembro de 1968, os estudantes-executivos do programa Sloan na London Business School estavam empolgados, curiosos e um tanto apreensivos. Era o primeiro dia daquilo que se tornou mais tarde uma nova abordagem do ensino da gestão, e eles eram as cobaias. Entraram na sala de aula e encontraram dois livros diante de cada um dos seus lugares. Um chamava-se *The Meaning of Company Accounts* — o tipo de tema que procuravam aprender naquele curso —, mas o outro fez com que levantassem ligeiramente a sobrancelha. Era o drama clássico[1] intitulado *Antígona*, escrito por Sófocles no século V a.C. (a obra traduzida, devo acrescentar). O livro era um símbolo do meu desejo, como diretor do programa, de alargar o âmbito da aprendizagem dos executivos, para que lhes fossem incutidos valores e não apenas as técnicas. Mais do que isso, era uma expressão da minha inquietação em relação à cultura do mundo dos negócios, um mal-estar que se foi intensificando ao longo dos anos.

O programa era um grande risco para a nova escola. Conforme fui sondando as grandes empresas, à procura dos primeiros

---

1. Tragédia grega. (N.T.)

estudantes, sentia-me pouco confortável por saber que, até então, o programa formal de gestão de mais longa duração oferecido na Grã-Bretanha era de apenas um dia. Mesmo assim, eu pedia a essas empresas para me enviarem um dos seus melhores e mais inteligentes indivíduos durante nove meses, para nos pagarem uma mensalidade, para continuarem a pagar o salário integral, acrescido das despesas, ao indivíduo por elas selecionado. Era preciso que confiassem muito em nós. A escola, afinal de contas, tinha apenas dois anos e ainda não tinha licenciado nenhum estudante, e eu era mais jovem do que a maioria deles. Pensando bem, tive a sorte de encontrar 18 estudantes, quando meu objetivo era reunir 20.

Assim, aquela primeira manhã de estudos foi uma espécie de experiência para todos nós. Ao conceber o programa, estava consciente de que, àquela altura, até os jovens executivos bem-sucedidos eram muitas vezes desconhecedores do mundo das finanças. Não decifravam facilmente o balanço de uma empresa e, provavelmente, nunca tinham precisado fazer um, mergulhados como estavam nas profundezas de um cargo de gestão, em que sua tarefa era levar a cabo a função que lhes tinham atribuído sem se aborrecerem com detalhes financeiros da empresa como um todo. Agora que eles estavam, supostamente, a caminho de funções de gestão sênior, o nosso dever primordial era preencher aquela grave lacuna. Daí que o primeiro livro sobre sua escrivaninha fosse *The Meaning of Company Accounts*.

Mas também queria que se tornassem homens de negócios que pensam (tal como tinha acontecido no MIT, a turma era exclusivamente masculina naquele primeiro ano de programa). Queria incentivá-los a questionarem o mundo em que se encontravam, a trabalharem suas próprias prioridades na vida e no trabalho, a serem donos deles mesmos e não os escravos dos seus chefes. No que dependesse de mim, aqueles estudantes seriam gestores-filósofos. A experiência que eu tinha tido em Oxford ficara profundamente enraizada. Daí a *Antígona*, que foi o primeiro livro do que seria uma obra literária semanal para ser debatida em grupo. Essa parte do programa era, suponho, uma espécie de experiência com "Grandes Livros" ou, conforme considerava, uma introdução ao pensamento socrático. As sessões eram conduzidas por uma figura fascinante, Bill Letwin, um economista norte-americano que trabalhava na LSE e que eu conhecera no MIT. Bill desenvolvera a sua própria forma de encontrar os temas filosóficos e éticos nos livros, que iam desde *A República* de Platão às tragédias gregas de Sófocles, passando por clássicos mais moderno como *Billy Bud*[2] e *Coração das Trevas*[3]. Chegamos mesmo a levar os nossos estudantes ao teatro para assistirem a peças como *Rei Lear*[4] e *Otelo*[5], que eram debatidas nas aulas do dia seguinte.

Antígona me pareceu uma boa obra para estrear aquelas sessões. Nessa tragédia de Sófocles, Antígona é obrigada a escolher entre as ordens do seu tio, o governante de Tebas, e sua consciência, seu dever para com os deuses. Creonte, o tio, tinha acabado de matar o irmão de Antígona numa batalha pelo domínio da cidade e tinha publicado um édito decretando que o corpo do seu sobrinho deveria ser deixado ao ar livre, fora das muralhas, para que os corvos e os abutres o devorassem. Para Antígona, isso era condenar o irmão ao inferno perpétuo: de acordo com sua religião, as almas que não eram deixadas em

---

2. De Herman Melville. (N.T.)

3. De Joseph Conrad, em cuja história viria a basear-se o argumento do filme *Apocalipse Now*, de Francis Ford Coppola. (N.T.)

4. De William Shakespeare. (N.T.)

5. *Otelo, o Mouro de Veneza*, de William Shakespeare. (N.T.)

repouso seriam perseguidas para todo o sempre pelas Fúrias[6]. Era dever de Antígona para com o irmão enterrá-lo. Mas Creonte tinha decretado que aquele que desobedecesse à sua ordem seria executado, e o dever dela como cidadã era obedecer à ordem do tio. Para Antígona, não havia escolha. Ela tinha de fazer aquilo que estava certo perante sua religião e seu irmão. Foi isso que ela fez e por isso morreu.

Teriam os nossos executivos feito o mesmo, no lugar dela? Foi essa a pergunta que lhes fizemos. Manteriam suas crenças com firmeza suficiente, a ponto de desobedecerem às ordens superiores, independentemente das consequências? Qual era, perguntou-lhes uma vez um bispo que estava de visita, a situação que os faria vacilar? Será que a moralidade de cada um deve sempre prevalecer sobre a autoridade legítima? Deverá uma pessoa boa obedecer a uma lei má ou a uma ordem má? Talvez essas sejam apenas questões filosóficas, mas eram uma novidade para a maioria deles. Eu sentia que havia questões que eram frequentemente ignoradas pelas empresas, que acreditavam que os seus fins justificam todos os meios, desde que fossem tecnicamente legais — ou indetectáveis. Isso foi antes do surgimento de conceitos como responsabilidade social empresarial, e dos escândalos da Enron e da WorldCom e afins, escândalos que foram — olhando para trás — bastante previsíveis, atendendo à cultura empresarial predominante, em que os fins justificam a maioria dos meios.

São poucos os que dentre nós alguma vez se confrontaram com um dilema cruel como o de Antígona. No entanto, surgem dilemas equivalentes, em níveis menos extremos. A maioria cresceu ouvindo dizer que os mais velhos são mais sábios, que

6. O mesmo que "Deusas Vingadoras". (N.T.)

aqueles que detêm a autoridade têm o direito de esperar que façamos o que eles digam, que todos os profissionais sabem o que estão fazendo, o que pode e o que não pode ser feito. No que diz respeito aos médicos, arquitetos, advogados e conselheiros financeiros, estou disposto a aceitar aquilo que dizem, se bem que saiba que são apenas humanos, que não podem estar sempre certos e que alguns deles parecem declaradamente estúpidos quando estão fora da sua área de especialidade. Costumava pensar que os ministros de um governo conseguiriam pôr as coisas para funcionar, com a ajuda dos seus conselheiros, até que alguns dos meus alunos acabaram nesses cargos, sabendo eu que eles nem sempre eram tão inteligentes ou sensatos quanto deveriam ser. Um dia quase acreditei no nosso encanador, quando ele me disse que colocar a torneira do jardim por cima do sistema de canalização era contra o regulamento dos edifícios, até que o senso comum levou a melhor e percebi que ele era apenas preguiçoso demais para mudá-lo de lugar. Aprendi, por meio de dolorosas experiências, que, apesar de os profissionais poderem saber mais respostas do que eu, é importante que eu saiba que perguntas devo fazer a eles. Essa era uma das lições que eu esperava que os meus estudantes aprendessem no nosso curso.

Se levarmos demasiado longe a nossa fé no conhecimento dos outros, podemos acabar por ceder o controle da nossa vida a pessoas que não conhecemos. Certa vez contratamos uma senhora para fazer a limpeza em nossa casa. Ela era esposa de um militar e vivia em instalações militares. Um dia, contou-nos tristemente que ela e o marido iam divorciar-se, e ela teria de deixar sua casa nas instalações do exército. Perguntei-lhe onde iria viver.

— Ainda não me disseram — respondeu.

Tentando perceber quem se encarregava de alojar as ex-mulheres dos militares, perguntei-lhe:

— Quem são eles?

Olhou para mim como se eu fosse tremendamente estúpido e disse:

— Eles ainda não me disseram quem são!

A possibilidade de já não haver "eles" para tomarem conta dela ainda não lhe tinha ocorrido. E nem sequer acreditou em mim quando lhe disse isso.

Esse "eles" pode ser o governo ou a equipe de gestão ou a autoridade em geral. Há quem deseje dar-lhes a quase total responsabilidade pelo seu comportamento moral. Conforme alguém me disse, "se fosse errado, eles teriam decretado a sua ilegalidade, não teriam? No que me diz respeito, tudo aquilo que é legal tem de estar certo". Mas, com algumas exceções radicais, não é ilegal ser pessoalmente cruel, cometer adultério, mentir, cobrar a mais por um produto ou serviço, revelar uma confidência ou ser conivente com a fraude de alguém. Não deveríamos desejar delegar todas as decisões morais aos governos. Isso é dar-lhes uma responsabilidade que não querem nem merecem. Seria inconcebível que Antígona tivesse permitido que Creonte tomasse a decisão moral por ela.

Mesmo assim, na maioria das vezes, somos eticamente indolentes. É mais fácil fazer aquilo que nos pedem, sem questionarmos muito, se alguém com um jaleco branco ou um distintivo e com ar sério fizer esse pedido. Nas aulas, para acompanhar a obra *Antígona*, também projetei para os meus estudantes um filme sobre a experiência de Stanley Milgram. Milgram, sociólogo norte-americano, decidiu explorar até que ponto se podia ir na aceitação da autoridade. Pediu a alguns voluntários que fizessem o papel de professores de pessoas que estavam tentando aprender uma série de simples pares de palavras. O anônimo e neutro estudioso, administrador de jaleco branco, disse-lhes que eles teriam de castigar os estudantes quando errassem, aplicando-lhes choques elétricos.

De início, os choques seriam de pouca intensidade, mas, a cada novo erro, essa intensidade seria aumentada. O "professor" estaria separado do "aprendiz" por uma divisória, mas conseguiria perceber, por um mostrador, a potência do choque que estaria administrando. Também seria capaz de ouvir, se bem que não veria, o aprendiz. Mesmo quando o aprendiz gritasse de agonia, o professor continuaria a aplicar os choques, a pedido do administrador, até o ponto em que o mostrador indicasse "Fatal". Nesse nível, dois em três professores ainda aplicariam os choques.

Na verdade, não havia choque nenhum a ser aplicado, e os gritos eram falsos, mas ficou evidente, pelo filme, que os indivíduos objetos da experiência não suspeitavam disso. Realizaram sua tarefa com extrema seriedade, determinados a darem o melhor para satisfazer a autoridade de jaleco branco. No entanto, o que era horrível, no filme, era observar a forma metódica como os professores pressionavam a alavanca, apesar dos gritos agonizantes que conseguiam escutar com toda a clareza. Só quando Milgram colocou mais alguns indivíduos num dos grupos e contratou dois cúmplices que deram o exemplo, recusando-se a obedecer àquelas instruções, o nível de desobediência aumentou. Contudo, mesmo nessa fase, um terço dos indivíduos continuava a obedecer.

A experiência de Milgram parecia explicar de que forma e por que os guardas dos campos de concentração nazistas obedeceram a ordens tão imorais. Talvez explique por que razão os soldados acusados de abusarem dos prisioneiros no Iraque acharam que dizer que estavam obedecendo a ordens era explicação suficiente para o seu comportamento. Poderá mesmo explicar por que motivo, quando comecei a trabalhar na Malásia, onde trabalhei para uma de apenas duas petrolíferas, aceitei tão pronta e complacentemente o argumento de que seria positivo para todos fixarmos entre nós (as duas empresas) os preços para concorrermos nas licitações governamentais.

Foi um argumento com o qual estive de acordo alguns anos mais tarde, no intervalo entre deixar a Shell e ir para os Estados Unidos, em 1965. Em determinado momento, servi de secretário para três homens — da América do Norte, da África do Sul e da Bélgica — quando se reuniram em Paris para fixarem o preço do cobre na produção para aquele ano. Nessa altura, eu trabalhava para um dos três maiores produtores mundiais de cobre e aqueles três homens eram gestores de vendas de cada uma dessas empresas. Reuniam-se regularmente, tal como a Organização dos Países Produtores de Petróleo (OPEP) anos mais tarde — com a diferença de se tratar de empresas independentes e não de países —, para definirem o valor pelo qual suas empresas venderiam o cobre. A intenção era estabilizar o preço em toda a indústria, a um nível que, obviamente, também lhes garantisse lucros satisfatórios. Senti que provavelmente estariam agindo de forma ilegal, e certamente contra o espírito do livre comércio, mas mantive-me de cabeça baixa, não disse nada e gostei de ajudá-los, no fim do dia, a decidirem qual o restaurante de três estrelas onde iriam jantar naquela noite.

Talvez possamos também pensar que somos uma espécie de Henry Fonda, no papel que desempenhou num outro filme que exibimos naquele curso, *Twelve Angry Men*[7]. no qual Fonda debateu firmemente contra os outros 11 membros do júri, tendo acabado por convencê-los, um a um, a ficarem do seu lado. Mas, na prática, poucos de nós nos preocupamos o suficiente, e, de qualquer forma, o emprego do personagem interpretado por Fonda não estava em questão — apenas a sua integridade.

7. *Doze Homens e Uma Sentença*, de Sidney Lumet. (N.T.)

Pergunto-me quantos de nós valorizam esse tipo de integridade quando a pressão aumenta. Temos de admirar todos aqueles que se mantêm seguros e apegados às suas convicções, sob tortura, quando nada têm a ganhar e têm tudo a perder. É a essas pessoas que damos o nome de mártires, e não é de surpreender que haja tão poucos. É evidente que primeiro temos de estar conscientes de quais são as nossas convicções — mas esse é um tema para outro capítulo.

A tortura não tem de ser física, conforme qualquer um pode testemunhar se observar quem alguma vez levantou a mão para denunciar um abuso. É preciso ter capacidade de rápida recuperação e muita coragem para ser um delator, mesmo que a título privado dentro da organização onde se trabalha, ou para defender as suas convicções em comunidade. Ninguém lhe agradecerá. É quase certo que perderá o emprego ou, pelo menos, será excluído pelos colegas, ou não conseguirá ser promovido. "Aqui não toleramos delatores", disse-me certa vez um presidente executivo. Pelo menos ele era honesto, se bem que isso nos deixe a pensar do que ele teria medo. O mundo poderá admirar quem conta a verdade, mas poucos quererão empregá-lo.

Pergunto-me agora por que razão não protestei com os meus chefes por causa daquilo que faziam ao colaborar com os seus concorrentes. Talvez tenha sido porque não avaliei essa questão como sendo um assunto de ordem moral, ou, mais provavelmente, porque não queria ofendê-los. Há quem não seja tão covarde. Em 2005, David Graham trabalhava na Food and Drug Administration[8] nos EUA. Sentiu que era seu dever moral contatar os meios de comunicação social e criticar publicamente a incapacidade da sua organização de agir de forma decisiva

8. FDA — órgão norte-americano de controle dos alimentos e medicamentos. (N.T.)

com relação às provas de que o Vioxx — medicamento indicado contra a artrite e tomado por 20 milhões de norte-americanos — tinha provocado ataques cardíacos ou a morte a cerca de 140 mil pacientes em cinco anos. A sua fé católica levou-o a revelar aquilo que sabia. Ainda trabalhava na FDA, mas afirmou que "já não sou considerado um membro da família. Tudo isso foi uma grande experiência". Penso que essa afirmação fica bastante aquém da realidade, mas, justiça seja feita à FDA, pelo menos não foi despedido.

Um dos piores crimes na minha escola era ser um delator — denunciar os colegas. Quase tão pouco popular como isso era desafiar as normas coletivas, ser diferente. Olhando em retrospectiva, poderia ter dado aos meus alunos o livro *Lord of the Flies*, de William Golding, para lerem. Trata-se de um grupo de crianças vítimas de um naufrágio; elas se veem isoladas numa ilha deserta e tornam-se agressivas, transformando-se num único organismo em que cada uma delas perde a sua própria identidade e, com ela, qualquer sentido de responsabilidade individual. É o tipo de comportamento que, hoje em dia, pode ser visto nos centros urbanos da Grã-Bretanha, nos fins de semana, em que jovens ébrios, de ambos os sexos, saídos em massa dos bares, se mostram descontrolados, com a sua própria identidade subordinada à do grupo, incapazes de ser responsáveis pelo seu próprio comportamento.

No mundo dos negócios podemos assistir ao mesmo fenômeno, só que de forma ligeiramente mais positiva, em situações de *start-ups* ou em algumas agressivas campanhas de fusões e aquisições. Com o entusiasmo da "caça", surge um grupo imbuído de espírito de comunidade, em que os escrúpulos éticos podem por vezes ser esmagados pelo desejo de vencer ou de ser bem-sucedido. Cometem-se ilegalidades (contornam-se regras), as distinções tornam-se difusas, redefine-se o que está certo e o que está errado como sendo aquilo que vai funcionar e que não vai funcionar. Tom Wolfe, em *The Bonfire of de Vanities*[9], descreve de que forma decorriam os anos 80 em Nova York, quando os padrões eram estabelecidos pelos reis fanfarrões da Wall Street, os Donos do Universo com um estilo próprio, para quem o dinheiro era bom e a cobiça era positiva. Muitos deles devem ter sentido algum mal-estar interior enquanto faziam aquilo que se esperava que fizessem naquela época, sacrificando quaisquer remorsos que pudessem sentir. E seguiam em frente. Michael Lewis descreve muito bem essa situação no seu livro intitulado *Liar's Poker*.

> Na qualidade de estagiário da Salomon Brothers, é claro, não havia grande preocupação com questões éticas. Só tentávamos sobreviver. Nós nos sentíamos lisonjeados por pertencer à mesma equipe das pessoas que passavam constantemente por cima dos outros. Como uma criança misteriosamente protegida pelo valentão do recreio, fechamos os olhos às falhas das pessoas a quem estávamos ligados, em troca da sua proteção.

Existe outro tipo de desvirtuamento ético que pode ocorrer em grandes empresas, ou no mais alto nível governamental. O arcebispo Tutu disse certa vez, pesarosamente, que o presidente Mbeki, da África do Sul, se tinha deixado atacar por uma comissão "sicofântica e arrogante" de escudeiros, que o estava afastando do seu povo e, alertou ele, dos seus anteriores valores e objetivos. O presidente Mbeki não é o único chefe de Estado em risco de se desligar das suas anteriores convicções, à medida que vai sendo absorvido pelos acontecimentos e se rodeia de aliados

9. *A Fogueira das Vaidades*, editado no Brasil pela Editora Rocco. (N.E.)

ávidos demais. O seu homólogo do Zimbábue é um exemplo mais notável. Ele representa a sedutora corrupção do poder.

"O mesmo acontece com os líderes das grandes empresas, rodeados por uma equipe atenciosa, que se fazem transportar grandiosamente, em aviões particulares, cortejados por políticos que precisam de contribuições financeiras para suas campanhas, por reitores de universidades que lhes conferem títulos honorários, e até mesmo por ministros e presidentes de outros países, ávidos por atraírem investimentos. Os líderes das maiores corporações norte-americanas podem facilmente adquirir pretensões napoleônicas", diz o escritor Edward Luttwak. Aquilo que eles não fazem, afirma Luttwak, deve-se em larga medida à ameaça de ações em tribunal por parte dos vorazes tigres do sistema jurídico norte-americano. A lei age, uma vez mais, como substituta da moralidade pessoal.

A minha própria tentativa de introduzir algumas ideias de filosofia ética no ensino da gestão não durou muito tempo. Os estudantes e as empresas onde trabalhavam queriam algo com um retorno mais imediato. O utilitário prevaleceu sobre o filosófico, como frequentemente acontece. Mais tarde, ainda na escola de ciências empresarias, passei a oferecer uma cadeira opcional de ética para os estudantes do MBA. Poucos aderiram. Conforme um deles explicou:

— Adoraria fazer o seu curso, professor, só que mais tarde, depois de ter arranjado emprego. Receio que, neste momento, a cadeira de finanças internacionais seja mais importante.

Não pude censurá-lo. Eu sabia por experiência própria de que forma a necessidade estreita os nossos horizontes. A necessidade de garantir o passo seguinte impede que vejamos onde o caminho vai dar ou aquilo que perdemos quando não olhamos à nossa volta enquanto viajamos. No fim das contas, na minha própria necessidade de preencher os lugares no programa, sucumbi às pressões do mercado, manifestadas nos desejos dos estudantes, e encurtei as discussões de grupo dirigidas por Bill Letwin. Olhando para trás, pergunto-me até que ponto aquele mesmo mercado não seria, ele próprio, uma das pressões a favor da conformidade.

Devemos seguir o mercado ou tentar conduzi-lo? Os clientes têm sempre razão ou existe quem não esteja em melhor posição de saber o que provavelmente é melhor para eles? Devemos seguir a opinião unânime ou ter confiança para fazer aquilo que acreditamos ser melhor? Nem sempre é uma decisão fácil. No mundo dos negócios, e eu sabia muito bem, os empreendedores bem-sucedidos e as organizações inovadoras são aqueles que apoiam as suas próprias ideias contra a moda corrente, mas estarão sempre arriscando seu próprio dinheiro. Se uma pessoa fizer o mesmo ao nível do ensino, o risco recai sobre os estudantes. Se eu tivesse ignorado as prioridades dos meus estudantes, teria sido acusado de arrogância e poderia não ter arranjado alunos para os programas que se seguiram. Mas estaria sendo um covarde e um traidor de mim mesmo quando abandonei algo que acreditava ser do melhor interesse dos meus alunos? Ainda hoje não tenho certeza. Por vezes, é mesmo um ato de arrogância confiar nos nossos pontos de vista em vez de confiar nos dos outros. Os grandes líderes parecem viver com um misto de humildade e confiança, o que inclui a capacidade para admitir, no momento devido, que estavam errados.

Paradoxalmente, essas decisões são mais fáceis quando os assuntos são de ordem moral, como no caso de Antígona, mesmo que as consequências sejam mais duras. Ninguém tem o direito de desafiar as nossas mais profundas crenças e convicções. Nesses casos, é a nós que cabe decidir. Só nós podemos avaliar os custos individuais de negarmos a nossa identidade em detrimento do óbvio desconforto de nos agarrarmos à nossa verdade. As decisões são mais complicadas quando se trata de um assunto mais prático ou quando se trata de decidir o que vai funcionar melhor. Até que ponto devemos defender algo quando a aposta não é alta? Defendermos as nossas ideias, agirmos em concordância com os nossos próprios valores e convicções poderá nem sempre valer a pena, especialmente quando tentamos ganhar amigos e influenciar aqueles que partilham o nosso ambiente. É muito mais fácil seguir a onda, esquecendo o fato de que a corrente poderá, eventualmente, e quase de forma imperceptível, conduzir-nos a um lugar onde nunca tencionamos estar.

Quando escolhi *Antígona* para estrear aquele primeiro programa para executivos, não esperava que isso se impregnasse na minha própria vida e maneira de pensar da forma como acabou por acontecer. Mas essa é, sem dúvida, a razão pela qual essa curta peça de teatro de Sófocles continua a ser lida e representada dois milênios e meio depois de ter sido escrita. As grandes obras de arte vão percorrendo o seu caminho até a alma, de uma forma que as contas de uma empresa são incapazes de fazer. Terá tudo sido uma perda de tempo?, questiona-se no final. Não, nem por isso. Tinha sido um prazer e um privilégio tentar assistir ao crescimento e formação de alguns indivíduos extremamente competentes que estavam ávidos de aprender e que eram bastante exigentes. Um dia cheguei dez minutos atrasado para uma sessão e encontrei toda a turma calculando quando dinheiro tinha de lhes ser restituído das mensalidades que haviam pago. Também confirmei a minha ideia de que o caminho mais seguro para aprender algo é tentar ensiná-lo. Assim, tenho a certeza de que aprendi mais do que os meus alunos. Grande parte dessa aprendizagem foi extremamente divertida, como quase sempre ocorre quando se trabalha com pessoas inteligentes às voltas com problemas que são de interesse mútuo.

No final, estava mais do que convencido de que, enquanto as competências da análise dos negócios podem ser ensinadas na sala de aula ou aprendidas nos livros, com a arte e a prática da gestão isso já não se dá. A gestão será sempre, em grande medida, uma questão de conquista de senso comum, e cada indivíduo terá de descobrir qual a abordagem que funciona melhor para ele. As competências pessoais necessárias podem ser mais bem desenvolvidas por meio de orientação cuidadosa e, situação que é mais comum, pela experimentação e pelo erro. Será sempre útil refletir sobre essas experimentações e particularmente sobre esses erros. Essa é, em última instância, a forma como todos aprendemos, desde a infância até o fim dos nossos dias. Por vezes, essa reflexão pode ser realizada de melhor maneira na companhia de estranhos, em retiros, com a ajuda de intérpretes experientes. Os programas para executivos, na melhor das hipóteses, oferecem essa oportunidade, mas afirmar que basta passar no exame para se ter qualificações de gestor é cometer um perigoso exagero.

8

A morte do meu pai

Aos 49 anos recebi uma carta da BBC. Queriam que eu participasse de um programa da BBC Television, de uma série intitulada *The Light of Experience*. Tratava-se, para eles, de fazer televisão sem gastar muito dinheiro. Convidavam pessoas que tinham vivenciado uma experiência que lhes tivesse mudado a vida, para falarem sobre isso diretamente para a câmera, sem entrevistador, e para ilustrarem a história com suas próprias fotos. Lembro que havia uma advogada que casara com um seu cliente condenado por assassinato, na cela onde estava preso, e uma mulher que tinha estado numa prisão tailandesa durante anos por ter sido apanhada contrabandeando drogas. Minha vida, disse eu à BBC, tinha sido uma monotonia monocromática, quando comparada com aqueles exemplos coloridos e até mesmo exóticos. A experiência que mudara minha vida tinha sido algo tão comum que todos acabam passando por isso. Foi a morte do meu pai. Retrucaram que era justamente por isso que me queriam, porque era uma coisa com a qual todos poderiam se identificar.

Aceitei, mas fui insensato, pois — como depressa descobri — era extremamente difícil falar diretamente para a câmera, lendo em um teleprompter, e continuar a parecer humano. Os âncoras dos telejornais têm o talento de esconder essa arte, porque fazem com que o seu trabalho pareça natural e sem nenhum esforço. Quando assisti ao programa final, achei que eu parecia um pinguim empalhado, sentado numa cadeira e olhando fixamente à frente. Essa foi, contudo, a história que contei. Já a tinha escrito antes, mas, pelo fato de ter sido o grande ponto de mudança ou a questão fundamental da minha vida, preciso recordá-la aqui.

Estava de regresso de uma conferência internacional em Paris quando recebi uma mensagem que dizia que meu pai tinha sofrido um ataque cardíaco fulminante e estava à morte num hospital de Dublin. Foi um choque para mim, pois partimos do princípio de que nossos pais vão viver para sempre. Ele tinha se aposentado do trabalho como pastor na Igreja da Irlanda dois anos antes. Entretanto, eu vivia a vagamente glamorosa vida de um acadêmico da área de gestão, viajando para cá e para lá, publicando livros, sempre ocupado, subindo a escada da minha carreira o mais depressa que podia. Mas ele tinha 74 anos e eu sabia que já tinha tido alguns pequenos problemas de coração nos últimos anos. Regressei depressa à Irlanda para estar ao seu lado, juntamente com minha mãe e minha irmã. Faleceu um dia depois de eu ter chegado, sem nunca ter recuperado a consciência.

Foi triste. Eu gostava do meu pai. Era um homem calmo, gentil e bondoso. Gostava muito da maneira como celebrava a missa na igreja, mas, em casa, nunca soube realmente quais eram os seus pensamentos mais profundos. Era bastante introspectivo; para dizer a verdade, estava um pouco desiludido com ele. Sentia que não devia ter se contentado em ficar na mesma pequena paróquia de província durante quase toda a sua vida ativa, recusando oportunidades de promoção ou mesmo convites para se transferir para uma paróquia maior, de cidade, onde — pensava eu, egoisticamente — poderia ter me divertido mais. Ele parecia ser um homem sem ambições.

Na Irlanda, é costume um funeral realizar-se no máximo até dois dias depois do falecimento, por isso apressamo-nos a levá-lo de volta à igreja paroquial, a cerca de 37 quilômetros de Dublin, onde ele tinha desempenhado suas funções religiosas junto do seu pequeno grupo de paroquianos protestantes durante 40 anos. Seria uma pequena cerimônia familiar, um fim calmo para um homem calmo, se bem que tenhamos colocado um aviso nos jornais para o dia seguinte.

Nós, familiares, seguimos o carro funerário ao longo da estrada principal de Dublin. Não me lembro de termos falado muito. Foi uma viagem triste por uma estrada que tão bem conhecíamos. Então, subitamente, algo de estranho aconteceu: quando nos aproximávamos do cruzamento para a nossa aldeia, um carro da polícia apareceu do outro lado da estrada, fez parar os carros que vinham em nossa direção e começou a escoltar o carro funerário ao longo da estrada secundária. O que estava havendo? Não tínhamos pedido nada daquilo. Então, conforme fomos nos aproximando da nossa velha igreja, bem no meio do campo, demos com a estrada repleta de carros e uma fila de centenas de metros. Felizmente alguém tinha guardado lugares para nós. E a própria igreja estava cheia. Na verdade, transbordava. Havia pessoas de pé, do lado de fora, ao longo do passeio. Entramos, perguntando-nos o que estava acontecendo. O coro entrou, trajado como sempre, com sotainas pretas e sobrepelizes brancas, mas as túnicas estavam visivelmente curtas demais. Não eram os habituais rapazes do coro; tratava-se, comecei a perceber, do antigo coro de rapazes, que espontaneamente tinha decidido voltar, de todos os locais da Irlanda, para ocupar uma vez mais o seu lugar no coro — pelo meu pai.

E o arcebispo, o antigo superior de meu pai, também estava lá, caminhando atrás deles, com todo o esplendor episcopal. Que estranho — pensávamos que ele estivesse no hospital. Mas ele tinha dado alta a si mesmo e feito a viagem especialmente para estar ali. Meu pai, disse ele à congregação, tinha sido um homem especial que tinha ajudado muitas pessoas e conquistado a admiração de muitas mais. Sua vida e trabalho religioso eram um exemplo para todos.

Lá fora, quando estávamos de pé junto à sepultura aberta, depois de terem descido o seu caixão, as pessoas — tantas pessoas — vieram ter conosco. "Seu pai me batizou", disse um, "celebrou meu casamento nesta igreja e há alguns anos batizou a minha filha. Ele teve um papel muito importante na nossa família". "Ele me deu um conselho muito sensato num período muito crítico da minha vida." "Ele parecia estar em perfeita sintonia com o mundo", disse-me outro. Outros apenas diziam: "Vamos sentir a falta dele. Não há muitos como ele".

Fiquei ali, questionando a mim mesmo sobre aquele homem que, de repente percebi, nunca tinha compreendido. Quantas pessoas iriam ao meu funeral? O anúncio de sua morte deve ter sido feito de forma bastante enfática para fazer com que tantas pessoas, com apenas um dia de antecedência, tivessem conseguido largar tudo e estivessem ali conosco, vindas de todo lado. Para quem teria assim tanta importância a minha vida e o meu trabalho? Que preço tinha a minha vida atarefada e os meus supostos feitos quando comparados com todas aquelas vidas que ele tinha obviamente influenciado? Ele não era um homem comum. O problema era meu, não dele. Eu passara a vida julgando meu pai de forma errada.

Saí dali num misto de tristeza e meditação. Eu perdera meu eu em todos os meus empreendimentos. Se queria ser importante para alguém, tinha de redescobrir meu verdadeiro eu. Comecei a perceber que era tentador, mas pouco sensato, aceitar os valores e aspirações de outros em vez de compreendermos os nossos.

Descobri tardiamente que a maioria de nós precisa de dor e trauma, ou rejeição e desilusão, para que se desencadeie uma mudança em nossa vida. "Já não temos carreiras", disse-me um jovem irlandês, algum tempo atrás, "temos vidas, várias delas ao longo da nossa vida." É verdade, mas mudar de vida requer coragem. É muito mais fácil ficarmos com aquela que conhecemos, mesmo que pareça que não vai nos levar a lugar nenhum. Mudar nossa vida pode, muitas vezes, implicar que se comece de novo no mais baixo degrau de uma escada, mas se tivermos descoberto que a escada que estávamos subindo está encostada à parede errada, então a decisão estará mais do que certa. Precisamos desesperadamente encontrar outra escada, e depressa. Contudo, uma coisa é tomar essa decisão mentalmente, e outra bem diferente é torná-la operacional.

Nos anos que se seguiram à morte do meu pai, conversei com um vasto leque de pessoas que se deram muito bem na vida. Muitas delas têm uma história semelhante de dor ou choque para contar, algo que as catapultou para outro caminho. Pode ter sido uma rejeição, a incapacidade de conseguir determinado emprego ou promoção. Para alguns, foi a demissão — que foi um choque na ocasião —, algo que é sempre sentido como uma coisa pessoal, mesmo que a intenção não seja essa. Mais tarde, essa demissão imposta era frequentemente vista como uma bem-vinda libertação de um beco sem saída. Uma das histórias mais frequentes era a da experiência de quase morte — nossa própria morte, ou, como no meu caso, a morte de alguém que nos era próximo.

Um casamento acabado era outra das histórias mais comuns, e que corresponde a uma espécie de morte. Um banqueiro bem-sucedido vivenciou tudo isso com 30 e poucos anos.

— Eu tinha tudo: uma casa no campo com quadra de tênis, piscina e lago, quatro filhos e uma mulher espetacular com o seu próprio Porsche. Então, num fim de semana cheguei a casa e descobri que ela tinha um caso com outro homem. Pensando bem, eu andava muito distanciado, e quando estava em casa concentrava nas crianças o tempo que tinha disponível, achando que isso bastava para ela. Eu era um bom pai, mas um péssimo marido.

Divorciaram-se, e um ano depois ele largou o emprego para se dedicar em tempo integral a obras de caridade. O fim do casamento o fez perceber para onde sua vida o estava levando, e ele não gostou muito desse caminho.

Muitas vezes é preciso algo desse gênero para que iniciemos a segunda curva da vida. Desenvolvi a teoria das curvas sigmóides (ou curvas em S) para explicar de que forma cresce um negócio, se bem que possa acabar por fracassar, e essas curvas também se adequam à nossa própria vida. A primeira curva sigmóide demonstra de que forma praticamente tudo, de impérios a organizações, passando por produtos, começa por assimilar mais do que aquilo que oferece. Nos negócios, esse é o investimento necessário a qualquer novo empreendimento. No tocante às pessoas, chamamos a isso a nossa educação. Então, se tudo estiver bem, o resultado é criado, a empresa cresce e o sucesso começa a acenar. No entanto, inevitavelmente, aquilo que começou a funcionar tão bem acaba mais tarde por falhar, à medida que concorrentes melhores ou mais baratos nos apanham. A curva toma o sentido descendente, até o fracasso. Só nessa altura a maioria das empresas começa a pensar desesperadamente em alternativas. Muitas vezes, é tarde demais. Essa é a primeira curva sigmóide.

Seria muito melhor, obviamente, fazer isso antes de a curva descendente ter início, começar uma segunda curva antes de a primeira ter atingido o auge, no ponto A, conforme se pode observar:

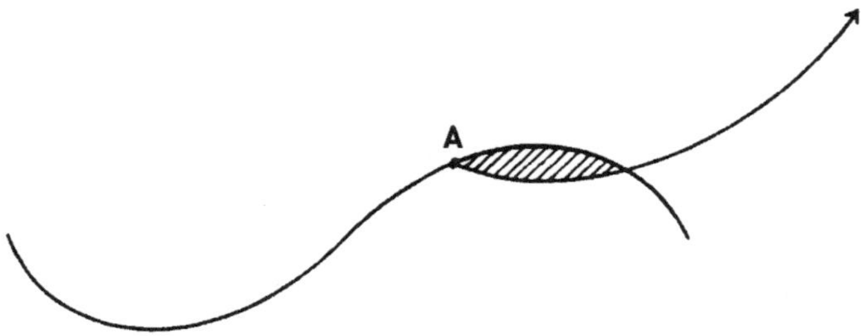

Quando se faz uma retrospectiva, tudo isso é óbvio, mas na ocasião está longe de ser claro. Naquele ponto da primeira curva, tudo parece bem encaixado. As coisas correm bem. Se uma coisa não se estraga, não é preciso consertá-la. Quando as pessoas percebem que as coisas já não estão tão bem, já esgotaram as reservas que possuíam, estão receosas, estressadas e deprimidas. Só uma grande reestruturação pode salvá-las, uma reestruturação que acaba por ser um confortável eufemismo para reduzir a equipe à metade ou vender o negócio a um concorrente.

Em termos pessoais, não é menos complexo. O momento certo para pensar em desenvolver uma nova vida, para se lançar num novo emprego ou criar um novo interesse é quando as coisas ainda estão bem. Isso é tão difícil em termos pessoais como para uma organização ou um partido político. Só um choque do tipo dos que mencionei acima pode nos arrancar de repente da complacência. A pergunta que sempre me fazem quando descrevo essas curvas é como uma pessoa sabe que atingiu o ponto A. Não sabe. Não sabemos nunca. Só vamos descobrir isso quando fizermos uma retrospectiva, o que não é de grande ajuda. Mas existem algumas pistas. O conforto é uma delas. Se você se sente totalmente confortável e tem o controle sobre sua vida ou trabalho, pode estar confundindo a ilusão de segurança com complacência. É sempre perigoso descansar sobre os próprios louros, tanto em nível pessoal como profissional.

Exatamente porque é muito difícil deixar a "festa" quando ela ainda está no auge é que precisamos desse "gatilho", desse choque, por mais doloroso que possa ser. Nesse ponto, é difícil acreditar que existirá outra curva tão boa como aquela em que estamos. Mas quando uma porta se fecha, logo outra se abre. Por vezes é uma porta em que não tínhamos reparado antes ou que tínhamos ignorado porque estávamos muito ocupados com a primeira curva. O político britânico Chris Patten perdeu o seu assento parlamentar nas eleições gerais de 1992. Naquela altura, ele era o líder do Partido Conservador e tudo indicava que seria o ministro das Finanças caso os conservadores ganhassem, o que realmente aconteceu. Deve ter sido um dos dias mais negros de sua história pessoal. Toda a sua vida tinha sido dedicada à política e, de repente, no limiar de um alto cargo, tudo tinha terminado, pelo menos por algum tempo. No entanto, um ano mais tarde, tornou-se governador de Hong Kong com a tarefa de fazer a transição da soberania daquele território para os chineses. Mais tarde disse que tinha sido o melhor emprego que já tivera ou que poderia ter tido na vida. Uma segunda curva tinha estado reservada para ele, de forma espontânea. Uma curva que lhe teria passado despercebida se não tivesse sido deixado de fora na formação do novo governo.

Nem todos conseguimos ser tão afortunados na nossa vida seguinte, mas — num registro menos fora do comum — aqueles que se veem no desemprego e depois fazem outras coisas acabam muitas vezes por dizer que desejariam tê-las feito muito antes. Alguns até o fazem. Revelou-se recentemente que um terço dos novos professores britânicos provém de carreiras bem-sucedidas em outros campos, a maioria, da área de negócios. Dizem que mudaram de vida porque desejavam um desafio mais intelectual e socialmente útil. Uma vez que a velha ideia de uma longa e incólume carreira, no desempenho de uma única função, é agora vista como um mito, será cada vez mais comum as pessoas pensarem em ter duas ou três vidas bastante diferentes, sendo muitas vezes necessárias competências variadas e com diversas formas de recompensa. Trata-se de algo que pode ser visto como uma possibilidade de reencarnação, sem ser necessário uma morte física.

No que me diz respeito, saí do funeral do meu pai decidido a mudar a minha vida. Aquele tinha sido o "gatilho", se bem que tenha demorado um ano para que tal acontecesse. Meu primeiro pensamento foi seguir os passos do meu pai numa ordem religiosa, tornar-me o tipo de pároco que ele tinha sido, o forte pilar de sustentação de uma comunidade. Convidei dois bispos que conhecia para jantarem comigo. Perguntei-lhes se estariam dispostos a apoiar minha candidatura para ser admitido num curso de teologia, o primeiro passo na viagem para a ordenação.

Para surpresa minha, recusaram. Disseram-me que eu poderia ser um bom bispo, mas que nunca chegaria tão longe.

Segundo eles, não teria futuro como coadjutor eclesiástico de uma cidade do interior, o primeiro nível da carreira eclesiástica e o único a que provavelmente não sobreviveria. Reconheci, relutantemente, que eles tinham razão. Não possuía as competências nem o temperamento necessários para lidar com os traumas e dificuldades dos que estavam na base da sociedade piramidal. Mas disseram-me que havia um cargo que poderia desempenhar e que poderia satisfazer meu desejo de trabalhar com a Igreja. A função de administrador da St. George House, no Castelo de Windsor, estava vaga naquele momento, se bem que só restasse uma semana para a apresentação da candidatura.

Conhecia a função a que eles se referiam. A St. George House era um pequeno centro de estudos e conferências estabelecido no interior do Castelo de Windsor, em algumas das antigas residências dos cônegos da capela de St. George. O administrador tinha uma missão dupla: preparar o clero para funções mais elevadas da Igreja e gerir as consultas sobre alguns dos assuntos éticos e morais da sociedade. Eu próprio tinha participado numa ou duas dessas reuniões e sabia do que se tratava. Administrador era o singular nome dado ao chefe daquela mini-instituição. Os dois primeiros administradores tinham sido almirantes. Havia a ideia, segundo os bispos que jantaram comigo, de que alguém com um histórico mais acadêmico traria uma abordagem inovadora àquilo que era, com efeito, um local que pretendia associar o ensino cristão às realidades da sociedade. Eles me incentivaram a me candidatar. Foi o que fiz e, para minha grande surpresa, fui aceito para o cargo. Quando se experimenta a água, não se pretende necessariamente nadar.

Era hora de seguir caminho. Aquilo era a sério, já não se tratava de uma possibilidade teórica. Será que eu queria mesmo deixar meu confortável cargo de professor por um cargo para o qual estava nomeado por cinco anos, sem nenhuma indicação óbvia para onde seguir depois? Além disso, havia a questão do dinheiro. Primeiro, julguei que me ofereceriam o equivalente ao meu salário como professor, na ocasião em torno de 3.500 libras por mês. Depois, olhando mais de perto para a mal datilografada letra pequena do contrato, vi que o valor referido era anual, não mensal! É verdade que teria direito a uma enorme casa, toda equipada, com aquecimento e eletricidade gratuitos, mas tinha dois filhos pequenos para alimentar e educar, bem como minha mulher e eu próprio, com um salário que equivaleria a menos de 10% do salário de um docente, que já não era particularmente generoso.

Isso significava recomeçar a partir do zero. No entanto, minha mulher tinha certeza de que era o passo mais acertado a dar. Lembrei-me, na ocasião, de como dois anos antes ela tinha perguntado por que razão eu despendia tanto do meu tempo e energia com os estudantes da escola de ciências empresarias onde lecionava, em vez de gastá-lo com ela e com os nossos filhos. "Você só está ajudando meninos ricos e mimados a serem mais ricos. Podia estar fazendo algo mais útil", tinha dito ela. Protestei, dizendo que estava formando os futuros líderes do país, mas sentia que ela tinha razão. Defendia uma mudança; qualquer mudança seria uma libertação daquilo que se tinha tornado uma armadilha. Vinte anos antes, quando deixei a minha casa num vicariato da Irlanda, tinha prometido a mim mesmo duas coisas: nunca mais voltaria à Igreja e nunca mais voltaria a ser pobre. E, no entanto, ali estava eu, prestes a assinar contrato por um estilo de vida em que, eu sabia, se esperava que fosse todos os dias à capela de St. George e na qual viveria com o equivalente ao salário do meu pai. O passado tem uma maneira bastante incômoda de nos atingir de novo.

Acabou por ser a melhor decisão que eu poderia ter tomado. Lançou-me num outro mundo, ainda mais amplo. Também sobrevivemos financeiramente. Minha mulher alugou nosso apartamento em Londres e esse rendimento ajudava a pagar as contas da mercearia. Era quanto bastava. Saí quatro anos depois — para entrar num vazio e começar aquilo que na verdade seria a minha quarta vida. Mas essa é outra história.

9

A casa é um castelo

Cheguei com a minha família ao castelo de Windsor, para tomar posse do meu cargo de administrador da St. George House, em setembro de 1977. Não gostava do título, pois dava a impressão de que ia administrar um lar de terceira idade. No entanto, a tarefa de estar à frente do que eu considerava ser uma organização estratégica de caráter éticossocial soava-me bem. Admito que também estava curioso perante a ideia de viver dentro do castelo de Windsor, tendo já explorado a casa que acompanhava o cargo.

O castelo de Windsor talvez fosse a aldeia mais estranha da Inglaterra. Viviam lá 70 famílias, sendo uma delas a da rainha. Entre os nossos vizinhos estavam o secretário privado e o bibliotecário da rainha, bem como o deão da capela de St. George, os coristas adultos e, muito importante, o encanador do castelo. Uma mistura estranha e até exótica, muito bem organizada por classes dentro daqueles muros. Os mais nobres residiam na parte alta, como todos a chamavam, os cantores e os artesãos na parte baixa, imediatamente abaixo de mim. No Natal cantávamos músicas natalinas, desfilando diante das casas do castelo, conduzidos pelo coro da capela, e terminávamos cantando para a rainha, ladeada pelos seus cães de raça *corgi*, que nos recebia com vinho quente e especiarias, o que era bastante reconfortante. Ali, eu era um indivíduo bastante singular, dado que era demasiado jovem para possuir o tipo de medalhas de campanha que todos exibiam nas ocasiões de cerimônia, e demasiado acadêmico para alguns gostos — quando usei a palavra "economia" num dos meus primeiros artigos, disseram-me para não utilizar gíria que ninguém iria entender. Desafiado a explicar o que queria dizer aquela palavra, foi difícil fazê-lo de forma vigorosa. Lição aprendida.

Nossa nova casa — cujo endereço era The Cloisters, 25 — era uma moradia ampla construída ao longo da antiga muralha do castelo, junto às ruínas do palácio de Henrique III, que remontava ao século XIII. Costuma-se especular que o rei João teria provavelmente montado seu cavalo no nosso pátio quando partiu para Runnymede para assinar a Magna Carta[1]. Nosso quarto estava aberto ao público, com marcação, pois tinha sido usado como sala de ensaio do coro da capela no século XVI e as pautas estavam ainda desenhadas nas paredes. Sem dúvida foi a casa mais magnífica e invulgar onde moramos. O único problema residia no fato de ser muito grande e não estar mobiliada. Quando recebi o orçamento dos tapetes e das cortinas, o montante era superior ao meu salário anual.

Mas esse era o menor dos meus problemas. Não tinha me informado devidamente sobre o cargo antes de aceitá-lo e tinha

---

1. A Carta Magna foi um tratado assinado pelo rei João I (chamado João Sem Terra) e seus nobres em 15 de junho de 1215 em Runnymede, perto de Londres. Seus termos garantem a liberdade política dos ingleses, separam a Igreja do controle do Estado, ditam reformas no Direito e na Justiça, mas, sobretudo, limitam o espectro e a magnitude do poder do rei. (N.T.)

apenas uma vaga ideia de qual era a situação e em que consistia realmente meu trabalho. A St. George House era parte integrante do secular College of St. George[2], construído em torno da capela de St. George, e tinha sido fundada dez anos antes pelo príncipe Felipe e pelo então deão de Windsor, Robin Woods, de maneira que desse bom uso às duas casas dos cônegos, situadas no pátio por detrás da capela, que se encontravam desocupadas. A ideia era que a casa devia ser um ponto de encontro para os mais influentes na sociedade, em particular clérigos, para discussão das questões éticossociais importantes que estavam na ordem do dia. O montante necessário para obras de restauro tinha sido angariado junto a empresas. O deão e os cônegos da capela agiriam na qualidade de corpo docente associado, mas a gestão diária da casa estaria a cargo de um administrador e de um diretor de estudos, ambos leigos.

A minha ideia de que, como administrador, eu seria o chefe, acabou por ser uma ilusão, como tantas vezes acontece nas organizações. Há sempre alguém ou algum grupo acima de nós. No meu caso, era o deão quem estava encarregado de tudo o que acontecia na capela do castelo. No entanto, tampouco ele era todo-poderoso. Era apenas o presidente do capítulo, um organismo composto pelos cônegos que, juntamente com o deão, detinha a responsabilidade última nos termos da Carta Régia de Eduardo IV. Não me dera conta de que faria parte de tal emaranhado medieval. Havia também o Conselho da Casa[3], do qual faziam parte o príncipe Felipe, três cavaleiros da Ordem da Jarreteira, incluindo pelo menos um ex-primeiro-ministro, e outros membros da nata da sociedade. Por vezes sentia que

2. Faculdade de St. George. (N.T.)

3. *The Council of the House* (N.T.).

estava num jogo de xadrez da vida real, rodeado por uma rainha e suas torres, bispos e cavalos, e eu era um dos peões. Era uma estrutura muito sobrecarregada no topo para uma operação de tão pequena dimensão, que recorria apenas a uma dúzia de indivíduos. É quase sempre assim nas organizações — muitos chefes para poucos índios.

Quem estava no topo tomava as decisões, mas éramos eu e os meus colegas que tínhamos de concretizá-las. Na minha primeira semana de trabalho sofri dois choques. No primeiro dia, o tesoureiro, que tratava da alimentação e do alojamento, disse-me que não havia dinheiro suficiente no banco para pagar os salários daquela semana aos empregados internos. Um dos cônegos tinha me assegurado de que existiam fundos suficientes, portanto, aquele era um problema inesperado. Fui ao banco, localizado à entrada do castelo, para me apresentar e pedir uma extensão de crédito a fim de ultrapassarmos o obstáculo imediato. O gerente disse:

— Não há nenhum problema. Que garantia pode oferecer?

Apontei através da janela para o grande castelo e disse com condescendência:

— Não é suficiente?

Ele sorriu e disse:

— Infelizmente não é válida, a não ser que esteja na posse das escrituras.

Ele providenciou uma ajuda temporária, mas no caminho de volta comecei a pensar que tinha herdado uma organização falida.

No dia seguinte, minha secretária colocou um grande calendário à minha frente e me informou que era preciso fazer o planejamento do ano.

— Mas não há nada aqui a não ser datas. Ainda não há nada planejado?

Ela sorriu (por que será que em Windsor todos sorriam quando me davam más notícias?):

— Ainda não, pois estávamos à sua espera.

Competia a mim planejar as propostas de debates e eventos para o ano inteiro. Havia alguns eventos regulares que podiam, sem dúvida, repetir-se, mas a maior parte daquele calendário estava por preencher. Essa situação nos lembrava de que precisávamos da organização ou, muito simplesmente, qual era o nosso objetivo naquele lugar.

No entanto, a primeira coisa a fazer era tratar das finanças, sob pena de não dispormos de recursos para sobreviver. Os aposentos precisavam de obras, e as receitas não eram suficientes, dado que provinham apenas do dinheiro que cobrávamos a quem participava dos debates. Tínhamos, no entanto, um bem único que consistia numa pequena sala de conferências situada no interior do castelo de Windsor, que incluía uma sala de reuniões na qual consta que Shakespeare teria encenado *As Alegres Comadres de Windsor* perante a rainha Elizabeth I. Eu e meu novo colega, John Long, que era o diretor de estudos, tínhamos vários contatos com empresas. Estávamos convencidos de que ficariam bastante interessadas em alugar o espaço para reuniões ou retiros empresariais e que pagariam bem por isso. E assim foi. No final do primeiro ano, ficou claro que éramos capazes de gerir um negócio muito lucrativo, alugando aquele espaço a grandes empresas.

Mas era para isso que estávamos ali? É claro que não. No entanto, era tentador, dados os resultados. Quem disse que as instituições de caridade não necessitam de lucros? O que acontece é que lhes dão o nome de "excedente operacional" e colocam esse dinheiro nas reservas. Nós sabíamos, porém, que não era para maximizar esse excedente que estávamos ali. Tínhamos de ter o cuidado de restringir as nossas atividades mais comerciais, para apenas cobrir o que era necessário para conseguir funcionar, e nos assegurarmos de que tínhamos o suficiente e não mais do que isso para levar a cabo o nosso verdadeiro trabalho.

Mas o que era suficiente? Mais uma vez, a velha questão de Aristóteles. Recebíamos os salários mínimos, ao nível dos nossos companheiros do clero, apesar de praticamente não darem para viver. O mesmo acontecia com as secretárias e com os empregados internos, que recebiam apenas o mínimo permitido por lei. Se aumentássemos os aluguéis para fins comerciais poderíamos pagar-nos — e à equipe — salários decentes, bem como tornar o local mais suntuoso. Mas seríamos acusados, e com razão, de gerir o local em nosso próprio benefício e não em benefício dos clientes. Seria mais simples se estivéssemos gerindo um negócio como outro qualquer. Não é difícil ganhar dinheiro, se não nos importarmos com a forma como o ganhamos ou com o que fazemos com ele. Aos poucos, percebi que eu estava vivendo o dilema do capitalismo. O dinheiro e o lucro são fundamentais para a sobrevivência e o crescimento de qualquer empresa, mas, se esse for o único ou até o principal objetivo, será encarado como egoísta e levará ao abandono das responsabilidades mais abrangentes que os negócios têm para com a sociedade. Em que consistiam essas responsabilidades mais abrangentes? Foi esse o tema de alguns debates posteriores com nossos participantes convidados.

Não gosto de mendigar, tampouco o aprovo. Creio que, sempre que possível, as instituições de caridade deviam obter o próprio rendimento, pois só assim podem ser autossuficientes e controlar seu próprio futuro. É claro que de vez em quando precisarão de apoio, principalmente no início. Também deviam poder fazer empréstimos ou captar investimentos como qualquer outro negócio, ainda que o investimento providencie aos investidores uma recompensa psicológica em vez de um retorno financeiro. Em muitas situações, seus rendimentos, ou parte deles, provêm do governo — em troca da prestação de serviços sociais úteis. No entanto, em outros casos, será preciso desenvolver uma abordagem empresarial para o trabalho de caridade, do mesmo modo que fomos obrigados a fazer em Windsor. Além do rendimento muito bem-vindo, a necessidade de liquidez em algumas áreas exige certo nível de disciplina de gestão.

O dilema que enfrentei na St. George House foi extremamente útil para mim dez anos mais tarde, quando deparei com um problema semelhante como presidente da Royal Society of Arts[4], ou — mais precisamente — da Royal Society for the Encouragement of Arts and Manufactures. Era e é uma respeitável instituição de caridade do século XVIII instalada num conjunto magnífico de edifícios Adam[5] junto à Strand, em Londres. O seu objetivo é estimular o progresso da sociedade por meio da discussão e publicação de novas ideias, lançar projetos-pilotos e honrar os pioneiros. Tudo isso custa dinheiro. O dinheiro proveniente das cotas dos 22 mil membros ajudava, mas não era suficiente. O equilíbrio financeiro era conseguido por meio das receitas de um dos projetos iniciais da sociedade, os Exames RSA, que eram realizados por estudantes de cursos profissionais de todo o mundo. Essas receitas permitiam que a sociedade fosse confortavelmente autossustentável.

Confortável demais para durar. Um ano antes de eu assumir as funções, foi necessário dar autonomia ao projeto, de forma que permitisse que os Exames RSA fossem realizados sob a supervisão de uma autoridade independente, na linha das re-

4. RSA (N.T.).

5. O edifício que sedia a Royal Society of Arts foi construído pelos irmãos Adam (James e Robert) (N.T.).

formas governamentais do sistema. Herdei uma sociedade que, pela primeira vez em sua história recente, deparava com um déficit operacional. Seria outra vez a experiência de Windsor? Havia magníficas galerias subterrâneas por baixo do edifício da sociedade, alugadas a um comerciante de vinhos por uma renda excessivamente modesta. O conselho da sociedade discutiu a possibilidade de transformar aquelas galerias num conjunto de salas para reuniões e refeições, que tornaria possível o aluguel das instalações de todo o edifício para conferências.

A iniciativa custaria 5 milhões de libras, dinheiro que não tínhamos. Teríamos de pedi-lo ou contrair um empréstimo. Argumentei que os doadores aceitariam mais facilmente que lhes pedíssemos fundos para investir em algo que nos permitiria fazer dinheiro e, consequentemente, tornar a sociedade autossustentável, do que se pedíssemos financiamento para as despesas correntes. Além disso, podíamos pedir um empréstimo para o que pudesse ainda faltar hipotecando os nossos edifícios. Presidindo à mesa do conselho, fiquei intrigado com a multiplicidade de atitudes naquela sala. Havia quem considerasse que usar a sociedade a troco de dinheiro afetaria sua dignidade. Não gostavam da ideia de estranhos fazerem uso das instalações. Outros consideravam que o aluguel das instalações era uma distorção dos objetivos e um desvio do nosso propósito de benfeitores. Compreendia ambos os pontos de vista, mas tínhamos de enfrentar as necessidades evidentes. As atitudes mais surpreendentes vieram dos empresários que ali estavam. Eles consideravam que não devíamos fazer as obras, a não ser que — e até que — pudéssemos financiá-las com receitas próprias, pois seria difícil reunir o dinheiro e insensato hipotecar os nossos edifícios. Perguntei-me, então, como eles geriam os próprios negócios sem investimentos ou empréstimos.

A essa altura, levei a cabo uma pequena manipulação sub-reptícia. No momento crucial do debate, depois de todos os argumentos a favor e contra terem sido discutidos, contornei a mesa e pedi a cada um dos membros para assinalar a sua aprovação ou rejeição da proposta. No entanto, tinha organizado os lugares de maneira que aqueles que eu sabia que estariam de acordo votassem em primeiro lugar. Quando chegou a vez dos ferozes opositores, todos eles julgavam que sairiam derrotados. Assim, para preservar a harmonia, abstiveram-se. Desse modo, pude declarar que a moção tinha sido aprovada por unanimidade. Será que a manipulação das situações, de modo que pudéssemos obter aquilo que cremos ser o correto, é uma forma legítima de liderança? Ainda não estou bem certo disso.

Assim, com alguma apreensão, o conselho chegou a um acordo. A consequente transformação das galerias subterrâneas tem sido o pilar financeiro da sociedade e acabou por dar uma nova elegância às instalações. A sociedade continua a proceder à angariação de fundos com o objetivo de financiar futuros projetos experimentais, apesar de gerir um organismo autossustentável, que aufere o seu próprio rendimento. Penso que foi o caminho certo a seguir. Contudo, a RSA sempre enfrentará o dilema com que deparei em Windsor: a necessidade de se certificar de que os imperativos comerciais não contaminam o verdadeiro objetivo da organização.

O dilema vivido em Windsor e na RSA destacou outro tema que continua a me intrigar e preocupar desde então. A lei exige que as instituições beneficentes tenham um objetivo social claro e bem definido. Isso não acontece com um negócio que, por lei, tem obrigações apenas para com os proprietários, com a concordância dos outros acionistas. É assim que deve ser, ou será que um negócio também devia ter um propósito social? Essa exigência foi reconhecida na Constituição alemã, elaborada logo após a Segunda Guerra Mundial sob a supervisão das forças de ocupação que incluíam, é claro, a Grã-Bretanha e os Estados Unidos.

Essa era uma das grandes questões éticossociais que discutíamos nas nossas reuniões em Windsor. Essas reuniões, ou "consultas" — como as chamávamos —, eram constituídas por grupos de 20 a 30 indivíduos influentes de diferentes quadrantes da sociedade. Como organizadores, nossa tarefa era definir as questões éticossociais que, a nosso ver, mereciam ser discutidas. Depois, tínhamos de encontrar aqueles que podiam dar a melhor contribuição para os debates e que podiam ser encorajados a encarar de outro modo as suas próprias esferas de responsabilidade. Idealmente, deveriam agrupar um misto de pensadores influentes e presidentes das várias instituições dos mais diversos quadrantes da sociedade. Os debates eram privados, pois estávamos convictos de que os que desempenhavam funções seniores aprendiam muito ouvindo aqueles a quem respeitavam e eram forçados a expor seus próprios pontos de vista e princípios, dado que não gostavam que lhes dessem lições ou sermões. Era um tipo de educação diferente daquela que eu tinha gerido na London Business School. Achei o método estimulante, apesar de nunca saber se os "corações e mentes" se alterariam com o processo. Enquanto observava os participantes saírem do castelo em seus carros elegantes, pensava se tudo não teria passado de um fim de semana interessante. Como qualquer empreendimento educacional, era difícil saber qual seria o resultado final.

Houve uma exceção importante. Um ano depois de ter deixado Windsor, convidaram-me para almoçar no Institute of Directors[6]. Meu anfitrião era o presidente de uma empresa familiar bastante conhecida. Disse-me:

---

6. Instituto que reúne representantes de executivos de conselhos de administração. (N.T.)

— Deve estar pensando por que razão eu quis vê-lo. Pois bem, hoje é um dia muito importante. Há dois anos participei de um dos fins de semana do castelo de Windsor, no qual falamos acerca dos grandes privilégios e responsabilidades dos proprietários das empresas. Fui-me embora pensando se seria correto manter todos aqueles privilégios só para mim. Não seria benéfico para todos nós se eu partilhasse alguns dos privilégios e responsabilidades com as pessoas da empresa? Levei dois anos para resolver os trâmites jurídicos, mas hoje transferi metade da empresa para os trabalhadores.

Aquilo me fez pensar que, por vezes, as sementes realmente germinam, se o solo estiver preparado para recebê-las. Só me restava esperar que outras sementes tivessem germinado, apesar de nunca ter visto quaisquer resultados. Todos os professores devem sentir o mesmo.

No meu cargo de administrador em Windsor, assumi pessoalmente a responsabilidade de organizar séries de consultas de longa duração sobre "O Futuro do Trabalho". Isso foi em 1978, muito antes de o tema se tornar moda, mas tentamos arduamente, na nossa pequena equipe, concentrar-nos nas questões que começavam a surgir ao longe, no horizonte. Ainda me lembro de um dos primeiros debates, no qual afirmei que o termo "dono de casa"[7] seria um dia um lugar-comum. Todos consideraram a ideia absurda. Mas os tempos mudaram tanto que, em alguns círculos profissionais, é quase um símbolo de orgulho ser o homem quem fica em casa.

Nesse ano, a vida foi dura na Grã-Bretanha. As empresas estavam dispensando trabalhadores, o desemprego aumentava e os sindicatos mediam forças. Tornou-se claro para mim que

7. Por oposição a "dona de casa". (N.T.)

os dias da empresa totalmente integrada estavam chegando ao fim. As empresas deixariam de poder oferecer empregos "para a vida toda", em tempo integral, aos seus empregados. Deixariam de tentar manter em suas instalações todos os serviços de que precisam. O termo *outsourcing* não estava ainda em voga, mas as pessoas já começavam a subcontratar componentes da empresa que não eram fundamentais. Previ alguns perigos — as empresas podiam, por engano, subcontratar os componentes errados ou colocar-se à mercê das empresas de subcontratação —, mas meu verdadeiro interesse era perceber o que essa nova tendência significaria para cada indivíduo. Parecia claro que surgiriam novos padrões de emprego, novos estilos de carreira, novas maneiras de organizar a vida.

Foi nessa altura que criei a metáfora de uma "vida de portfólio". A ideia era que cada vez mais pessoas seriam levadas a tornar-se — ou poderiam optar por tornar-se — trabalhadores autônomos, reunindo um pacote de diferentes empregos, clientes e estilos de trabalho. "Não vai vingar", disseram. Mas vingou. As estatísticas oficiais não correspondem à flagrante evidência, em grande parte porque as categorias estatísticas existentes não abrangem muitas dessas pessoas. Alguns indivíduos são inequivocamente trabalhadores autônomos, mas muito deles constituem-se como empresas e, nesse caso, são considerados como empregados de tempo integral. Atualmente existem cerca de 3 milhões de empresas sem empregados, na Grã-Bretanha, apenas com o dono. Acrescentem-se os 2 milhões de pessoas que trabalham para pequenas empresas com menos de cinco empregados. Outros trabalham meio período para um empregador, mas têm outro trabalho por fora. Estão inscritos, no entanto, como trabalhadores permanentes em meio período. Outros se autodenominam aposentados, uma palavra que nos dias de hoje descreve um variado portfólio de atividades, algumas delas remuneradas, nem todas elas declaradas. Além desses, existem na Grã-Bretanha 10 milhões de pessoas em idade ativa que são definidas como economicamente inativas, na sua maioria mulheres. Isso não significa que não trabalhem, como qualquer dona de casa ou mãe poderá confirmar. Podem até estar ganhando algum dinheiro por fora. Trata-se de trabalhadores de portfólio que não são tidos como tal.

A isso chamo a "economia-pulga", pequenas empresas e agentes autônomos, e todos acrescentam valor. Não se inserem nas atuais definições de trabalho, que ainda se baseiam no velho mundo industrial. Vivemos no mundo do conhecimento e da informação, onde essas pequenas empresas ou indivíduos autônomos podem operar de forma eficaz e útil. Se reunisse todos aqueles a quem chamo "pulgas", muitos deles trabalhadores de portfólio, eles representariam mais da metade da força de trabalho britânica pesquisada. O mundo do trabalho está muito mais fragmentado do que aquilo que mostram as estatísticas oficiais. Precisamos avisar aqueles que estão começando de que o mundo no qual os seus pais viveram, um mundo para o qual eles vêm sendo preparados, não estará disponível para a maior parte deles ou, se estiver, não durará por toda a sua vida ativa.

Elizabeth me lembrou de que "as mulheres sempre foram trabalhadoras de portfólio".

— Nada disso é realmente novo. Acontece que, finalmente, os homens acordaram para a vida como ela é — disse ela.

Porém, nem todos vão achar isso fácil. Os portfólios qualificados são adequados para profissionais ou gestores de meia-idade que, com a hipoteca paga, algum dinheiro reservado ou a promessa de uma pensão de aposentadoria, podem se dar ao luxo de assumir alguns riscos e lançar-se numa vida autônoma.

De fato, a ideia ocorreu-me quando passei um dia num curso de preparação para a aposentadoria dos executivos da IBM. Os executivos estavam preocupados com a sua futura designação, pois "Ex-IBM" não lhes parecia muito bom. Sugeri, meio na brincadeira, que uma vez que estavam fazendo o balanço de um conjunto variado de atividades, na realidade estavam reunindo um portfólio de trabalho e que, por isso, podiam denominar-se "Indivíduos com Portfólio". O termo pareceu suscitar o seu interesse, por isso continuei a usá-lo.

Mais tarde, no decorrer dos debates em Windsor, ampliamos a ideia de portfólio, com o intuito de incluir todas as variedades de trabalho que as pessoas assumiam. Incluíam aquilo a que chamávamos "trabalho assalariado" e "prestação de serviços", ambos formas de trabalho remunerado, apesar de os trabalhadores independentes normalmente cobrarem honorários em vez de salários ou ordenados. Essa distinção é importante. Os honorários são pagos pela prestação de um serviço, enquanto um salário ou ordenado é pago pelo tempo despendido. Os honorários são calculados e propostos pelo trabalhador, ao passo que o ordenado é calculado e proposto pelo empregador. Havia também o "trabalho gratuito", que era o trabalho voluntário, o "trabalho de estudo", em que cada vez mais estudantes nos último anos de curso descobriam que estudar é realmente um trabalho árduo e, por fim, o "trabalho doméstico", que consistia no trabalho que envolve cuidar de uma casa ou tomar conta de parentes, e que não era levado em conta ou remunerado.

Um portfólio sensato conteria elementos para os quatro tipos de trabalho, apesar de esse misto de competências vir a alterar-se com o tempo, de acordo com as circunstâncias ou prioridades. Uma vez conheci uma jovem que, em resposta à inevitável pergunta: "O que é que você faz?", respondeu: "Escrevo argumentos para a televisão".

— Fantástico — disse-lhe impressionado. — Será que já vi algum deles?

— Oh, nunca são produzidos.

— Que pena. Mas então o que faz para ganhar dinheiro?

— Embalo ovos aos domingos — respondeu. — É aborrecido e solitário, mas paga as contas.

Desde então, a expressão "embalar ovos" tornou-se um eufemismo em nossa casa para trabalho aborrecido mas lucrativo. Costumo dizer a mim mesmo que poderá ser necessário alguma prostituição para pagar atividades mais virtuosas. É apenas uma maneira de compor o portfólio.

O "equilíbrio entre o trabalho e a vida" é, a meu ver, uma expressão enganadora, pois insinua que o trabalho e a vida são duas coisas distintas. A ideia de portfólio implica que a maior parte da vida é trabalho, algum dele lucrativo, algum dele valendo a pena. É o "equilíbrio do trabalho" que interessa. Mesmo aqueles que têm um emprego em tempo integral precisam levar em consideração o equilíbrio do seu portfólio. Tentar obter esse equilíbrio com um só emprego será sempre difícil, mas não impossível, se o empregador for compreensivo. E, sim, precisamos descansar e nos recompor, mas muitas pessoas consideram que uma mudança é tão bom como um descanso, que mudar de um tipo de trabalho para outro é reconfortante por si mesmo. Quando estou escrevendo no campo, planejo os dias de modo a mesclar a escrita (trabalho remunerado) com períodos de leitura e pesquisa (trabalho de estudo) e algum trabalho doméstico decente: fazer as compras e fazer o jantar. É tudo trabalho, mas a mistura dos diferentes tipos é o que dá prazer — pelo menos para mim, nesta fase da minha vida. Também tenho o cuidado de me permitir algum tempo para descansar — a sesta após o almoço, um jogo ligeiro de tênis e uma caminhada. Na verdade, somos todos trabalhadores de portfólio, apesar de o equilíbrio do portfólio variar de pessoa para pessoa e de um ano para outro.

Quanto mais pensava nisso, mais me sentia atraído pelas possibilidades do portfólio independente da vida. Via-o como uma espécie de liberdade, aprisionado como estava num emprego durante todo o dia, ao longo de toda a semana. Na minha opinião, as pessoas deviam ser livres para organizar a vida a seu modo, sobretudo quando atingem a meia-idade. De fato, afirmei e ainda acredito que, à medida que vamos envelhecendo, devíamos sair das empresas e deixar esse tipo de emprego — já em número reduzido — para as gerações vindouras. Em outras palavras, na meia-idade a maioria de nós começa a perder alguma energia e entusiasmo para a rotina diária. Esperamos, talvez com otimismo, que a nossa energia decrescente seja substituída por um aumento de sabedoria. Contudo, a sabedoria é necessária em menores quantidades. O chefe de um amigo meu disse-lhe: “Valorizamos a sua experiência e sabedoria, John, e queremos mantê-lo por perto, mas apenas às terças-feiras”. Aos 50 anos, já devíamos ser capazes de tomar conta de nós, pelo menos durante os restantes seis dias.

É fácil falar quando estamos seguros numa organização, ainda que aprisionados. Não tinha previsto todas as desvantagens. Depois de escrever o livro e defender a vida de portfólio, recebi uma série de cartas que diziam ter seguido meu conselho, deixado a organização para viver uma vida de portfólio, mas que seu portfólio continua vazio. Perguntavam o que sugeria que fizessem. Eu não tinha nenhuma resposta. Aliás, eu próprio estava perto dos 50 anos e estava desconfortavelmente consciente de que em breve teria de provar do meu próprio remédio para que as minhas teorias sobre o futuro tivessem credibilidade.

10

São Miguel e São Jorge

— O que eu deverei vestir e onde gostaria que me sentasse?

Foi a pergunta que fiz ao sacristão-mor da esplêndida capela de St. George, localizada no pátio onde se situava o nosso centro de estudos, fundamental para boa parte do trabalho que ali se realizava. O cônego de serviço tinha se ausentado e não poderia fazer o sermão da manhã de domingo, e me pediu para representá-lo. O sacristão não estava muito impressionado.

— Use aquilo que lhe agradar e sente-se onde quiser. Não há precedentes. Nenhum leigo jamais celebrou aqui uma missa na longa história desta capela — disse-me ele.

Eu não fazia ideia se ele estava certo ou não, mas era um pouco assustador estar quebrando uma tradição secular. Tinha de me sair bem. Infelizmente, logo depois de iniciar meu curto sermão, o sistema de som falhou. Continuei da melhor forma que pude, mas só conseguia pensar que havia ali mão humana, que cuidadosamente poupara os ouvidos dos fiéis que poderiam ser lesados pelos meus pensamentos irreverentes.

Mais tarde, nesse mesmo dia, veio ter comigo para pedir desculpas pelo "infeliz mau funcionamento do sistema de som".

— Foi uma pena — acrescentou —, porque me disseram que gostaram do que você falou.

Eu estava calmo. No entanto, me perguntava até que ponto meu pai poderia ter discordado do sacristão no que dizia respeito à maneira imprópria como eu interpretava a palavra de Deus. Alguns anos antes, tinha feito um sermão numa missa de um dia de semana para empresários na catedral de Coventry. Na ocasião, meu pai não se deixou impressionar. Eu não estava habilitado para isso, dissera ele. Contudo, nesse dia eu esperava que ele pudesse estar agradavelmente surpreso por ver onde eu tinha ido parar, em grande parte devido à sua morte. Foi assim que nessa tarde, à sombra de St. George, os meus pensamentos regressaram a outra bonita igreja, localizada na Irlanda rural.

Recordo que o dia 29 de setembro era sempre especial para minha família. Era o dia de festa em honra do Arcanjo São Miguel, de quem a igreja de meu pai era devota. Para ser mais exato, a igreja era devota de São Miguel e de Todos os Anjos, o que era abranger santidades demais em uma pequena igreja. Meus pais faziam daquele festival do patrono uma grande festa. Meu pai encontrava sempre um clérigo proeminente para celebrar a missa especial durante a tarde, e minha mãe oferecia uma festa no jardim para mais de cem convidados, muitos dos quais vinham de Dublin só para passarem a tarde ali. Naquele tempo, havia mais momentos de lazer e a Igreja e os acontecimentos religiosos ainda eram centrais para a vida da comunidade protestante no sul da Irlanda.

A igreja era, e ainda é, muito diferente de qualquer outra igreja de aldeia. Isso porque não fica propriamente na aldeia, mas sim numa pequena colina, a pouco mais de 3,5 quilômetros de distância, podendo ser avistada da casa do homem que a construiu no final do século XIX. Thomas Cooke Trench tinha estado na Itália e decidiu criar uma pequena igreja tipicamente romântica, inspirada — segundo se dizia — numa capela que tinha visto perto do Lago Garda, na Itália. As paredes de mármore não eram ornamentadas. Não eram permitidas inscrições nem placas. Era uma casa de Deus, não de pessoas falecidas. Eu adorava estar lá sozinho. A última coisa que fazia, quando era pequeno, antes de voltar às temidas escolas em regime de internato que frequentei, era ir até lá por alguns minutos para dizer adeus. Não há muitos edifícios religiosos que nos elevem o espírito ou nos façam sentir em paz. Mas aquele, sim.

Era algo raro de encontrar na Irlanda rural e terá sido, talvez, a principal razão de meu pai nunca ter deixado aquela paróquia. O grande desafio de sua vida profissional tinha sido reconstruir grande parte da igreja, incendiada por dois ladrões frustrados que não encontraram nada de valioso para roubar. Quando foi restaurada, senti que ele nunca mais sairia dali, e agora está sepultado à entrada da porta da sacristia por onde entrou todas as manhãs durante 40 anos.

A igreja ficava perto de nossa casa, no vicariato, e foi o centro da nossa vida durante toda a minha infância. Os domingos muito eram especiais — vestíam-nos formalmente para a ocasião, não usávamos a roupa de todos os dias, e o Natal e a Páscoa eram os pontos altos do ano. Até os 18 anos, mais ou menos, nunca tinha questionado nada disso. Fazia parte da nossa rotina de vida e nunca tinha avaliado muito profundamente o que estava por detrás. Saí de lá com um profundo gosto pelos locais sagrados, desde que sejam amplos e, de preferência, sem adornos. Quanto à religião que inspirou sua construção, isso já é outra história.

Passados cerca de 40 anos desde minha infância, dei comigo a viver junto a outro lindo local sagrado, a capela de St. George, no castelo de Windsor. No entanto, esta é ricamente adornada com divisas de orgulho e glória da humanidade. É lá que os monarcas são sepultados, com direito a túmulo e capela para nos lembrarmos de quem foram. Por cima do coro estão pendurados grandes estandartes com a insígnia dos cavaleiros da Ordem da Jarreteira, atualmente ex-primeiros-ministros já bastante idosos, duques ou membros da família real, em vez dos jovens guerreiros de outrora, É um local repleto de glórias humanas. Aparentemente, Deus nem se vê.

Mas eu tinha a chave, e à noitinha era um lugar diferente. Parecia que as grandes colunas estreitas da nave da igreja, construídas no estilo perpendicular inglês, realmente chegavam ao céu. Ficava no silêncio e sentindo minha pequenez, e mesmo assim, de alguma forma, conseguia ficar de bem com isso. Nos 600 anos que tinham passado desde que aquele edifício começara a ser construído, muitos que se consideravam importantes fizeram ali as suas orações e, contudo, o que agora nos resta deles são as pedras tumulares que cobrem os seus ossos. Devolve-se o pó ao pó, de fato. Mas isso não precisa ser motivo para depressões. A morte é um prazo útil, uma lembrança de que a vida é a nossa breve oportunidade para criarmos algo que possa durar depois de nós, como fizeram os melhores daqueles que ali estão sepultados. Os primeiros artífices que começaram a trabalhar na construção daquele edifício sabiam que nunca o veriam terminado, mas garantiram que manteria um bom estado de conservação e que perduraria muito depois de sua morte. Era uma mensagem que costumava usar para impressionar os administradores das empresas quando os guiava em uma visita noturna à capela. Que visão de futuro tinham tido? De que forma se asseguraram de que era bom? O que significa isso no contexto deles?

Eu adorava a capela, cheia ou vazia, e a música. O coro de vozes masculinas, com os seus jovens coristas, um deles nosso filho, era um dos melhores da Inglaterra e cantava nas horas de ofício divino, durante seis dias por semana, com três serviços religiosos aos domingos. Para mim, essas missas eram mais do que um concerto coral sagrado; eram meu espaço de meditação. Enquanto o coro cantava e os cônegos liam as escrituras e faziam as orações, eu me transportava até um local privado em minha mente. Na maioria das vezes, não prestava atenção ao que se passava a minha volta, mas sentia que era, de alguma forma, uma coisa boa. Também gostava dos curtos serviços de comunhão que tinham lugar todas as manhãs numa das pequenas subcapelas. Qualquer um podia participar, mas normalmente éramos apenas o deão, três cônegos e eu. Durante 20 minutos, embrenhava-me naquilo que era um verdadeiro ritual medieval. Naquele local, parecia proveitosamente simbólico passar o pão e o vinho por entre os meus colegas. Era um bom começo de dia, antes de as trivialidades do dia a dia de trabalho tomarem conta de nós.

Devia parecer muito religioso. Minha sogra, que foi passar algum tempo conosco depois de nos termos transferido para Windsor, disse espantada:

— O que é que está acontecendo? Você já esteve três vezes na igreja hoje, e é apenas uma quinta-feira!

A verdade é que eu era, e sou, um cristão natural. Sou viciado nas grandes e velhas igrejas e catedrais da Inglaterra, na maioria das músicas que foram compostas para ser tocadas e cantadas dentro delas, em muitos dos seus rituais e na sua linguagem do século XVII. No entanto, não tenho muito tempo para as organizações que suportam essas estruturas. Como todas as organizações, muitas vezes parecem mais interessadas na sua própria sobrevivência do que em dedicar-se à verdadeira razão pela qual existem. Isso não é necessariamente culpa daqueles que lá trabalham, muitos dos quais são pessoas devotas que dedicam sua vida ao serviço de Deus e dos seus irmãos humanos. As organizações podem ser necessárias, mas muitas podem acabar por se transformar em prisões, com os seus administradores mais preocupados com o próprio bem-estar do que com o daqueles que estão ao seu cuidado.

Eu ficava vendo e ouvindo, à mesa do jantar, os debates dos clérigos de visita a meu pai, o arcediago, sobre os méritos de diferentes candidatos para este bispado ou aquela decania[1], enquanto se queixavam da autoridade central pela imposição de burocracias e tentavam exercer influência, sempre de forma sutil — "sinto um chamamento", era como eles colocavam a questão —, para esta ou aquela posição onde os seus talentos, acreditavam eles, seriam mais bem empregados e onde, disse eu muitas vezes cinicamente, o alojamento e as escolas eram melhores. Cheguei à conclusão de que não era assim tão diferente da Shell ou de qualquer outra organização que conheci no mundo dos negócios. As normas, regulamentos e hierarquia eram seus ossos e artérias. As relações e a política que geravam eram seu sangue.

Será que a fé exige toda essa parafernália organizacional para ser eficaz?, perguntava-me muitas vezes. Jesus, o fundador de grande parte deste mundo, não pensava assim. No entanto, as organizações raras vezes cometem suicídio, e estas existiam havia muito tempo, sobrevivendo a revoluções internas, rupturas e reformas. Tinham vindo para ficar.

Era fácil ser cínico acerca das organizações religiosas. Eu estava mais preocupado com a crescente percepção de que não poderia pactuar com muitos dos seus ensinamentos. Seguramente, não se podia esperar que acreditasse que havia um homem — ou seria uma mulher? — a conceber e a organizar o mundo, tampouco que o seu filho estava, de alguma forma, velando por

1. Corporação presidida por um deão. (N.T.)

mim e, conforme costumávamos rezar nas orações, guiando-me em todos os meus atos. Muitos anos antes, eu tinha percebido que "prevenir" era um arcaísmo inglês para "preceder". Será que eles acreditavam mesmo na ressurreição do corpo e em lugares como o céu e o inferno? Pessoalmente, eu preferia viver para além da morte a ter de viver para além da vida, e reconforta-me pensar que as complexas moléculas que constituem meu corpo físico irão, no devido tempo, decompor-se e talvez transformar-se numa outra coisa, talvez numa árvore, talvez numa rã, quem sabe? Talvez esta seja minha verdadeira imortalidade. É por isso que quero que meu corpo seja enterrado e não cremado — para facilitar a transformação.

Sinto que deveríamos levar os mitos cristãos muito a sério, mas não literalmente. Os gregos foram o povo que mais assumiu os seus mitos como uma realidade. É bom lembrarmos que a Bíblia nem sempre foi um livro grande, que mesmo as passagens que acabaram por ser colocadas por escrito não foram lidas por muitos. Até a invenção da tipografia, a grande maioria das pessoas nunca tinha visto um livro. Quando viram, foi muitas vezes numa língua — latim — que não compreendiam. Em vez disso, ouviam histórias nas igrejas e capelas que frequentavam e olhavam para as pinturas que estavam representadas à sua frente, nas paredes. Qualquer um que tenha tido de falar para grandes grupos de indivíduos sabe que, para captar sua atenção, deve estar bem preparado para contar histórias que ilustrem o seu ponto de vista e, sempre que possível, mostrar imagens, porque a maioria de nós se lembra mais facilmente de imagens do que de conceitos. O próprio Jesus sabia isso. Contava histórias que tinham a ver com a vida de quem o ouvia, que evocavam imagens que foram mais tarde representadas nas paredes das igrejas.

As histórias não têm de ser literalmente verdadeiras para conterem mensagens e verdades importantes. Eu próprio já inventei ou alterei histórias para transmitir melhor uma mensagem. Para ilustrar o conceito da "segunda curva", costumava contar uma história sobre ter me perdido nas montanhas por detrás de Dublin. Um irlandês, junto à estrada indicou-me o caminho a seguir.

— Vá sempre em frente, por onde está indo — disse ele —, e siga até o fundo do vale. Passado cerca de quilômetro e meio, vai atravessar uma ponte e verá o Davy's Bar do outro lado. É impossível falhar. Entendeu?

— Sim — respondi.

— Bem, então cerca de 800 metros antes de lá chegar, vire e comece a subir a montanha.

Muitos, diria mesmo multidões inteiras, dão consigo no Davy's Bar em determinados momentos de sua vida, demasiado tarde — a essa altura — para voltarem atrás e apanharem a estrada por onde deveriam ter seguido.

Muitos me perguntam como lá chegar. Esse lugar não existe. Minha história tinha um fundo de verdade, de fato, mas eu a embelezava de forma a torná-la memorável, na esperança de que também se pudesse recordar do assunto que estava por detrás da história. Sem querer cometer sacrilégio, acredito que muitas das histórias da Bíblia são como o Davy's Bar — histórias memoráveis, exacerbadas de forma a fazerem passar uma verdade importante. Não devem ser levadas ao pé da letra.

As histórias oferecem aquilo que chamo de conceitos de "baixa definição". Não nos dizem exatamente aquilo que devemos fazer. Apenas nos dão indicações para ficarmos com uma ideia vaga das coisas. Se, além disso, fizerem parte de uma tradição oral — e não escrita —, não é possível usarmos citações a torto e a direito, andarmos com citações para trás e para a frente como os fundamentalistas religiosos gostam de fazer. A memória atraiçoa a todos nós. A versão de uma pessoa sobre algo que foi dito vai ser sempre diferente da de outra, mesmo que tenha participado da mesma conversa. Percebi que é uma tolice levar ao pé da letra histórias que só foram colocadas por escrito décadas depois do acontecimento. Fiquei bastante impressionado da primeira vez que deparei com a sátira de Samuel Butler sobre a sociedade e religião vitorianas, *Erewhon*, obra em que ele se autointitula um visitante de uma terra imaginária. Fiquei ainda mais arrebatado com a sequência, *Erewhon Revisited*, que versava sobre a sua visita ao mesmo local, muitos anos depois, durante a qual houve histórias que surgiram em torno da sua primeira visita — como, por exemplo, sua fuga da ilha num balão de ar quente tinha sido aumentada, ao longo do tempo, para uma versão da Ascensão.

Nada disso deve diminuir a importância das histórias bíblicas ou de histórias míticas semelhantes que existem em outras religiões. Elas põem em evidência importantes verdades. A própria Bíblia é um trabalho de grande sabedoria humana, a partir do qual temos muito para aprender se trabalharmos nas suas interpretações. Minha pintura religiosa favorita foi originalmente encomendada para o município de San Sepolcro, uma localidade no nordeste da Toscana, em finais do século XV. Tratava-se de um afresco de Piero della Francesca alusivo à ressurreição. Aquela pintura mural domina a sala daquilo que é agora um museu e, na ocasião, deve ter tido um efeito poderoso sobre a assembleia legislativa quando ali se reunia. Na pintura, Cristo está saindo de um túmulo de pedra, enquanto soldados romanos dormem deitados junto a ele. O acontecimento está enquadrado numa paisagem da Toscana, o tipo de cenário que seria familiar para todos quantos olhassem para ele. O artista deixava assim implícito que aquilo não era algo que tinha acontecido numa terra longínqua, mas sim ali mesmo, onde viviam.

Nesse afresco, Cristo assume uma figura humana formidável. Não sendo particularmente benevolentes, nem sorridentes, seus olhos nos seguem, seja em que ponto da sala estejamos. Parece dirigir-se diretamente para nós. O que significa isso? Ao longo dos anos, olhei para essa pintura mais vezes do que para qualquer outra de que consigo me lembrar. Ficava ali, muitas vezes sozinho, olhando para ela. Ela parecia me dizer: "Se eu consigo sobreviver a tudo isto e levantar-me e viver outra vez, então tu também consegues". Nós, cada um de nós, passamos por várias pequenas mortes durante a nossa vida, refleti. Mas nenhuma delas deveria nos impedir de recomeçar ou de usar esse novo começo para emendar coisas que fizemos no passado. "Sê corajoso, começa agora a tua nova vida", dizia-me aquela figura. É claro que essa é minha interpretação pessoal, mas, para mim, tem mais significado do que uma ideia pouco nítida de uma nova vida num céu imaginado. Pelo menos posso fazer algo em relação a isso.

Um dia tive a ideia de produzir um livro com minha interpretação de algumas das mais conhecidas histórias da Bíblia. Em vez disso, como meu mandato em Windsor estava prestes a terminar, fui abordado por Robert Foxcroft, que era na época produtor de "Thought for the Day"[2], no programa *Today* da rádio BBC. Ele pediu que eu me aventurasse com alguns "Thoughts".[3] Tratava-se de reflexões religiosas, com duração de dois minutos e 45 segundos, sobre os acontecimentos do dia. Conhecidos coloquialmente como "God slot"[4], esses pensamentos eram a

2. Pensamento do Dia. (N.T.)

3. Pensamentos. (N.T.)

4. Programa de conteúdo religioso. (N.T.)

vênia da BBC para com a sua obrigação de incluir um pouco de religião, de qualquer tipo, nas suas transmissões. Nós, oradores, não éramos muito populares perante os apresentadores. No pico de audiência, tínhamos aquilo que não era permitido a mais ninguém: quase três minutos de conversa ininterrupta sobre um tema à nossa escolha. Tínhamos de verificar o nosso texto de véspera com o Departamento dos Assuntos Religiosos da BBC, mas os nossos responsáveis não transmitiam nenhum pormenor aos apresentadores, que tinham de sentar-se ali sem saber o que aconteceria. Tinham de ouvir e nunca, nunca mesmo, fazer perguntas.

Conseguíamos sempre saber se os apresentadores julgavam que merecíamos aquele especial de três minutos só pelo tom de voz com que nos apresentavam. Fiz o "Thought" consecutivamente durante 20 anos e fui ganhando gradualmente — assim penso e espero — o respeito daqueles diferentes homens e mulheres, cujas vozes eram o pano de fundo do café da manhã de 5 milhões de ingleses de classe média. Brian Redgrave foi responsável pela minha estreia. Recordo-me da minha alegria quando ele riu com satisfação, de forma audível, no final da minha apresentação. Isso significava que ele tinha ouvido! Essas pequenas coisas podem nos fazer ganhar o dia.

Minha mulher me deu um pequeno conselho, quando comecei:

— Não faça sermões e nunca use Deus como sujeito de uma frase. Isso afasta as pessoas e, de qualquer forma, como é que você sabe o que Deus pensa?

Foi um conselho sensato. Em vez disso, utilizei aquilo a que chamava "teologia implícita". Eu defendia que o cristianismo se baseava na doutrina da reencarnação, ou Deus em nós. Isso deixou em aberto a pergunta sobre o que era Deus. Eu O via como o nosso instinto básico para o bem, a nossa consciência, o nosso gene altruísta. O neurologista Antônio Damásio[5] é polêmico ao definir espiritualidade de uma forma naturalista, que vai ao encontro da minha percepção daquilo a que se pode chamar Bondade.

— Assimilo a noção do espiritual como uma intensa experiência de harmonia, como consciência de que o organismo funciona com a maior percepção possível. A experiência se manifesta com o desejo de sermos bondosos e generosos para com os outros — diz ele.

John Donne capta a ideia de harmonia de forma mais poética, escrevendo que é como "habitar naquela casa onde não deve haver escuridão nem luzes ofuscantes, mas uma luz uniforme; nem ruído nem silêncio, mas uma música uniforme; nem receios nem esperanças, mas uma fruição uniforme; não fins ou começos, mas uma eternidade uniforme [...]". Para Donne, é a fé em Deus que leva as pessoas a esse *desideratum*[6]. Consigo partilhar o sonho de Donne, mas não vejo necessidade da ajuda do seu Deus para que isso se concretize. Pode haver demasiada delegação ascensional na religião. No entanto, se não acreditarmos que existe certa origem de bondade no mundo, não pode haver certo ou errado, nem como corrigir o puro egoísmo.

Sou, suponho, uma espécie de cristão humanista, se bem que, felizmente, nunca me tenham pedido para definir as minhas crenças. Defendo que se toda aquela essência de bondade a quem alguns chamam Deus faz verdadeiramente parte de nós, não devemos precisar de uma linguagem religiosa para que a mensagem seja divulgada. A linguagem do cotidiano deverá bastar,

---

5. Português radicado nos EUA, célebre pelo seu livro intitulado *O Erro de Descartes*. (N.T.)

6. Desiderato — aquilo que se deseja; aspiração. (N.T.)

e a mensagem do cristianismo pode ser encontrada nas histórias da nossa própria vida se a procurarmos, tal como estava nas parábolas da Bíblia. Conforme Tolstói afirmou, "Deus é vida", por isso nós O descobrimos no próprio processo de viver. Eu O vi como minha função de tentar desvendar o significado das coisas nos acontecimentos do dia a dia em todo o mundo.

Aqueles "Thoughts" eram complicados de elaborar. Era preciso que refletíssemos sobre um tema das notícias ou sobre algo que pudesse ser abordado no programa daquela manhã. Ajudava se pudéssemos contar uma anedota pessoal e introduzir um pouco de humor e, o que era muito importante, uma moral para a história. E tudo em 450 palavras. Idealmente, deveriam deixar as pessoas com algo em que pensar enquanto se dirigissem para o trabalho.

Para tornar o desafio ainda maior, deveria haver, conforme salientou Robert Foxcroft, 4 ou 5 milhões de pessoas sintonizadas naquele programa, mas isso não significava que estivessem ouvindo. Para muitas delas, o "Thought for the Day" era um alarme do despertador, lembrando-as de que tinham de se levantar, sair de casa, arriscar, ou o que quer que fosse. Tínhamos cerca de dez segundos no início para dizer algo que chamasse a atenção dos ouvintes. E a transmissão era ao vivo — não eram permitidas pré-gravações, para o caso de surgirem notícias de última hora que precisassem de reflexão. Por isso, não se podia gaguejar, pronunciar mal ou cometer falhas. Tinha de sair bem logo de cara.

Era um desafio. Eu costumava reservar a véspera para preparar as minhas 450 palavras, porque não havia nenhuma garantia de que tudo correria bem. Pagavam-me 27 libras por minuto, o que não era mau, mas uma vez que eram menos de três minutos, não era uma receita para fazer fortuna. No entanto, com base no princípio de que aqueles que ensinam são os que aprendem mais, aprendi muita coisa sobre as minhas crenças durante aqueles 20 anos. Tentar fazer com que as coisas estranhas que se passam no mundo e em nossa vida façam sentido é uma forma prática de filosofar.

Certa manhã, ligaram do estúdio às 5h30 da madrugada. Atendi, sonolento. Estavam 30 minutos adiantados, disse eu. Sim, responderam, mas tinha havido um tremor de terra em São Francisco durante a noite. As linhas estavam cortadas. Ninguém sabia qual a gravidade da situação. Eu tinha de deitar fora o texto que já tinha preparado e conseguir uma mensagem moral em duas horas. Seria aquilo uma deixa, pensei eu, para uma reflexão sobre os caminhos misteriosos de Deus, no imenso quebra-cabeça de questões sobre como pode um Deus bondoso deixar que esse tipo de coisa aconteça? Não era esse o meu estilo, pensei. Não se pode dar um sentido a um acontecimento daquele tipo, mas é possível refletir sobre como devemos agir. Fixei-me em dois dos nossos amigos que pretendíamos visitar, como ocorreu, dentro de um mês. Questionei-me, ao vivo, sobre como estariam lidando com a situação, se ainda estariam vivos e se voltaríamos a visitar a região vinícola juntos. Meditei, naquele momento, sobre a melhor forma de ajudar aqueles que estão em necessidade. Mostrando-lhes que nos preocupamos, disse eu. E não fazemos isso nos abstendo de invadir a sua privacidade. "Por isso, ligue para os seus amigos que vivem nos Estados Unidos assim que os telefones começarem a funcionar. Isso irá ajudar a eles e a você. Tente agora, antes de sair de casa." Aquilo não era propriamente o que se poderia chamar uma mensagem religiosa, apenas senso comum, mas alguém precisava dizer isso naquela manhã, enquanto os noticiários descreviam os horrores do que poderia ter acontecido e enquanto as pessoas soterradas sob os escombros se tornavam apenas estatísticas.

Quando eram bem feitos, os "Thoughts" ofereciam uma curta pausa para reflexão, no meio da frequente sucessão de enfadonhas entrevistas políticas e blocos noticiosos deprimentes. É dessas pausas para reflexão que todos nós precisamos e para as quais a religião pode proporcionar uma estrutura. Uma vez, sugeri à equipe do *Today* que, em vez de um pensamento enunciado, deveriam ter uma pausa, dois minutos em silêncio para refletir. Disseram-me que era óbvio que eu não entendia nada de rádio. O silêncio era um anátema. Mas a ideia me agradava. A nação, ou grande parte dela, refletindo em conjunto todas as manhãs.

Chamem a isso oração, culto ou meditação, mas é uma forma de fazer o pensamento recuar até as obrigações da nossa vida e ponderar sobre os porquês de tudo. Meu pai fazia isso todas as manhãs, com as preces matinais na sua igreja junto à estrada. Tenho amigos que meditam regularmente durante 20 minutos ou uma hora, todas as manhãs. Minha mulher e eu fazemos um passeio pelo bosque em frente à nossa casa durante 40 minutos antes do desjejum. Planejamos juntos o dia, mas, na maioria das vezes, apenas caminhamos, num silêncio confortável. Se houvesse uma bonita igreja ou capela nas redondezas, eu poderia ir até lá, mas a natureza é em si mesma uma capela, sempre em mudança, sempre ali, sempre gratuita.

Descobri que a arte também me transporta do meu mundo imediato para outro lugar, incentivando-me a olhar para as coisas de forma diferente. Numa visita a uma galeria com nossos filhos e os amigos deles, sugerimos, na ocasião, que cada um de nós deveria escolher dois dos quadros da exposição que mais nos tocavam, comprar os postais dessas obras na loja da galeria e depois, durante o almoço, descrevermos que pensamento nos tinham inspirado. Também o teatro nos coloca diante de uma situação que não nos é familiar, obrigando-nos a assistir a dilemas e situações difíceis que poderão ter eco em nossa própria vida, mas que cada um pode ver mais objetivamente quando depara com uma fila de lugares à sua frente. O bom teatro por vezes é aterrorizador, porque nos confronta com assuntos que preferíamos evitar, mas sabemos que não devemos. As galerias e teatros são as minhas capelas seculares. Nas suas diferentes formas, ajudam-me a meditar sobre aquilo a que Lucrécio[7] chamou *rerum natura*, a natureza das coisas.

Minha fé está em trabalhar as coisas para mim mesmo, naquilo em que acredito sobre o objetivo da vida, acerca de moralidade e do que acontece depois. Não é fácil. Pode conduzir ao que o papa Bento XVI considera um perigo dominante da nossa era, o relativismo secular, ou a um cristianismo pessoal em que cada um decide por si próprio do que é que gosta e aquilo a que quer chamar certo ou errado. Não se trata de um problema novo. Existe um versículo no livro dos Juízes, na Bíblia, que diz: "Naqueles dias não havia rei em Israel; cada um fazia o que parecia bem aos seus olhos".

O papa acredita que as pessoas precisam de orientações morais, baseadas numa fé em Deus. Entendo que isso facilite a separação do certo e do errado, se conseguirmos ser crentes convictos. Também percebi que muitos intelectuais se convertem ao catolicismo romano à medida que se aproximam da morte. É algo que resolve todos os dilemas intelectuais. Isso é reconfortante quando se consegue estar convencido da premissa. No entanto, testemunhei — ao voltar à Irlanda, onde nasci — os perigos da ditadura moral que podem surgir da obediência exigida às certezas dessa religião. Nessa época, as pessoas tinham deixado de pensar por si próprias; as regras estavam bem definidas e o

7. Discípulo do grego Epicuro. (N.T.)

pároco local era o árbitro de tudo o que faziam. Era uma religião do medo, não da alegria, com consequências para aqueles que pecavam. A meu ver, a confissão era uma forma de o clero controlar a população local. Imagine como seria conveniente para um negócio se todos se sentissem obrigados a revelar, semanalmente, todos os seus atos condenáveis e pensamentos malévolos aos seus gestores, com a imposição de penitência para cada delito. Tal sistema retiraria a iniciativa e a energia dos indivíduos, que considerariam ser mais simples que os seus superiores lhes dissessem o que fazer. Tenho a certeza de que muitos dos párocos eram homens de Deus e tinham boas intenções, mas faziam parte de um sistema autoritário que não admitia dúvidas e não aceitava críticas, um sistema que nem conseguia aceitar que pudesse haver algo errado ou podre no seu próprio regime, como mais tarde se verificou. Consequentemente, a Irlanda, quando lá vivi, era uma nação reprimida e que carregava o peso da culpa. Seguramente, não era isso que seu Deus teria desejado.

Hoje, a Irlanda está diferente. Os irlandeses acolheram o relativismo secular com demasiado entusiasmo. Outras nações seguiram a tendência. João Paulo II era um homem carismático e uma santidade, sem dúvida, mas isso não tornou os seus ensinamentos sociais mais atraentes ou, na minha opinião, sempre relevantes para as necessidades do mundo. Os povos do mundo ocidental fizeram a distinção entre o homem e os seus ensinamentos, pelo que — paradoxalmente — a autoridade da Igreja foi enfraquecendo durante o seu papado, quando perceberam que podiam ter o homem sem a doutrina. Por conseguinte, isso significava que podiam ter Deus sem os mandamentos, de uma forma espiritual e sem quaisquer imperativos morais inconvenientes. Quando as regras são ignoradas, é-nos dada total permissão para fazermos o que nos agradar.

A nova permissividade é o problema que a religião enfrenta um pouco por todo lado, não apenas na Igreja Católica, mas também na comunidade protestante e no Islã. Ao ignorarmos os mandamentos ou negarmos a existência de Deus, aprendemos a trabalhar as nossas próprias crenças e código de conduta. Não é de surpreender que muitos considerem isso difícil. Neste mundo cada vez mais secular, acredito que uma nova função das igrejas será tornarem-se os veículos da educação filosófica, ensinando-nos como pensar, não como nos comportamos. Provavelmente não possuem as competências ou a credibilidade necessárias para tal, o que deixa a nossa civilização diante de um perigoso fosso.

Não queremos que os governos caminhem para esse fosso e assumam o papel de autoridade moral numa época sem religião. Já existem sinais de que isso está acontecendo. Todos os dias surgem novas leis determinando regras para cuidarmos de nossos filhos, para respeitarmos nossos vizinhos, para evitar que prejudiquemos o meio ambiente e para que cuidemos da nossa saúde e do nosso estilo de vida. Em breve assumirão a responsabilidade de nos encontrarem os empregos certos, casa e educação adequadas. Foi esse o caminho que o comunismo trilhou quando as religiões foram superadas pelas leis e ninguém se arriscava a deixar as pessoas pensarem por si mesmas. Com efeito, o relativismo é um perigo bastante real, mas é algo com que temos de lidar, não com o reforço das regras, nem sem que se questione a fé num grau mais elevado, mas por meio de melhores sistemas de ensino que preparem as pessoas para pensar por si mesmas.

Pode-se dizer que é essa a função da filosofia — o tipo de filosofia que comecei a sentir como meu chamamento. Depois do funeral de meu pai, pensei que a religião poderia me dar o tipo de certezas que eu invejara nele e o sentido de propósito na vida. Windsor foi meu local de aprendizagem. Durante os quatro anos que lá estive, ouvi mais de cem teólogos diferentes, de variados credos. Conheci a maioria dos bispos da Igreja Anglicana de então, que iam à St. George House à procura de uma visão mais ampliada do mundo, para além das paróquias onde tinham passado grande parte do seu sacerdócio. Duas vezes por ano, mais de 20 párocos permaneciam conosco durante um mês, numa espécie de curso de aperfeiçoamento. Acabei por conhecê-los bem. Conheci bons homens — na totalidade homens de estatura. Dedicavam a maior parte do tempo que tinham à atividade e acreditavam na maioria — se não mesmo na totalidade — dos credos que professávamos na capela. Tratava-se de educação por imersão, e aprendi bastante com isso, mas também percebi que era incapaz de acreditar no que eles acreditavam.

Tinha a certeza de que a história cristã era importante; as suas mensagens tinham de ser interpretadas e traduzidas para o nosso tempo e lugar e para o trabalho que fazemos atualmente. Foi isso que senti que precisava fazer, tendo sempre em mente que a tradução precisava ser acessível e interessante para os gentios modernos, aqueles que não comungam das crenças tradicionais. Praticamente no final dos meus quatro anos em Windsor, o deão me perguntou se eu desejava ser ordenado padre. Nessa altura não senti nenhuma hesitação em dizer: "Agradeço a sugestão; mas não, não é para mim".

11

Uma vida de portfólio

Aproximou-se de mim discretamente enquanto os outros se reuniam para minha festa de despedida em Windsor, em julho de 1981.

— Tenho apenas este conselho para lhe dar — disse Bill. — Assegure-se de ter algo para fazer quando acordar de manhã. Senão, a aposentadoria pode matar você.

Suas intenções eram as melhores. Ele e sua empresa tinham sido um dos melhores clientes do nosso centro de estudos e sabia do que estava falando, pois tinha visto muitos amigos seus morrerem muito cedo. No entanto, fiquei surpreso por ele pensar que eu ia me aposentar. Tinha 49 anos e nada estava mais longe dos meus pensamentos. Vinte e cinco anos depois ainda penso que é uma má ideia.

No entanto, tinha cometido um erro de tática. Tinha proposto, sem ter realmente essa intenção, deixar a administração da St. George House após quatro anos no cargo, em vez de cinco, para que meu sucessor pudesse assumir as funções mais cedo, e senti-me bastante ofendido e aborrecido quando minha proposta foi aceita de imediato. Devo admitir que sou dado a uma certa falsa modéstia, subestimando-me na esperança de que meu interlocutor me denuncie. Esperava que o deão, a quem eu tinha proposto minha demissão, me respondesse dizendo: "Obrigado pela sua proposta, mas o senhor é demasiado valioso para deixarmos que vá embora antes do previsto". Em vez disso, ele pareceu muito feliz por se ver livre de mim. Mais duas lições da vida — não oferecer algo que realmente não queremos e não procurar elogios ou palavras de conforto, pois elas podem não surgir.

De repente, tinha de considerar a hipótese de viver o tipo de vida do trabalhador autônomo que tinha previsto e até recomendado às pessoas com mais de 50 anos nos nossos debates em Windsor. Lembro-me de ter dito: "Saiam do caminho e deixem as empresas para os jovens cheios de energia. Não somos tão indispensáveis como gostaríamos de pensar que somos. Muitos de nós nos apegamos tempo demais, na esperança de que a nossa sabedoria compense a falta de energia". Agora estava preso às minhas palavras.

Não era o melhor momento. Nunca é. Tinha decidido que a filosofia social seria minha nova vocação, mas, tal como Santo Agostinho, ainda não completamente. A maioria tem de ser empurrada para uma vida de portfólio. Tínhamos dois filhos adolescentes que ainda frequentavam a escola, em Windsor. Tinha um contrato para dar aulas em regime de meio período na London Business School, mas, além disso, não tinha outros meios de sustento. Elizabeth ficou no mínimo surpresa, quando lhe disse o que tinha feito sem intenção e a confrontei com o fato de, dali a três meses, termos de voltar ao nosso apartamento de Londres, que a essa altura estava lucrativamente alugado. De forma magnífica, ela viu o lado positivo: "Agora você vai poder realmente se concentrar na sua escrita", disse-me.

Meu agente literário não tinha tanta certeza. Foi almoçar comigo e disse:

— Não desista do seu emprego.

— Foi exatamente o que fiz — respondi.

— Oh, meu Deus!

— Mas eu tenho algumas ideias.

— Não é um bom momento para novos livros. O seu manual está vendendo bem. Por que não o atualiza?

— Não. Quero escrever para um público maior, para alertar as pessoas sobre o que se passa na sociedade.

Ele não ficou satisfeito. A ideia de que podia tornar-se responsável pelo meu futuro sustento não o entusiasmava. As minhas ideias sobre o futuro da nossa sociedade não o atraíam, tampouco, pensava ele, atrairia alguma futura editora. Suplicou que eu arranjasse outro emprego.

— Não — disse com firmeza —, vou ser um trabalhador de portfólio.

— O que quer dizer isso?

— Vou ser freelancer, independente, reunir um conjunto de atividades centradas em torno da minha escrita.

— Bem — concluiu —, não conte com isso para sua subsistência. Dos meus cento e poucos autores, apenas dois ou três ganham mais de 10 mil libras por ano com seus livros.

Foi-se embora com um semblante carregado. Aquele estado de espírito era contagioso. A perspectiva de liberdade já não era tão atraente. Estava prestes a descobrir que criar um portfólio era mais difícil na prática do que na teoria, principalmente quando se tratava da primeira tentativa. Durante toda a minha vida tinha reagido ao que tinha de ser feito, de uma maneira ou de outra, quer fosse pedido por telefone, quer estivesse nas tarefas agendadas para o expediente do dia. Tomava iniciativas numa ou noutra ocasião, mas minha vida estava essencialmente orientada pelo trabalho que entrava e pelo que era esperado por mim. Mas, de repente, deixou de haver novas tarefas agendadas, a única coisa que entrava de novo era o jornal. Não havia reuniões às quais ir, telefonemas para retornar, compromissos a manter, metas ou avaliações. A agenda estava vazia. Pensei que isso seria maravilhoso, mas não. Foi assustador. Deixei de subestimar as dificuldades de mudar de uma prisão segura para o mundo livre. Senti como se tivesse saído de uma boa pequena caverna na minha vida — que, ainda que tivesse sido desconfortável e claustrofóbica, era um lugar seguro — para um vazio, sem fazer nenhuma ideia da sua profundidade ou de como seria o fundo quando eu chegasse lá.

Ainda mais perturbadora era a perda de uma identidade definida. Quem era esse novo Charles Handy? Uma vida de portfólio descrevia a maneira como eu vivia, mas não dizia nada sobre quem era ou sobre o que fazia. Estava perfeitamente consciente de que não possuía nenhum rótulo que dissesse aos outros quais eram as minhas qualificações. Um amigo me perguntou:

— Como você vai se identificar? Não vai poder qualificar-se como "ex-administrador público" durante muito tempo.

Esse problema tornou-se muito claro para mim quando comecei a fazer o programa "Thought for the Day" um mês depois de ter deixado Windsor. Os apresentadores tinham de anunciar o locutor associando-o a algum organismo ou profissão, para que os ouvintes pudessem saber de onde vinha e pudessem "catalogá-lo".

No início, catalogaram-me como o ex-administrador da St. George House, mas, como meu amigo previra, isso não durou muito tempo. Depois passei a ser apresentado como tendo vindo da London Business School, onde ainda era professor visitante. Essas origens eram tão invulgares para um locutor de um programa de conteúdo religioso que eu até achava interessante. Mais tarde fui apresentado aos ouvintes como presidente da Royal Society of Arts, o que sugeria um perfil mais abrangente. Finalmente, quando desapareceram todas as ligações institucionais, apresentaram-me apenas como Charles Handy. A essa altura, encarava como um símbolo de minha independência o fato de aparecer numa lista de participantes de uma conferência como uma pessoa sem nenhum rótulo institucional ou profissional. No início, senti-me nu e agarrei-me a meu título de professor. Professor Charles Handy dava-me certa indumentária profissional.

— Por quê? — perguntou Elizabeth. — Você não dá mais aulas, pelo menos não oficialmente. Meu nome, sem mais nada, sempre foi suficiente para mim. Por que motivo querem os homens sempre mais para justificar a sua existência?

Boa pergunta. Presumo que o motivo seja insegurança.

Elizabeth lembrou que aquela era minha oportunidade de explorar as minhas outras facetas. Tinha vivido numa série de prisões confortáveis: a Shell, a escola de ciências empresariais, Windsor. Todas me tinham ensinado algo, mas também me tinham encerrado nas minhas funções. Em Windsor, por norma, todos se referiam a mim como "administrador", à exceção dos colegas mais próximos. Perguntava-me se eu seria mesmo aquela pessoa estranha e vitoriana. Por vezes pensava que era apenas um ator numa peça bizarra. Hoje percebo que em todos os meus empregos tinha de ter cuidado com o que dizia, para não ir contra os interesses da minha organização. Estava sempre com receio de que alguém me pudesse ouvir. A liberdade de expressão pode ser um dos direitos humanos, mas pode não ser sensato confiar nisso quando o nosso salário é pago por alguém. Agora, como Charles Handy, sem compromissos, a única pessoa que eu poderia prejudicar era a mim mesmo. Podia dizer e escrever aquilo em que realmente acreditava, ser quem queria ser, ir aonde me agradasse, trabalhar apenas para aqueles a quem respeitava. Via-me agora como um filósofo social, em vez de um perito em gestão, apesar de as pessoas que procuravam um rótulo para mim me apelidarem muitas vezes de consultor ou, mais tarde, de guru da gestão, um epíteto que viria a detestar.

Seja como for, meu agente tinha razão. Poucos são os autores que podem contar com os seus livros para prover seu sustento e o da família, principalmente se esses livros não se inserem na área de ficção e se, muito provavelmente, não vão atrair direitos para adaptação ao cinema ou séries radiofônicas. Fiquei surpreso e bastante desanimado quando soube que são publicados na Grã-Bretanha mais de 100 mil novos títulos todos os anos. Não há espaço suficiente numa livraria para expor todos eles, quanto mais para os manter ali durante meses a fio. Em média, um livro desaparece da maioria das prateleiras das livrarias, no máximo, após seis meses, e longe da vista muitas vezes significa longe do coração. Ainda bem que existe a Amazon, que mantém os meus livros mais antigos nos seus enormes armazéns. Houve um ano em que uma visita à Feira do Livro de Frankfurt foi ainda mais deprimente — quilômetros de livros e apenas uma ínfima parte deles eram meus. Os autores são acertadamente aconselhados por seus agentes ou editores a nunca ir lá. Uma vez perguntei a meu editor qual era a melhor maneira de manter vivos os livros de "catálogo", e a sua resposta foi: "Fazer com que o autor escreva um livro novo". Compreendi que não podia esmorecer, se queria embarcar numa carreira séria como autor.

Entretanto, tinha de arranjar uma forma de ganhar dinheiro. Depois de 25 anos, era estranho não ter um salário mensal, já com a retenção na fonte e depositado na minha conta bancária. Tinha de gerar um rendimento, e depressa, e lembrar-me também de separar logo algum dinheiro para pagar o imposto que inevitavelmente me seria exigido em determinado momento. Os livros não ajudam muito num futuro imediato. Os livros levam tempo para ser escritos e, de igual modo, os editores também levam tempo para colocá-los nas livrarias. Meu primeiro livro, um manual intitulado *Understanding Organizations*, vendia suficientemente bem, mas estava ficando desatualizado. Tinha um novo engatilhado, chamado *Gods of Management*, que era minha primeira tentativa de escrever para o gestor em exercício de funções, mas os críticos não ficaram entusiasmados.

— Espero nunca vir a trabalhar numa das organizações de Charles Handy — disse um —, ou viver para ver o mundo que ele descreve.

Não podia contar com esse livro para enriquecer.

Foi assim durante algum tempo. Fui conferencista autônomo, participando como orador em seminários e palestras, em programas empresariais de formação. Levava sempre comigo os meus dois livros. Eram os meus assistentes de vendas, a maneira menos flagrante de me promover e às minhas ideias, uma forma respeitável de publicidade. Todos os trabalhadores autônomos têm de fazer isso, mas, como acontece com a maioria das pessoas, eu detestava ter de me vender e à minha mercadoria. De certo modo, parecia-me indecente. Idealmente, devíamos ter apenas de corresponder à procura, mas eu estava dolorosamente consciente de que essa procura tinha, em primeiro lugar, de ser estimulada. Atualmente, advirto os futuros trabalhadores de portfólio que podem decorrer sete anos até que as solicitações para o seu trabalho os tornem autossuficientes.

Responsabilizo a cultura em que cresci. Era-nos imposta uma modéstia que ficava bem. A sociedade seria melhor se todos renunciassem a quaisquer pretensões de sucesso ou talento. Eu até me ouço dizer: "Não é nada de especial. Escrevo apenas para me manter ocupado". Contudo, se não gritarmos, como os outros percebem que existimos? A resposta reside em não nos promovermos, em deixarmos que outros façam isso por nós, se for preciso. Disseram-me para contratar um agente. Todos os trabalhadores autônomos têm agentes — os atores, as modelos, as vedetes do esporte, os cantores de música pop, os cantores de ópera e até os escritores. Há agentes para encanadores, eletricistas e trabalhadores temporários de todo tipo, incluindo gestores. A mão-de-obra que consta das listas das agências de emprego é maior do que aquela que qualquer organização emprega. Na "economia da pulga" que antevejo — aliás, já é uma realidade —, esses agentes são empregadores intermediários, que fazem a ligação entre talentos e competências com os clientes, que era o trabalho que as organizações costumavam fazer. Assim, contratei um agente literário. No entanto, ele também não gostava de fazer publicidade, nem mesmo para mim. Três anos depois de iniciar minha vida de portfólio, compilei todas as minhas crônicas do "Thought for the Day" e sugeri-lhe que talvez pudessem dar um bom livro.

"Não acredito que alguém se interesse", disse-me com indiferença. Alguns anos mais tarde, quando já não era meu agente mas apenas um amigo e veio passar um fim de semana em minha casa, tive o prazer secreto de lhe deixar um exemplar do livro em cima da mesa de cabeceira. Ele teve a elegância de rir.

Não obstante meu agente não gostar de fazer publicidade, eu conhecia alguém que a faria. Passados três anos de minha existência de portfólio, Elizabeth se exasperava com minha vida. Eu corria de um lado para outro, discursando em jantares de empresas, dando palestras em cursos de formação, escrevendo um ou outro artigo, mas não tinha tempo para escrever aqueles grandes livros que tinha planeado. Estava exausto, quase não parava em casa e, o pior de tudo, ganhava muito pouco dinheiro. O problema residia no fato de, no passado, ter dado muitas palestras gratuitas em jantares e cursos, pois faziam parte do meu trabalho. Não tinha percebido que poderia cobrar dinheiro por esses serviços se fosse um trabalhador autônomo. Elizabeth decidiu assumir o controle. Começou por telefonar para os últimos três locais onde eu tinha dado palestras.

Peço mil desculpas — disse —, mas o professor se esqueceu de lhes enviar a nota de honorários. Ele propõe cobrar x libras, mais as despesas. É razoável?

Era sempre, de modo que depressa começou a cobrar honorários mais elevados. Finalmente tinha um agente que não tinha medo de fazer publicidade e que acreditava verdadeiramente que eu tinha algo importante a dizer.

Apesar de tudo, aqueles primeiros sete anos de vida de portfólio estiveram longe de ser fáceis. Tinha três preocupações prioritárias — a primeira, e mais urgente, era ter um teto e uma entrada de dinheiro, depois a gestão do espaço físico e temporal das nossa vida e, não menos importante, a educação dos nossos filhos adolescentes. No entanto, percebi que nenhuma delas tinha tanta importância quanto a questão fulcral de saber sobre o que versaria meu trabalho a partir dali. A liberdade é boa, mas a liberdade de viver minha vida implicava mais do que montar um negócio. Implicava também uma séria reflexão sobre as metas e as prioridades, e até sobre como podíamos organizar melhor nosso espaço físico e gerir nosso tempo. De repente senti que tinha de fato de praticar filosofia, tentar descortinar qual era o sentido da minha vida, o que era mais importante e onde ou quando o faria. Pensava em como tinha tido sorte na Shell, onde os meus superiores decidiam todas essas coisas por mim — até o dia em que vi que não podia me apoiar nas suas prioridades. Há poucas coisas piores na vida do que ser usado para fins que não são os nossos por pessoas que nem sempre respeitamos.

No entanto, ainda que não as respeite, essas pessoas estão sempre por perto. Eu não tinha previsto que a vida podia ser tão solitária sem colegas. Os projetos não são tão divertidos quando não temos ninguém com quem discuti-los. O sucesso parece vazio quando não temos com quem celebrar, e o fracasso é duas vezes mais deprimente quando não há ninguém que nos dê consolo. Alguns novos trabalhadores de portfólio fazem parcerias informais com outros trabalhadores autônomos, associando-se a eles quando há projetos que necessitam de competência extra. Meu tipo de escrita e meu trabalho como mentor eram demasiado peculiares para precisarem de mais alguém ou atraírem mais pessoas. Outros optam por partilhar instalações em que, pelo menos, podem tomar café juntos e queixar-se do funcionário das finanças ou dos seus contabilistas. Eu não tinha dinheiro para trabalhar em outro lugar que não fosse a minha casa. Na verdade, no início não tinha dinheiro para nada. Isso importava? Não tanto quanto eu pensava, pois estava fazendo o que tinha escolhido fazer — criar imagens com as palavras, ser um forjador de palavras, que é mais romântico do que estar sentado diante do computador toda a manhã, apesar de ser essa a realidade. Tinha descoberto uma verdade importante: se gostamos mesmo do que fazemos, nada mais tem muita importância.

Porém, apesar de todas as minhas grandes meditações filosóficas, durante esses primeiros anos de independência o que tinha mais importância era o dinheiro. Tem sempre, principalmente quando é difícil saber ou prever de onde vem e quando. Descobri que controlar a nossa vida não significa necessariamente que possamos controlar uma parte essencial dela, que são as finanças. Compreendi que, enquanto estive empregado, tinha de fato vendido todo o meu tempo à organização. Tinha me tornado um escravo solícito, ainda que bem pago. Já que vendia adiantado todo o meu tempo, o fato de conseguir mais dinheiro pelo mesmo tempo era algo sempre bem-vindo, desde que pudesse convencê-los de que eu valia a pena. Um extra seria sempre melhor. Todas as negociações incidiriam apenas sobre a quantia desse extra e se eu o merecia. Agora, eu era meu próprio empregado, e dinheiro extra significava sempre mais tempo de trabalho. Como trabalhador autônomo, a análise custo/benefício pode ser diferente. Um extra podia não ser melhor se despendesse demasiado tempo, se significasse fazer o que não gostava, se fosse no lugar errado ou até, possivelmente, imoral.

O dinheiro não é o único critério para avaliar o sucesso. Isso não é novidade. O que é estranho, apesar disso, é que alguns agem como se fosse assim. Para muitos, é um meio para atingir um fim, a forma de proporcionar uma vida melhor à família, de pagar todas as coisas boas da vida. No entanto, isso pode se transformar num pacto faustiano[1] se por acaso ficarem presos a um trabalho que odeiam devido ao que precisam ter. Alguns, por outro lado, decidem se tornar sacerdotes, enfermeiros ou artistas, sendo mal pagos por seguirem a sua vocação. Podem optar por trabalhar por uma causa a troco de quase nada, como fez minha tia, uma médica missionária que dedicou toda a sua vida aos pobres de Bihar, na Índia, tendo vivido durante 20 anos num pequeno compartimento caiado, num complexo de missionários, e morrido cedo, ainda extremamente dedicada aos seus pacientes indianos. Talvez seja acertado chamar compensação ao dinheiro. Compensação por não haver nenhuma outra razão para fazermos o que fazemos. Quando minha tia veio de licença para casa, eu ainda trabalhava na Shell e dedicava grande parte de minha atenção ao meu tempo livre, e ela não conseguia compreender como podia eu viver aquilo que ela considerava uma vida fútil, dedicada em grande parte a meu próprio prazer.

Ao embarcar na minha vida de portfólio, compreendi que estava num processo de volta às origens. No vicariato irlandês onde cresci, vivíamos — pensava eu — muito confortável e

---

1. Adjetivo inspirado na lenda de Fausto, personagem da Alemanha medieval que vendeu a alma ao diabo a troco de poder e conhecimento. (N.T.)

prazenteiramente, mas nunca havia dinheiro. Meu pai vigiava as nossas finanças e encorajava-nos a confiar qualquer oferta de aniversário ou de Natal ao seu banco caseiro, no qual ele tinha cadernetas da conta de cada um de nós, registrando escrupulosamente todo o dinheiro que saía e entrava mas em que não estavam previstos quaisquer pedidos de empréstimos. À minha mãe era concedida uma quantia semanal para as despesas domésticas, e ela tinha de prestar contas de tudo quanto tinha gasto no final da semana. Para ela, era extremamente penoso nunca conseguir lembrar-se quanto tinha gasto e em quê. Certa vez, olhei por cima do seu ombro e vi uma enorme quantia sob o item "SPG". Perguntei-lhe por que razão estava dando tanto dinheiro à Society for the Propagation of Gospel[2], uma conhecida sociedade de milionários, quando nós tínhamos tão pouco. Ela disse: "Psiu! Não diga nada, mas SPG significa 'Possivelmente Gasto com Comida'[3], Mais tarde soube que isso tinha sido sugerido pela minha irmã Margaret. Não sei se meu pai alguma vez descobriu o que era, mas, se isso aconteceu, nunca mencionou o fato.

Uma das consequências dessa existência parca em dinheiro foi minha decisão de nunca ser pobre, se pudesse evitá-lo. Minhas ambições não eram assim tão elevadas. Nos anos 50 considerei que 2 mil libras por ano eram suficientes para mim, acrescidas de um Bentley Continental como bônus. Isso era cinco vezes mais do que o salário inicial em empresas como a Shell. As companhias petrolíferas pagam atualmente salários iniciais a licenciados da ordem de 30 mil libras, por isso suponho que hoje o equivalente às minhas ambições seria um salário de 150 mil libras — afinal, não eram assim tão modestas. Foi uma das razões que motivaram

2. SPG — Sociedade para a Propagação do Evangelho. (N.T.)

3. No original, "Something Probably Grub" — *grub* é um termo de gíria que significa comida. (N.T.)

minha decisão de ir para a Shell, apenas para descobrir que os benefícios não compensavam os custos com que teria de arcar em outros aspectos.

Dadas as minhas ambições monetárias iniciais, era estranho que desse por mim a reduzir progressivamente meu salário ao longo dos anos, à medida que passei do mundo do petróleo para o meio acadêmico e depois para o trabalho com a Igreja, onde meu salário estava abaixo do índice oficial de pobreza e, por fim, para o estado precário de trabalhador autônomo. Compreendi que não tinha, como pensara, escapado totalmente aos fantasmas do vicariato. Meu pai recebia uma remuneração e não um salário. Essa distinção é importante, pois uma remuneração é calculada para ser suficiente para o sustento da pessoa e o desempenho de sua vocação. Não é estipulada como uma medida do seu valor. A ideia de fazer algo só — ou em parte — para ganhar dinheiro teria sido estranha para meu pai. Ele acreditava em fazer apenas o que sentia que devia fazer, independentemente do salário, esperando apenas que esse dinheiro fosse suficiente. Se não fosse, teríamos de viver de acordo com os meios disponíveis. Nunca lhe teria ocorrido ir à procura de mais dinheiro, daí a falta dele. Também se recusava a pedir emprestado. A seus olhos, um pedido de empréstimo era quase tão mau como o adultério, e ficou bastante angustiado quando convenci meu banco — e não por acaso, o dele — a me conceder um nos meus tempos de estudante.

Surpreendentemente, tornei-me mais parecido com ele do que pensaria. No entanto, havia ainda minha outra faceta, a que rejeitava o mundo do vicariato e que gostava de gastar dinheiro no tipo de coisas em que não tínhamos gasto na minha juventude: idas a restaurantes, ao teatro, táxis, flores, vinho — coisas desnecessárias. É nessas ocasiões que me recordo dolorosamente de Adam Smith, aquele sábio escocês que defendeu que, apesar de o crescimento econômico ser obviamente algo de bom, na medida em que tornava a vida mais fácil para todos, se fosse em demasia e durante muito tempo podia resultar no excesso de uma série de coisas supérfluas. Ao olhar para os centros comerciais das nossas cidades hoje em dia, não consigo evitar pensar que ele tinha razão. Porém, pergunto-me depois se não é para isso que serve o dinheiro — para comprar coisas que esperamos que enriqueçam nossa vida, mesmo que algumas delas não sejam estritamente necessárias. Quem somos nós, afinal, para dizer aos outros o que é necessário e o que é apenas lixo a entupir as ruas e a arruinar o ambiente com mais embalagens inúteis? E todas essas coisas inúteis não criam emprego para muitas pessoas, grande parte delas no Terceiro Mundo, onde, sabe Deus, precisam de trabalho?

Além disso, o Imposto sobre Valor Agregado — IVA recai sobre as coisas desnecessárias em vez de recair sobre os bens essenciais, como a alimentação, por isso quanto mais coisas desnecessárias forem vendidas, maior será a receita tributária — a qual paga outros bens essenciais que são financiados pelo Estado. A ambição, a inveja e a gula não são pecados para o economista, mas sim as bases essenciais da prosperidade. Foi outro sábio economista, Keynes, quem disse que só depois de estarmos todos ricos poderemos "uma vez mais, dar mais valor aos fins do que aos meios e preferir o bom ao útil. Mas esse momento ainda não chegou [...] A avareza, a usura e a precaução têm de ser os nossos deuses por mais algum tempo. São eles que nos podem levar do nosso túnel de necessidade econômica até a luz do dia". Mas o que considerava ele ser rico? Ao passarmos os olhos pela seção de economia de qualquer jornal, não é raro tomarmos conhecimento de que alguns dos nossos barões industriais britânicos ganharam mais de 4 ou 5 milhões de libras no ano passado. Alguns deles até recebem quantia semelhante quando são demitidos. E isso só na Grã-Bretanha. Nos Estados Unidos eles teriam ganho dez vezes mais. E eu pergunto: o que fazem eles com todo esse dinheiro? Por que precisam dele? E será justo que recebam tanto mais do que os que trabalham com eles? Ou do que médicos, professores e policiais que fazem um trabalho igualmente valioso?

É quase uma certeza que esses caudilhos empresariais nunca conseguirão gastar todo aquele dinheiro. Não têm tempo e não têm disposição para sair e comprar casas, iates e obras de arte. Por vezes penso que poderá ser mais simples colocar um anúncio nos jornais que indique o valor da sua fortuna, ou fazer circular pelos amigos uma lista elaborada pelo *Sunday Times* com os nomes dos mais abastados. Warren Buffet, o segundo homem mais rico do mundo, depois de Bill Gates, tem uma vida simples e gasta pouco. Sua riqueza é apenas a medida de sua perspicácia para os negócios. "Faz parte do trabalho", dizem essas pessoas. "Não o procurei e não penso nisso." Se o indivíduo é médico, o seu sucesso é avaliado pelos pacientes que cura; se é professor, pelos alunos que aprendem e prosperam; se é empresário, o sucesso é avaliado pelo dinheiro que ganha. É a maneira de fazer a contagem.

Podiam doá-lo, e estão fazendo isso cada vez mais. Alguns, como Buffet, estão à espera da morte, ocasião em que suas fundações se tornarão as principais herdeiras. Outros, como Bill Gates, não querem esperar por esse tipo de filantropia póstuma e, generosamente, o fazem em vida. Um número cada vez maior de multimilionários tem doado tempo e dinheiro a causas que abraçaram. Esses novos filantropos estão agora mais interessados em fazer a diferença do que em fazer dinheiro. Já têm mais do que o suficiente e querem ver esse excedente aplicado em algo útil. Essas pessoas ajudam a pensar que ganhar muito dinheiro seja uma coisa respeitável. Redimem alguns dos mais flagrantes excessos do capitalismo e podem estar lançando moda. As "listas dos ricos" já estão sendo equilibradas pelas "listas dos doadores", tanto na Grã-Bretanha como nos Estados Unidos.

No entanto, a maioria de nós não tem escolha. Fazemos o que fazemos e um pouco mais de dinheiro viria bem a calhar, obrigado. "É a economia", diz o mantra de qualquer político, na crença de que mais dinheiro vai fazer todos mais felizes. Acontece, porém, que aparentemente não faz. Os estudos sobre a felicidade mostram uma consistência notável nas sociedades. Ao que parece, nas sociedades em que o rendimento médio é inferior a 10 mil dólares anuais *per capita*, ter mais dinheiro traz mais felicidade, como se pode verificar em pesquisas feitas. Contudo, acima desse nível, ter mais dinheiro não aumenta os "níveis de felicidade" confirmados. Estamos falando de médias entre populações inteiras, portanto, talvez fosse necessário mais do que duplicar esses números para encontrar o nível de felicidade para o assalariado médio. No entanto, continua a ser inegável que, acima de certo nível, ter mais dinheiro não nos faz mais felizes. Faz algum sentido; uma vez que temos o suficiente para o essencial, muitas vezes é difícil justificar o esforço necessário para ganhar o dinheiro extra, a fim de comprar mais coisas desnecessárias, sobretudo quando se é trabalhador autônomo.

Os economistas, no entanto, salientaram que é importante que continuemos a acreditar que ter mais dinheiro significa realmente ser mais feliz, apesar das provas em contrário, pois, a menos que continuemos a gastar mais dinheiro, as nossas economias não crescerão, haverá menos para gastar nos serviços públicos e haverá menos trabalho e dinheiro para os trabalhadores mais pobres, incluindo aqueles que vivem nos países em via de desenvolvimento. Pode-se dizer que é nosso dever social gastar mais do que precisamos ou, talvez, do que queremos. É estranho.

Em um nível pessoal, a vida seria mais simples se seguíssemos a doutrina aristotélica do "suficiente". A não ser que — e até que — possamos definir o que é "suficiente" em termos monetários, nunca seremos verdadeiramente livres. Quero dizer, livres para definir qual o nosso propósito na vida. Seremos, isso sim, escravos voluntários do nosso chefe ou profissão, subordinados às prioridades dos outros.

Conformar-se com o "suficiente" implica, porém, ter de prescindir de outras utilizações do dinheiro. Não servirá mais como símbolo de sucesso, como uma forma de nos definirmos ou como desculpa ou compensação por não sermos bem-sucedidos na nossa vida real. Temos de nos tornar abertos e honestos em relação ao que realmente valorizamos, em relação à maneira como pretendemos nos definir e como pretendemos que os outros nos vejam. Tendo vivido a experiência, posso corroborar o fato de que a honestidade que exige é restauradora, mesmo que surpreenda e perturbe alguns dos nossos amigos que esperam que não seja o começo de alguma espécie de moda.

Todos os anos, no mês de setembro, cerca de 35 mil pessoas reúnem-se no deserto de Nevada para a semana do Burning Man Festival[4]. Deslocam-se até esse local para viver a experiência da "economia da dádiva" na zona de comércio livre que Larry Harvey, o diretor do festival, ali criou. As pessoas vão para oferecer os seus bens e serviços de graça. Pode-se conseguir macarrão com queijo às quatro da manhã ou receber uma massagem, melhorar das dores musculares ou apenas sentar-se num bar e beber uma cerveja — e não pagar nada. Larry afirma que é uma reação à extrema abundância da nossa sociedade moderna e uma pequena tentativa de redefinir o que realmente tem valor.

Uma economia da dádiva, se em larga escala, pode não sobreviver mais do que uma semana, mas uma economia baseada no "suficiente" pode ser atrativa à medida que damos conta da

---

4. Festival com duração de uma semana que tem lugar numa cidade temporária do deserto de Nevada, nos Estados Unidos. O ponto alto do evento é a queima de um grande homem feito de madeira, no sábado à noite, o sexto dia do festival. (N.T.)

futilidade da procura de "mais" quando o "suficiente" já teria sido muito. O mundo seria, então, um lugar mais honesto e variado. Mas então deparo com a oposição dos economistas, que se preocupam com a curva da procura que cria a oferta e que se traduz em empregos e impostos. Faço a concessão de promover a doutrina do "suficiente" junto daqueles, dentre nós, que estão na "terceira idade", aqueles que já ultrapassaram as fases da carreira e da família. Isso porque se torna mais fácil discernir o que é "suficiente" à medida que vamos envelhecendo, quando há menos necessidade de atender às incertezas do futuro e enquanto ainda há tempo para fazer o que sentimos que é nossa missão no mundo.

Nessa fase, também, a nossa diminuição nos gastos e nos ganhos não será suficientemente significativa para empobrecer o Terceiro Mundo. Nosso exemplo pode ser um pequeno ataque contra a tirania do dinheiro no mundo moderno. Pode dar alguma esperança aos que sentem que não existe uma fuga a essa tirania. Pode até desafiar os economistas a encontrarem uma maneira de romper os círculos viciosos muitas vezes criados pelo dinheiro.

É agradável nos libertarmos de vez em quando desses círculos, apesar de eu ainda ter problemas com o "suficiente". Todos os anos Elizabeth e eu nos sentamos e determinamos o que precisamos e quanto podemos prever que vamos ganhar. Pessimista como sou, subestimo sempre o rendimento provável e depois compenso em demasia, aceitando mais trabalho remunerado do que na verdade preciso. Passaram-se 20 anos desde que deixei Windsor e agora vivemos mais confortavelmente do que precisamos, embora não esteja me queixando. O dinheiro é bom desde que não seja a coisa mais importante na vida. A questão mais premente que enfrentei quando comecei a planejar minha nova vida, uma vez que ia ser escritor, recaiu sobre o que eu ia escrever.

Sentia que um filósofo social, como passei a descrever-me, devia preocupar-se com as questões pragmáticas da nova sociedade. Minhas preocupações imediatas também seriam as preocupações de cada vez mais pessoas. Parecia evidente que teríamos mais escolhas em todas as áreas da nossa vida. Contudo, isso não as tornava necessariamente mais fáceis. Confrontados com a crescente quantidade de embalagens de cereais no supermercado, muitos de nós não perdem tempo comparando as calorias e a quantidade de açúcar e escolhem diretamente as que nos são familiares. No novo supermercado da vida, das escolhas abundantes de como viver e o que fazer hesitamos ou, mais uma vez, optamos pelos velhos caminhos e velhos hábitos, quando podíamos questionar, procurar, fazer com que o mundo funcionasse para nós em vez de ser ao contrário. Não podemos, porém, escolher dentre todas aquelas embalagens de cereais se não tivermos algum critério, alguma forma de separar o "bem do mal". Não é diferente com o resto da vida. Sem algum critério, as escolhas apenas geram mais estresse. Era nesse aspecto que eu esperava — e acreditava — que a filosofia podia ajudar. Decidi que esse seria meu novo papel. Por outro lado, tinha de começar por aplicar esse conceito na minha vida, à medida que as escolhas se tornavam mais urgentes.

12

O negócio da propriedade

O dinheiro e um teto são os recursos essenciais da vida, ao passo que a propriedade e os recursos financeiros são os incentivos do capitalismo. As minhas escolas de ciências empresarias têm-se dedicado ao seu estudo e, à medida que meditava sobre a vida depois de Windsor, a necessidade desses incentivos assumiu uma nova importância na minha própria vida.

Creio que durante a juventude sempre considerei o teto como algo garantido. Era meu e não me competia questionar como. A pequena nobreza anglo-irlandesa de minha terra natal era, por tradição, abastada em termos de ativos, mas pobre em termos de rendimentos, ou seja, muitos tetos e pouco dinheiro para tapar os buracos. Lembro-me muito bem de jantar numa bela, embora decadente, mansão georgiana, mas de ficar sentado numa caixa cor de laranja porque todas as cadeiras estavam estragadas. Minha família nem a mansão decadente possuía. O vicariato pertencia à Igreja. A família de Elizabeth também não possuía ativos e orgulhava-se disso.

"Emprestar-lhe dinheiro para comprar uma casa? Nem pensar. Propriedade? Nunca tive. Não acredito nisso. É muito arriscado." Essa foi a resposta de meu sogro ao nosso pedido de um pequeno empréstimo para comprar uma minúscula propriedade em Kyrena, Chipre, onde tínhamos ficado noivos. Isso aconteceu quatro anos antes de os turcos invadirem o norte do Chipre e de terem mudado tudo. É provável, por conseguinte, que meu sogro tivesse razão nesse caso. Porém, a maior parte das vezes, opunha-se energicamente à ideia de investir o seu dinheiro num único ativo fixo. Não precisava disso. O seu empregador, o exército, garantia-lhe uma habitação em qualquer parte do mundo, onde quer que estivesse a servir Sua Majestade. Meu pai também cresceu e viveu toda a sua vida profissional em pequenas casas, os presbitérios adjacentes às igrejas onde ele e o seu pai exerciam o seu ministério.

Quando chegou minha vez, também não considerei a hipótese de comprar casa depois de ter renunciado ao mundo protegido da Shell, que igualmente me garantira uma casa, mesmo na Grã-Bretanha. Alugar era mais barato e, acima de tudo, mantinha minhas opções em aberto. Nunca poderia ter concordado de forma sensata com meu sogro quando ele desprezou nosso entusiasmo com a casa de Chipre. Assim, quando arranjamos um apartamento grande com um jardim enorme no sul de Londres, com uma renda fixa e controlada de apenas 13 libras, nem acreditei na nossa sorte. Na qualidade de acadêmico empobrecido, estava encantado com o nível reduzido das nossas despesas.

Elizabeth era diferente. Depois de ter andado pelo mundo inteiro com os pais, mudando de casa a cada dois anos, ansiava por ter uma casa só sua. Parecia determinada a provar que o pai estava errado. E conseguiu. Sem minha ajuda ou, tenho de admitir, sem meu encorajamento, comprou um apartamento minúsculo no último andar de um prédio no norte de Londres. Com um empréstimo bancário, mobiliou e arrendou o apartamento ao fim de uma semana por um valor superior ao da totalidade das suas despesas. Quando vendeu o apartamento, passados seis anos, valia cinco vezes mais. Percebi a mensagem. Por isso não pude me opor quando, um dia, saiu de casa e comprou, por uma ninharia, uma casa de campo desabitada e praticamente em ruínas para as nossas escapadelas de fim de semana.

Tinha finalmente um pedaço de terra que podia considerar como sendo seu. Eu estava apreensivo. Seriam visivelmente necessários muitos milhares de libras para tornar a casa habitável e, durante dois anos, eu me recusei a visitá-la. Quando alguns anos mais tarde o nosso desesperado senhorio se ofereceu para nos vender o apartamento de Londres por um preço imbatível de 10 mil libras, soube que era sensato aceitar a oferta, particularmente porque meu pai acabara de morrer e minha herança cobria essa quantia. Assim, vi-me subitamente, aos 45 anos, como proprietário conjunto de duas propriedades. Em maré de sorte, aceitei em seguida o trabalho no castelo de Windsor, que incluía uma casa. Estava de novo no mundo da propriedade que eu conhecia, ou seja, onde os outros assumiam os custos e as responsabilidades.

Imaginem, portanto, minha surpresa e alegria, não sem certa confusão e sentimento de culpa acerca das minhas verdadeiras crenças, quando seis anos depois de ter saído de Windsor uma empresa do setor imobiliário nos ofereceu 950 mil libras pelo apartamento de Londres. As nossas 10 mil libras, às quais, admito, foi necessário acrescentar algumas despesas de remodelação efetuadas ao longo do tempo, tinham sido multiplicadas por um fator de praticamente cem em dez anos. Agora era mesmo um capitalista proprietário. Algo que não correspondia de todo à imagem que tinha de minha pessoa. Mas essa coisa da propriedade era *sexy*, mesmo assim. Enquanto esperávamos pela assinatura dos contratos, fizemos uma oferta de compra por uma bela e distinta casa de Notting Hill, em Londres, e, com as 250 mil libras que ainda sobravam, respondemos a um anúncio publicado num jornal de domingo que oferecia a possibilidade de integrar um grupo imobiliário que estava loteando uma chácara em ruínas na Toscana. Fomos visitar o local, no nosso vigésimo quinto aniversário de casamento, ficamos encantados com a vista e assinamos imediatamente.

Voltamos a Londres bem a tempo do fatídico primeiro fim de semana de outubro de 1987. Durante a noite de sexta-feira, um furacão tinha assolado o sudeste da Inglaterra, dizimando florestas e destruindo as casas mais frágeis e, na segunda-feira, por razões diferentes, o mercado da bolsa despencou. Nossa empresa do setor imobiliário faliu. O negócio da venda do apartamento estava desfeito. Anulamos a oferta de compra da bela casa de Notting Hill, mas estávamos comprometidos com o negócio da Itália. Agora começava a concordar com meu sogro, que, infelizmente, já não estava vivo para dizer "Eu bem que avisei!". Assim, tínhamos adquirido, quase por acidente, três casas. Isso parecia indecente, ou mesmo errado, quando havia tantos sem-teto.

Estive sempre ciente da declaração de Pierre-Joseph Proudhon, o anarquista do século XIX, de que a propriedade era um roubo. Um proprietário escocês meu amigo conduzia, um dia, um visitante africano até sua casa. Depois de uma curva na estrada, comentou que toda a terra que a vista alcançava naquele momento pertencia à sua família.

— O quê, até mesmo aquela montanha? — perguntou o visitante.

— Claro que sim.

— Mas como é que alguém pode ser dono de uma montanha? — exclamou atônito o africano.

É uma boa pergunta, e tem me incomodado ao longo dos anos. Elizabeth não partilha do meu sentimento de culpa. Na sua opinião, a propriedade é algo bom, porque, se você possuir alguma coisa, preocupa-se com ela, investe nela e sente-se incentivado a desenvolvê-la. É fato que, durante todos aqueles anos em que vivemos no apartamento arrendado de Londres, não gastamos um tostão com a casa porque não era nossa. Assim que a compramos, refizemos a parte elétrica, os encanamentos, a pintura, em suma, reformamos a casa toda. Na Grã-Bretanha, quando o governo Thatcher incentivou a venda das casas tomadas pelas autoridades locais ou centrais aos seus inquilinos, registrou-se um surto de novos alpendres, cercas e vidraças duplas, um reflexo do orgulho dos novos proprietários e do seu desejo de valorizar ao máximo o seu ativo.

Cuidamos com carinho do que possuímos. Mas normalmente isso acontece em prol do nosso proveito ou prazer, sem ter em conta as consequências para os outros. É necessário que tenhamos leis de ordenamento territorial que nos obriguem a levar em conta as preocupações dos nossos vizinhos. Em algumas regiões do país, é preciso ter permissão das autoridades locais para cortar árvores que nós mesmos plantamos — são agora consideradas propriedade de uma comunidade mais abrangente do que nós. Na Grã-Bretanha, o governo trabalhista sentiu que era necessário aprovar uma lei que desse ao público o "direito de passagem" sobre terrenos agrícolas que, tradicionalmente, pertenciam apenas aos agricultores, que os consideravam como sendo seus. Até então, entrar nesses terrenos sem a permissão do dono sempre fora considerado uma transgressão. A Lei do Direito de Passagem[1] representa uma aceitação implícita de que a terra pertence tanto à nação como a seus legítimos proprietários. As responsabilidades da propriedade vão, por outras palavras, para além dos nossos interesses imediatos, algo que é fácil esquecer ou ignorar nos espaços privados.

Envergando meu chapéu de filósofo social, diria que não existe nenhuma diferença quando se trata da propriedade de

1. *Right to Roam Act.* (N.T.)

um negócio. A propriedade motiva, estimula as ambições e as energias dos proprietários. Não deixa, contudo, de ser intrinsecamente egoísta. Se os interesses de todas as outras partes tiverem de ser respeitados, as palavras simpáticas e as boas intenções não terão mais peso do que nas nossas casas. As leis serão e são necessárias. A responsabilidade social das empresas possui toda a linguagem correta, mas não tem "dentes". Quando surgem as dificuldades, a boa vontade desaparece.

O capitalismo é criticado em muitas regiões do mundo, incluindo alguns setores da nossa sociedade. É considerado uma forma de exploração, egoísta e sem preocupações sociais. Numa pesquisa, 89% dos Britânicos responderam que, em sua opinião, os gestores apenas se preocupavam com seus benefícios, enquanto outra pesquisa concluiu que 95% dos colaboradores não confiavam no seu presidente. As elevadas compensações financeiras pagas aos altos executivos até podem ser merecidas, mas isso não elimina as suspeitas de que eles apenas se preocupam em aumentar seu próprio patrimônio, em dar palmadas nas costas uns dos outros, nas suas comissões supostamente independentes, e em elaborar contratos que lhes garantam indenizações vultosas no caso de fracassarem ou de serem forçados a pedir demissão.

O que deu errado? É tentador culpar quem está no topo. Keynes disse uma vez que "o capitalismo é a crença mais estarrecedora de que o mais insignificante dos homens fará a mais insignificante das coisas para o bem de todos". Keynes exagerava. Talvez ganância pessoal, uma avaliação insuficiente dos negócios da empresa, alguma insensibilidade ou indiferença em relação à opinião pública, são acusações que poderiam ser creditadas a alguns líderes empresariais, mas poucos, felizmente, são culpados de fraude deliberada ou malevolência. Na pior das hipóteses, apenas estavam jogando o jogo de acordo com as novas regras.

Foram essas novas regras ou, mais especificamente, os novos objetivos, que distorceram o capitalismo.

As *stock options*, o novo filho favorito do capitalismo bolsista, devem arcar com grande parte da culpa. Enquanto em 1980 apenas 2% da remuneração dos executivos tinham acesso a *stock options*, acredita-se que hoje a porcentagem se situa acima dos 60% nos Estados Unidos. Estes executivos querem concretizar as suas opções o mais depressa possível, o que não é de estranhar. Sentem-se mais inclinados a fazer disparar a cotação bolsista a curto prazo do que a esperar que os seus sucessores proporcionem essa valorização. As *stock options* têm igualmente conquistado maior popularidade na Europa à medida que aumenta o número de empresas cotadas na bolsa. No entanto, em muitos casos, as *stock options* extremamente subvalorizadas são apenas outra forma de permitir que os executivos roubem as suas empresas e acionistas. Sentimo-nos admirados, por vezes com inveja, mas a maioria das vezes com um sentimento de raiva perante o nível das remunerações dos executivos ao abrigo do capitalismo bolsista.

Isso não se resume a uma questão de ética individual dúbia ou de falta de escrúpulos de algumas empresas que encobrem milhares de milhões. Minha preocupação reside no fato de a cultura dos negócios, como um todo, ter resultado distorcida. Essa foi a cultura que conquistou a América durante uma geração, uma cultura que argumentava que o mercado era rei, que o acionista tinha sempre prioridade, que a empresa era o motor-chave do progresso e que, por conseguinte, as suas necessidades tinham de ser tidas em conta em qualquer decisão política. Era uma doutrina inebriante, que simplificava a vida com o dogma dos resultados e que, nos anos do governo Thatcher, infectou a Grã-Bretanha, onde reavivou, é certo, o espírito empreendedor, mas também contribuiu para um declínio da sociedade civil e para uma erosão da atenção e do dinheiro canalizados para os setores sem fins lucrativos da saúde, educação e transportes — uma falha cujos efeitos reapareceram agora para assombrar os governos que se seguiram.

O fundamentalismo capitalista pode ter perdido um pouco do seu brilho, mas a questão premente consiste em definir como manter a energia produzida pelo antigo modelo sem as suas falhas. Uma regulamentação mais eficaz e mais dura seria uma boa ajuda. A *corporate governance* seria levada mais a sério por todos os implicados, com as responsabilidades definidas com maior transparência, penalizações previstas e entidades de supervisão nomeadas. Mas essas medidas apenas serviriam para aliviar as dores da ferida aberta, não atacariam a doença que reside no seio da cultura empresarial e que se resume a uma pergunta: "Para quem e para que serve uma empresa?". É uma questão a que todos os proprietários têm de responder se quiserem que a propriedade se mantenha útil.

Numa empresa cotada em bolsa existe, em primeiro lugar, uma necessidade importante e transparente de ir ao encontro das expectativas dos proprietário teóricos, isto é, os acionistas. Mas serão eles os verdadeiros proprietários? Seria mais correto apelidar a maioria deles de investidores, ou mesmo de jogadores. Não têm o orgulho nem as responsabilidades da propriedade, estão apenas interessados, se forem honestos, no dinheiro. Mas transformar essa necessidade em objetivo é ser culpado de uma confusão lógica, é confundir uma condição necessária com uma suficiente. Precisamos comer para viver, a comida é condição necessária da vida, se vivermos principalmente para comer. Transformando a comida num objetivo suficiente ou único na vida, tornar-nos-íamos brutais. Por outras palavras, o objetivo de uma empresa não é só gerar lucros e ponto final. É gerar lucros para permitir que esses lucros façam algo mais e melhor. Esse algo torna-se a verdadeira justificação da existência da empresa. Os proprietários sabem disso. Os investidores não precisam se preocupar. Estão apenas ávidos de obter sua parte de tal lucro.

Para muitos, isso parece um jogo de palavras. Não se trata disso. É uma questão moral. Confundir os meios com os fins é estar focalizado somente em si mesmo, o que santo Agostinho considerou um dos maiores pecados. No fundo, as suspeitas do capitalismo estão enraizadas num sentimento de que os seus instrumentos, as empresas, são imorais nesse sentido — não têm outro objetivo que não elas mesmas. Isso poderá ser uma grande injustiça para muitas, mas, se assim for, a culpa é da sua própria retórica e comportamento. É um processo salutar, em relação a qualquer organização, perguntar: "Se esta empresa não existisse, será que a inventaríamos?". Apenas se estivesse fazendo algo mais útil, melhor ou diferente — esta teria de ser a resposta —, já que os lucros seriam um meio para alcançar esse fim. Para justificar os avultados lucros da British Petroleum — BP em 2004, o seu presidente executivo, John Browne, argumentou que a mutualidade era a marca de um negócio, um em que todos os envolvidos se beneficiavam de uma empresa lucrativa, seus clientes e colaboradores, o Estado com os impostos cobrados, o meio ambiente e, obviamente, os acionistas. Eu concordaria com essa argumentação desde que os benefícios fosse razoavelmente equilibrados. A mutualidade tem grande tradição nos negócios, mas tem sido habitualmente associada a organizações detidas pelos seus membros, isto é, os clientes, como as empresas de construção na Grã-Bretanha, que, durante muito tempo, foram os principais credores hipotecários de famílias de rendimentos médios. Essas organizações apenas existiam para servir os seus membros. Infelizmente, em minha opinião, muitas dessas organizações decidiram, nos últimos anos, transformar seus membros em investidores, que revelaram um comportamento tão ganancioso como o de qualquer outro investidor, preocupando-se apenas com os seus lucros pessoais. Numa escala muito maior, organizações como a Visa e a internet são efetivamente mutualistas. Existem apenas para servir os seus membros. A utilização do termo, por parte de John Browne para descrever uma grande empresa é uma extensão interessante e útil. Até pode vir a tornar-se uma moeda.

A nova entidade legal que foi constituída na Grã-Bretanha, no verão de 2005, pode igualmente vir a alterar a forma como vemos as empresas. Trata-se da Community Interest Company[2], ou CIC. Permite que empresas sociais detenham ou utilizem ativo sociais — escolas, lares de idosos, piscinas e afins — para garantir que essas propriedades sejam sempre utilizadas em prol dos cidadãos. Essas empresas podem estipular um dividendo a ser pago a investidores externos, e está agora em debate a criação de um mercado bolsista para que os investidores possam transacionar suas ações. As empresas sociais são, de fato, um dos segredos mais bem guardados da Grã-Bretanha, representando um contributo anual de 18 milhões de libras e empregando 700 mil trabalhadores, dos quais 200 mil são voluntários. Estão entre elas empresas como a Big Issue, que emprega sem-teto para vender o seu jornal nas ruas, e a Greenwich Leisure Limited, que pegou um serviço falido — prestação de serviços desportivos e de lazer num bairro londrino — e o transformou completamente, aumentando suas receitas e o número de clientes, além de ter ampliado seu âmbito de tal forma que atualmente gere mais centros de lazer do que qualquer outra empresa na capital britânica. A Hackney Community Transport é outra empresa social que está, em termos de satisfação dos clientes, no topo do negócio dos transportes rodoviários de Londres, ganhando contratos dos

2. Empresa de Utilidade Comunitária. (N.T.)

seus rivais de maior dimensão. As empresas sociais colocam o seu objetivo antes do lucro, embora reconheçam que o lucro é crucial para sobreviverem e crescerem; é segundo o seu ponto de vista um imposto no presente para pagar o seu futuro. As empresas mais convencionais podem vir, um dia, a ver as coisas da mesma forma.

Entretanto, o melhor que podemos fazer é levar os proprietários a comportarem-se de maneira responsável. Atribuir força de lei às responsabilidades dos proprietários poderá, contudo, não ser suficiente no futuro. Os negócios são diferentes das casas ou terrenos num aspecto crucial: são majoritariamente compostos por pessoas, e as pessoas — este é um sentimento generalizado — não devem ser propriedade de outras pessoas. Poderá parecer algo redutor afirmar que os acionistas "possuem", de fato, os colaboradores, porém estes se assumem cada vez mais como o ativo mais valioso da empresa, mesmo que continuem a ser classificados como custos pela contabilidade. Se os financeiros podem possuir os ativos físicos, parece simplesmente lógico que possam igualmente deter os ativos humanos. É por poder constituir uma ofensa aos direitos humanos que a lei tem, ao longo da história, colocado todo tipo de entraves ao exercício desses direitos de propriedade, embora se mantenha o direito absoluto de expulsar esses aldeões em particular das suas aldeias organizacionais. Os que possuem o dinheiro continuam a deter a propriedade.

Se tentarmos analisar o futuro, é muito provável que a liberdade dos proprietários das empresas de fazerem o que bem entendam com as suas propriedades fique cada vez mais circunscrita pelo Estado, que atua no interesse da sociedade no seu todo, tal como aconteceu com os proprietários das casas e terrenos. O poder dos acionistas também está sendo reduzido no interior das próprias empresas. As *stock options* e o avultados bônus podem constituir uma expropriação dos fundos dos acionistas e poderão distorcer os objetivos primordiais da empresa, mas são um reconhecimento de fato de que uma parcela crescente dos lucros dever ser canalizada para quem trabalhou para atingi-los. Acabou-se o tempo de os acionistas ficarem com tudo.

Existem cada vez mais empresas perspicazes que colocam os seus clientes e seus colaboradores no topo da sua lista de prioridades, seguidos de suas obrigações para com a sociedade, tal como, por exemplo, a Johnson & Johnson sempre fez com o seu famoso credo ou declaração de valores, embora tenha sido seguida por muito poucos até hoje. Essas empresas reconhecem que os seus financiadores devem ter acesso a uma rentabilidade adequada em relação ao investimento e asseguram-lhes que, se as outras prioridades foram alcançadas, esse retorno será certamente bom. A velha ideia de que as empresas existem para fazer dinheiro para os seus chamados proprietários está lentamente caindo em desuso. Uma empresa é, melhor dizendo, um servidor da sociedade, uma sociedade cujos proprietários são uma parte, mas não necessariamente a mais importante.

Quanto mais pensava nisso, mais me questionava sobre se a linguagem da propriedade era a mais correta para utilizar no mundo moderno. Uma empresa é uma comunidade, literalmente um grupo de companheiros. Não é uma parcela de propriedade, em especial porque muitas empresas, nos dias de hoje, não possuem nenhum equipamento ou edifício físicos, podendo mesmo ser praticamente virtuais. As comunidades são como aldeias. A aldeia física pode, em raras ocasiões, ser tomada por estranhos, mas isso nunca se aplica aos aldeões. As comunidades têm membros, têm obrigações, incluindo empréstimos ou dívidas para com os investidores, e podem possuir edifícios ou objetos, mas nunca têm proprietários. Ao contrário, todos os que estão relacionados com elas têm direitos e responsabilidades muitas vezes reconhecidos por meio de contratos.

Pode-se argumentar, e isso tem acontecido, que estou fazendo jogo de palavras, que não haveria nenhuma diferença na prática. Discordo. A linguagem interessa. Se não possuímos coisas, como terrenos e empresas, mas apenas as administramos para a sociedade, para os seus membros e gerações futuras, então, sim, talvez comecemos a pensar de forma diferente, com menos egoísmo e não mais a curto prazo, revelando maior consideração em relação aos outros.

Precisamos do capitalismo. Até o próprio Marx percebeu que o capitalismo era o motor do crescimento de uma sociedade, que gera benefícios para todos. Estava preocupado com quem deteria esse motor. Sustentava que o mundo não seria justo enquanto os trabalhadores não possuíssem os meios de produção. Atualmente, possuem-nos quase totalmente. Mas esses meios de produção estão nos próprios trabalhadores, nas suas competências, aptidões, experiência e conhecimento. Assim, hoje, os recursos escassos são os trabalhadores, não é o capital, que existe em abundância e que apenas espera uma saída útil para ser canalizado. Marx tinha razão, embora talvez não fosse intencional. Temos de dar mais poder aos que ganham o dinheiro, aos que vivem na casa, e menos aos que fornecem dinheiro, o equivalente dos credores hipotecários. O primeiro passo é mudar a linguagem, só assim poderemos começar a ajustar o sistema. Depois — talvez, e apenas talvez — as grandes empresas começarão a ser vistas como os fiéis depositários do nosso futuro, o que já ocorre com as melhores.

13

Cozinhas e escritórios

Vivemos em nosso apartamento de Londres, embora com algumas interrupções, durante quarenta anos. Ao longo desse período, a cozinha esteve em sete locais diferentes. É mais barato do que mudar de casa. Felizmente, os aposentos são amplos e adaptáveis. Quando nos mudamos para a casa, herdamos uma cozinha no porão, porém, embora a perspectiva de carregar comida para baixo e para cima pudesse ser uma situação agradável se tivéssemos empregados, nos parecia bastante incômoda, além de não nos seduzir o fato de termos de passar metade do tempo na escuridão de um porão.

Assim, a cozinha foi transferida para o andar de cima, situando-se num local apropriado debaixo do vão das escadas. Depois vieram as crianças. Queríamos viver em *famille*[1], então convertemos o quarto de hóspedes numa cozinha familiar onde tudo acontecia. Oito anos mais tarde, quando fomos quatro anos para Windsor, alugamos o apartamento a um casal do corpo diplomático que precisava de uma sala de jantar requintada, pelo

---

1. Em francês no original. (N.T.)

que a cozinha foi novamente alvo de alterações — dessa vez, transformada num espaço mais moderno e funcional. Quando regressamos de Windsor, convertemos a garagem em cozinha, a fim de ganhar espaço para dois escritórios na casa principal, pois passamos a trabalhar ambos em casa. Por fim, pusemos abaixo a garagem e construímos uma moderna sala de estar/cozinha ao lado da casa e, durante o período de obras, tivemos de fazer uma cozinha temporária em um dos quartos. Sete cozinhas ao todo.

Os pormenores não interessam — nem mesmo nossos filhos se recordam onde estava a cozinha na quarta ou quinta versão —; os princípios, sim. Estávamos determinados a fazer com que nosso espaço se adequasse às nossas necessidades e não o inverso. Sempre nos intrigou o fato de muitos dos nossos amigos, aqueles que compraram e reformaram casas antigas, continuarem a viver no espaço que era reservado aos quartos dos empregados, mantendo os aposentos da parte da frente da casa para as ocasiões mais formais, ou para armazenar o mobiliário mais requintado. Eram casas construídas por gerações anteriores, em que os proprietários viviam na parte da frente da casa e os empregados na cozinha. Os empregados internos desapareceram, e nossos amigos vivem agora em seus quartos, normalmente na zona mal iluminada dos fundos da casa, voltada para o norte e sem muita vista. Era ali que se situava a cozinha, mas, hoje em dia, a cozinha é o local onde a maioria das pessoas passa a maior parte do tempo; é onde acampam para comer e beber.

Ao longo da minha juventude no vicariato, todas as nossas refeições eram feitas na sala de jantar, até mesmo o café da manhã. A cozinha era para cozinhar e lavar a louça. Era o território da empregada, e nem me recordo de alguma vez ter me sentado lá. A sala de estar só era usada aos domingos. À noite, nos aconchegávamos em torno da lareira no escritório de meu pai, muitas vezes interferindo com a preparação do seu sermão. Em suma, os aposentos cumpriam o seu objetivo daquela época — a sala de jantar era para as refeições, e a cozinha para cozinhar; hoje me pergunto muitas vezes como estará a casa. O seu atual ocupante é solteiro e a empregada foi embora há muito tempo. Suspeito que os aposentos ainda sejam os mesmos, embora frios e inutilizados a maior parte do tempo, enquanto ele se senta como todas as pessoas na cozinha, que estava de fato voltada para norte, para o telheiro do carvão e o quintal.

Também nós vivemos e comemos na cozinha, mas é o cômodo mais bonito e iluminado da casa, com espaço para jantar e relaxar, bem como para cozinhar e comer. Para ser mais exato, é uma sala de estar, não apenas uma cozinha, e o coração da nossa pequena comunidade familiar. Tivemos a felicidade de poder fazer isso, de poder ter os cômodos necessários, e os meios. Muitos adaptam a sua vida ao espaço e não o inverso. É óbvio que, muitas vezes, não têm alternativa. As casas modernas nem sempre oferecem a oportunidade de fazer alterações. Os espaços estão dimensionados segundo a ideia que os construtores têm de como as pessoas querem viver, o que, nos dias de hoje, combina muitas vezes a sala com a cozinha, obrigando os seus habitantes a viverem como nós vivemos, quer gostem, quer não. O fator preocupante tem a ver com a situação de muitos de nós aceitarmos de bom grado as "receitas" dos construtores, em vez de exigirmos maior flexibilidade para adaptar o espaço ao modo como queremos viver.

Em minha opinião, a culpa é das lareiras. Antes de existirem lareiras, todos — os senhores e os empregados, os filhos e os pais — se juntavam à volta do único fogo existente, no salão da casa, debaixo de um buraco no telhado. Depois vieram as lareiras e a possibilidade de ter vários fogos em aposentos diferentes, o que começou por separar as gerações e as classes sociais. Hoje, existe o aquecimento central, que deveria antes chamar-se aquecimento "descentralizado", dado que permite aquecer ao mesmo tempo todos os cômodos da casa. Se pusermos um micro-ondas e uma televisão em cada aposento, ninguém precisará falar com ninguém durante o dia todo, e menos ainda comer acompanhado.

Muitos preferem isso, mas a crescente popularidade dos *lofts* e sótãos sugere que alguns, pelo menos, querem voltar aos tempos dos espaços comunitários ou ter maior controle sobre o *design* e a utilização do seu espaço pessoal. A versatilidade do nosso apartamento de estilo vitoriano era equivalente à de um *loft*. A saga da cozinha encorajou-nos mais a pensar sobre como adaptar o espaço à nossa vida, à medida que esta se alterava e evoluía, nossos padrões de trabalho mudavam e os filhos cresciam e compravam as suas próprias casas.

No nosso apartamento, os dois aposentos da frente, mais requintados, foram transformados em dois escritórios privados, inacessíveis aos visitantes e mesmo ao resto da família. Isso porque trabalhamos ambos em casa e precisamos dos nossos espaços separados, bem como da nossa cozinha comunitária. Os cômodos têm de ser agradáveis, mesmo que seja necessário sacrificar espaços geralmente reservados ao sofá elegante ou à mesa para jantares formais. A descrição tradicional de espaço habitacional — sala de estar, salão, sala de jantar — já não se enquadra na forma como muitos de nós fazemos uso do seu tempo, mormente porque são cada vez mais numerosos aqueles que fazem parte do seu trabalho em casa. Relegar o espaço de trabalho a um canto da sala de jantar, que raramente é utilizada para esse propósito nos dias que correm, parece-me ilógico e ineficiente. Onde vamos guardar os arquivos? Será necessário desconectar e remover o computador nas raras ocasiões em que seja necessário arrumar a mesa para jantar?

As organizações começaram igualmente a libertar-se das prisões antiquadas em que se tornaram os seus edifícios. O primeiro passo foi retirar o edifício do balanço da empresa, vendendo-o a uma empresa imobiliária e, em seguida, alugá-lo dessa mesma empresa. Essa manobra permitiu canalizar o investimento para aspectos mais diretamente relacionados com o negócio da empresa. Ainda trabalhava na Shell quando alguém calculou que a empresa era o maior proprietário imobiliário da Grã-Bretanha, devido a todas aquelas estações de serviço, além dos escritórios e das refinarias. Existem muitas empresas que têm uma parte excessiva do seu capital investida em edifícios e não no seu negócio. Os ativos físicos eram ainda a parcela mais importante das contas da empresa, apesar de os indivíduos que aí trabalhavam serem mais importantes para a sua fortuna.

Os escritórios começaram a ser vistos como um custo fixo pesado que não era utilizado, pelo menos, durante metade do tempo. Uma fábrica de produtos químicos trabalha 24 horas por dia. Assim como um hospital. Mas o escritório tradicional fica aberto, no máximo, 12 horas por dia e fecha nos fins de semana. Além disso, mesmo durante essas 12 horas, não é utilizado na sua totalidade. Lembro-me de ter visitado um novo edifício de escritórios muito em moda; admirei a arquitetura e a decoração de interiores, mas não pude deixar de reparar que mais de metade das mesas de trabalho e escritórios estavam vazios.

— Onde estão as pessoas? — perguntei.

— Estão fora, em reuniões com clientes, fornecedores, à procura de ideias, em repartições públicas — ou seja, trabalhando.

Hoje em dia, poderiam fazer uma parte do seu trabalho sem sair de casa.

— Aparentemente, há muito espaço desperdiçado — observei agudamente.

— Não necessariamente — responderam. — Cada uma dessas pessoas precisa do seu pequeno espaço, que poderia chamar de lar. É simpático, pensei, mas sai caro. Aliás, alguns desses "lares" secundários estavam mais luxuosamente equipados e mobiliados do que muitas das suas casas. Não admira que alguns prefiram o escritório em detrimento da cozinha em casa. Mas será mesmo necessário ou estarão vivendo num mundo ultrapassado, tentando encaixar uma organização moderna em espaços desatualizados?

Entretanto, lembrei-me dos professores — que conhecia —, atores e músicos, dos encanadores, motoristas de táxi e empregados domésticos, dos jardineiros, vendedores e desportistas profissionais — até mesmo do meu próprio pai, um padre —, de todos aqueles cujo trabalho é executado à frente dos clientes. Não têm espaços privados em um edifício. Os professores poderão ter uma caneca na sala de professores, e os atores uma cadeira nos camarins, mas nunca a sua pequena gruta privada com as fotografias da família. Todos têm trabalho administrativo para executar, mas fazem-no em casa ou no carro. Se, de fato, a maior parte do trabalho do moderno executivo é reunir-se com pessoas, talvez pudessem igualmente dispensar o espaço privativo.

Esse tipo de ideia suscitou a política de *hot-desking*[2] de algumas empresas, em que os colaboradores guardam os seus objetos pessoais num armário, procuram uma mesa de trabalho vaga quando chegam ao escritório e ligam os seus *notebooks*, só parando para informar a recepcionista de onde estão sentados. Era uma resposta lógica ao desperdício de espaço no escritório tradicional, permitindo às empresas reduzir drasticamente o

2. Ocupação física temporária de um posto de trabalho ou mesa por determinado empregado. (N.T.)

tamanho dos seus edifícios. Mas nem todos ficaram felizes. A perda de um espaço pessoal foi considerada por muitos uma afronta. É inevitável haver algum tipo de espaço variável, visto que as organizações estão cada vez mais dispersas e virtuais. Na maioria das organizações, já não é necessário ter todas as pessoas no mesmo local e ao mesmo tempo para que o trabalho seja executado, sem bem que muitos dos nossos escritórios ainda sigam essa concepção. Tal como no exemplo das casas, estamos presos nos espaços da geração passada.

O escritório do futuro cada vez mais se assemelhará a um tradicional clube urbano. Num clube, a admissão é restrita aos membros, mas estes não possuem um espaço que possam considerar como seu. Os poucos escritórios privados existentes são atribuídos aos que têm de estar lá o tempo inteiro, os funcionários do clube, e esses cômodos se situam normalmente nos fundos. Todos os cômodos principais têm funções definidas — para comer, ler, reuniões ou lazer —, mas, a não ser que tenham sido reservadas para uma utilização pessoal temporária, estão abertas a todos os membros e seus convidados. Um clube não é um hotel. Apenas os membros e os convidados podem entrar lá, mas, uma vez no seu interior, têm acesso a todas as instalações. Ninguém espera ter uma sala privada no clube, mas os locais e as instalações têm de respeitar determinado padrão. Aquilo que a organização poupa, em termos de espaço, poderá ser canalizado para a melhoria dos serviços e espaços comuns. A existência de telecomunicações de última geração, comida decente e mesmo uma academia são aspectos essenciais, sem esquecer que uma boa decoração e mobiliário de qualidade ajudam a tornar o escritório um local que as pessoas querem frequentar, ou mesmo um local ao qual se sintam orgulhosas de pertencer, mas nunca será um espaço pessoal longe de casa.

Existem outras opções. A sede da British Airways é perto do aeroporto de Heathrow. Opera num sistema de *hot-desking* diferente, em que determinados grupos têm uma zona atribuída a eles, embora sem espaços privados dentro dessa zona. Tentaram igualmente dar um toque de aldeia ao complexo. Existe uma rua que o divide ao meio, atravessada por um pequeno rio ladeado de lojas e serviços. Há um café com uma esplanada. Nenhum dos edifícios tem mais de três pisos. A ideia é obrigar as pessoas a passarem pela rua para se deslocarem a outros setores da organização, incentivando as reuniões e conversas fortuitas. O estacionamento subterrâneo não tem escada rolante, e os usuários são forçados a passar pela rua para chegarem a seus escritórios. É uma atmosfera arejada e simpática e, apesar do aspecto luxuoso, a British Airways — BA assegura que se trata de um edifício eficiente, em termos energéticos, e mais barato de gerir do que espaços de dimensão idêntica mas de concepção mais convencional.

É mais uma aldeia do que um clube. A concepção do escritório da BA foi idealizada quando se descobriu que, na sede antiquada, repleta de longos corredores de salas privadas atrás de portas pesadas, os executivos tinham as agendas cheias de reuniões com outros executivos que trabalhavam atrás das suas portas pesadas. Como sempre, a reação da velha guarda foi negativa. Ninguém gosta de perder seu espaço privado, mas todos aqueles que não conheceram outra coisa acabarão por se adaptar aos clubes ou aldeias. Poucos precisam de privacidade para desempenhar seu trabalho, mas, quando isso é necessário, existem salas isoladas para esse efeito. Quem for se reunir com seu advogado, certamente será conduzido a uma sala de reuniões privada e não à mesa do advogado.

É fácil esquecer que as mesas de trabalho dos primeiros *partners* eram para duas pessoas, permitindo que se sentassem voltados um para o outro, normalmente numa sala partilhada por seis a oito pessoas, para garantir maior abertura e mais facilidade e rapidez de comunicação. O equivalente moderno é a *trading floor*[3] de um grande banco, em que a necessidade de partilhar informação com outros profissionais, para estarem todos a par de situações que mudam rapidamente, significa que têm todos de partilhar um espaço comum.

Assiste-se a um retorno à ideia de espaços comuns — um espaço comum partilhado pelos membros — na nossa organização, mesmo que isso provoque uma grande erosão da nossa vida privada. Temos de pensar por que razão se começou a dividir os espaços organizacionais comuns. Provavelmente pela mesma razão por que se cercavam os antigos espaços rurais comuns, porque o território dava poder e *status*, e aqueles que podiam ter acesso a esse poder e *status* apoderaram-se dele. As velhas histórias do *status* que eram simbolizadas pela dimensão do escritório, pelo tapete, pela bandeja do chá e não pela chaleira, pelo restaurante dos oficiais e não pela cantina — essas histórias lendárias sobre a importância do espaço e seus símbolos ainda faziam parte da realidade nos meus primeiros tempos na Shell. Nunca me esqueço da frustração que senti quando uma reunião foi interrompida à hora do almoço e metade dos presentes se dirigiu para o restaurante para almoçar e continuar a reunião, enquanto os restantes foram para a fila da cantina, sabendo a partir desse momento que estavam excluídos, de fato, do debate.

Esses dias já vão longe, mas o território ainda é importante, tanto em casa como no escritório. Até concordo com os que lamentam a perda do espaço privado. Eu e minha mulher precisa-

---

3. Sala de transações. (N.T.)

mos ambos do nosso. Nunca poderíamos trabalhar juntos se não tivéssemos os nossos espaços privados, bem como um território comum — a cozinha, onde nos encontramos para definir agendas e resolver problemas. Ambos temos um trabalho criativo, razão pela qual é crucial algum tipo de isolamento. Por outro lado, a resolução de problemas criativos parece funcionar melhor quando é feita em conjunto ou em grupo. Portanto, a resposta é a existência de espaços para determinadas tarefas, em vez de uma solução única para todos. Assim, a maioria dos escritórios acabará por adotar uma solução mista de espaços privados e comuns. O interessante é saber como os altos executivos definem o seu trabalho — serão principalmente criativos ou especializados na resolução de problemas? Se a escolha recair sobre esta última, vão se sentar no meio do escritório à vista de todos. Se recair sobre a primeira, irão encerrar-se isolados nas suas celas.

Algumas organizações resolveram o problema demarcando espaços específicos para o pensamento criativo, a leitura ou a escrita, salas sem telefones ou acesso a correio eletrônico e com mobília confortável, mas isoladas, à prova de som e disponíveis para todos quando requisitadas. Outras esperam que o funcionário faça seu trabalho solitário em casa, utilizando o escritório para a resolução conjunta de problemas, comunicações e reuniões. É possível e sensato utilizar espaços diferentes para atividades diferentes. Todos os edifícios empresariais precisam de um misto dos nossos escritórios e cozinhas. O desafio reside, como sempre, no equilíbrio.

Na nossa vida, a ideia de espaços para determinados trabalhos andou sempre um passo à frente. Achamos que Londres é uma cidade muito agitada para o isolamento que nosso trabalho criativo exige. Por isso, vamos para a quinta que compramos há 25 anos como casa de férias. Ali, no meio dos campos da

East Anglia[4], ninguém nos incomoda. Londres é o lugar para a atividade, as reuniões e os contatos pessoais essenciais ao nosso trabalho. Separar os espaços uma centena de quilômetros é inconveniente e não é recomendável a ninguém, a não ser que seja tão indisciplinado quanto nós. Se a distância fosse menor, a tentação de responder a qualquer problema urgente, oportunidade ou convite seria quase irresistível. Todas as festas e espetáculos interessantes parecem ser programados para acontecer no nosso turno no campo; se fosse mais perto da cidade, certamente sucumbiríamos à tentação. Existem outras pessoas mais disciplinadas, que parecem ser capazes de espremer a sua via criativa nos intervalos da rotina diária, rabiscando enquanto as crianças discutem, ou no trem a caminho do trabalho. Precisamos nos isolar no nosso espaço campestre para poder executar o nosso trabalho, utilizando o espaço como uma disciplina de organização.

Nosso próximo passo, se queremos mesmo pôr em prática o que defendemos, deverá passar pela limitação de nosso espaço londrino a um quarto e a uma área comum, para dormir, cozinhar e estar em comunhão. Os nossos antigos escritórios separados da casa de Londres tornaram-se, se formos honestos, supérfluos. Estamos, por conseguinte, tratando de vender nosso grande apartamento à nossa filha e ao marido, aceitando parcialmente, em troca, o seu apartamento com jardim no mesmo edifício. Ela e o marido precisam dos nossos escritórios como salas de consultas e nós já não os utilizamos muito.

Este é, estou desconfortavelmente ciente, mais um sinal da passagem dos anos, a transferência intergeracional. Por sorte, só precisamos mudar para a casa ao lado. Deveria, pergunto a

4. Região situada no leste da Inglaterra. (N.T.)

mim mesmo, sentir alguma inveja ou arrependimento pelo fato de minha filha e seu marido estarem desfrutando nossos antigos espaços? Ou alegrar-me pela maior simplicidade de nossa vida? Devo lembrar que é uma futilidade absurda invejar os jovens. É, de longe, muito mais gratificante observar o crescimento da vida deles, ainda mais se for nos nossos antigos espaços, mesmo que não pareçam interessados em ficar com alguns dos tesouros familiares que guardamos cuidadosamente para eles ao longo dos anos.

Existe agora uma enorme tevê de plasma por cima da lareira, substituindo o quadro que aí estava quando a casa ainda era nossa. É uma dura forma de lembrar que seus gostos e prioridades são naturalmente diferentes dos nossos. O mesmo acontecerá com o uso que derem aos nossos antigos espaços.

Sabemos agora que o Espaço e o Tempo estão interligados no tempo. Assim acontece com a minha vida. Ninguém precisa viver de acordo com a fórmula que se ajustava à era da agricultura. À medida que mais organizações adotam o sistema das 24 horas por dia/sete dias por semana, têm de exigir que suas forças de trabalho se adaptem a padrões de vida menos tradicionais. Essa situação não é nova para os hospitais, as companhias aéreas, as forças policiais ou os motoristas de táxi, e hoje existem cada vez mais trabalhadores que operam em sistema de turnos. Para a maioria da população, o domingo é um dia tão atarefado como qualquer outro, mesmo que muitos de nós o destinemos para ir às compras.

Há alguns anos, calculamos que se somássemos os 52 fins de semana, os 20 dias de férias gozados pela maioria das pessoas e os oito feriados nacionais, teríamos direito a 132 dias livres por ano, ou seja, mais de um terço de todos os dias do ano, todos remunerados. É muito. Além disso, é intrigante o fato de algumas pessoas quererem ainda acrescentar dias de folga e dias de baixa por falsa doença. Devem achar o seu trabalho verdadeiramente desinteressante ou cansativo. Um dos prazeres de ser um trabalhador autônomo é poder distribuir esses 132 dias pelo ano e ainda gozar os domingos das semanas restantes. A existência de dois períodos de férias anuais é um lugar-comum, havendo mesmo algumas organizações que permitem períodos sabáticos. Alguém pode obviamente achar que 132 dias é demais e optar por trabalhar metade ou a maior parte desses dias, uma solução sensata se a questão financeira o preocupa.

No nosso caso, decidimos alocar 150 dias para o nosso trabalho puramente criativo, para a escrita e fotografia, bem como para a leitura e pesquisa. Depois, pusemos de lado mais de cem dias para a gestão e para o negócio, a maioria deles para conferências no estrangeiro, juntamente com uns insignificantes 30 dias para um trabalho voluntário de qualquer tipo. E ainda nos restam 85 dias para um dia de folga semanal e um dia livre ocasional. Preocupamo-nos em manter um controle rigoroso sobre o total de dias, mas é irrelevante saber quais dias de semana são utilizados para quê. Aliás, costumamos guardar as sextas-feiras para qualquer tipo de lazer e trabalhamos a maioria dos domingos, quando o telefone não toca. É preciso autodisciplina para cumprir o estipulado. É tentador, por exemplo, trabalhar mais dias do que o previsto, porque isso significa mais dinheiro, mas sabemos que, se não investíssemos na escrita e na fotografia, dali a pouco não teríamos negócio nenhum. Essa é a Investigação & Desenvolvimento da nossa vida e deve ser preservada.

Num mundo ideal, a alocação dos 132 dias de folga e dos 233 dias para trabalho deveria ser uma opção conjunta do empregador e do indivíduo. Um contrato anual em horas, por exemplo, de 1.600 horas, possibilitaria essa opção, embora na prática fosse sempre a opinião da organização que prevaleceria. Não é necessário que seja assim. A semana de 35 horas introduzida pelo governo socialista na França obrigou as empresas a discutirem essa divisão com seus colaboradores e a serem mais criativas com a utilização do tempo. Essa lei não criou mais empregos, como se pretendia, e acabou por tornar-se impopular junto aos pequenos empregadores, o que é compreensível, mas melhorou significativamente a qualidade de vida de muitos indivíduos, oferecendo-lhes mais possibilidades de escolha na organização de sua vida, como, por exemplo, ficar em casa às quartas-feiras, quando as crianças não têm aula, ou, como optaram alguns, arranjar outro emprego de meio período para aumentar o seu rendimento. Indivíduos mais felizes nem sempre são trabalhadores mais produtivos, mas a produtividade francesa por hora e por trabalhador era a mais elevada da Europa durante esse período.

Num mundo em que o trabalho é mais livre e flexível, o espaço e o tempo estarão à disposição de todos. Na Grã-Bretanha, 8 milhões de pessoas, 30% da população ativa, trabalham em casa durante uma parte do dia. Muitos gostariam de poder fazer o mesmo. Têm a oportunidade, negada à maioria dos seus pais ou avós, de poder moldar o seu tempo e o seu local de trabalho à medida das suas necessidades, e não o inverso. Não deveríamos ficar presos aos padrões do passado, mas definir a utilização de ambos (tempo e espaço) que melhor se adapte a nossas necessidades, tanto como organizações quanto como indivíduos. É uma forma de assumir um pouco mais o controle da própria vida.

14

Canis para crianças

"Vocês, britânicos, são estranhos", afirmava meu amigo holandês, "ficam com os cães em casa, mas enviam seus filhos para os canis." Também é estranho que esses canis, os internatos[1], que na prática são privados, sejam considerados por muitos como o melhor tipo de educação existente e que façam jus às avultadas e crescentes mensalidades que cobram para proteger nossos filhos do perigoso mundo exterior e, talvez mais importante, dos seus pais.

Ambos os nossos filhos, a garota e o rapaz, passaram uma parte da adolescência nesses canis educacionais. Por que fizemos isso? Porque aconteceu o mesmo conosco e porque acreditávamos, tal como a maioria dos nossos amigos, que eram as melhores escolas existentes. Isso apesar de sentir que era um princípio errado poder comprar privilégios para os nossos filhos. Mesmo assim, um amigo me garantiu que eu não seria o primeiro a sacrificar meus princípios em prol de meus filhos. Olhando para trás, admira-me não ter refletido mais sobre minha própria experiência antes de impor algo semelhante a eles.

---

1. *Public boarding schools*. (N.T.)

Enviaram-me para um internato aos 9 anos e, ao longo dos dez anos seguintes, só voltei para casa e vi meus pais nas férias escolares. As escolas ficavam muito distantes — uma era em outro país — para poder ir para casa durante o ano letivo. Seria sempre um membro parcial de minha família, um intruso, embora muito amado. O resultado foi que nunca conheci os meus pais como gostaria. Eles não estavam presentes, não podiam estar presentes, quando precisava deles, nem eu estava presente para partilhar sua vida e aprender com seu exemplo.

Além disso, odiei minha escolaridade, fui tiranizado e maltratado. Odiava a falta de privacidade. Nunca estava sozinho num quarto, fosse de dia, fosse de noite. Havia sempre outras crianças partilhando o mesmo espaço limitado, apenas rapazes, e na sua maioria não eram escolha minha. Até mesmo os lavatórios não tinham portas, para evitar que nos portássemos mal. Meu desempenho escolar era aceitável. Tinha boa memória para o curto prazo, o que me permitia decorar coisas durante tempo suficiente para escrevê-las nos exames. Mas era uma lástima nos esportes. Minha maior façanha foi ter marcado pontos para a equipe de críquete da escola. Ser bom na sala de aula e mau nos esportes era a estratégia errada nessas escolas. Não fazia parte do grupo. Intruso na escola e em casa, eu me sentia muito sozinho. Quando contei isso à minha mãe, muitos anos depois, ela ficou atônita.

— Mas você nunca disse nada.

— Claro que não. Assumi que era assim que as coisas deveriam ser. Meus pais me haviam dito que a escola era uma preparação para a vida. Então, se a vida era aquilo, não acreditava que fosse me agradar muito. E, pensando melhor, também não me preparou muito para a vida. Como muitos outros, asseguro que não me lembro do que aprendi na escola. Isso não é totalmente correto. É fato que não retive muito do que aprendi para os exames. Mais tarde, tive de reaprender novamente tudo o que era importante. As escolas, em especial esse tipo de internato, têm dois currículos: o formal e explícito, que define o que será ensinado nas aulas, e o implícito, que é raramente verbalizado ou escrito. A escola é o local onde as crianças são, pela primeira vez, expostas a uma organização formal ou onde conhecem outros adultos que não os seus familiares. É onde se obtém conhecimento sobre o que é o poder e quem o detém, sobre as armadilhas e os prazeres das relações, isto é, em que confiar e a quem evitar. A escola nos dá lições sobre como ser bem-sucedido e o que conta para o sucesso. Entre outras coisas aprendi, assim pensava, que os adultos eram quem sabiam mais; que eles, os professores, os peritos, compreendiam o mundo; e que meu trabalho consistia em aprender e recordar o que eles sabiam.

O problema era que esse currículo implícito era muitas vezes enganador. A colaboração era considerada uma fraude. Assim como consultar um livro ou, hoje, fazer pesquisas na internet, em vez de tentar decorar tudo. Anos mais tarde, tive de desaprender essas lições muito rapidamente para sobreviver no mundo dos negócios, em que a colaboração e a verificação de fatos eram essenciais. A idade, como descobri alguns anos depois, não estava necessariamente correlacionada com a sabedoria. Os mais velhos, incluindo os professores, nem sempre conheciam as respostas. Mas continuavam a deter o poder e, por conseguinte, a autoridade para me obrigarem a fazer o que queriam, apesar de saber que estavam errados. Só ao fim de alguns anos, depois de ter saído da escola, comecei a confiar nas minhas opiniões, apesar de ainda ter a tendência de aceitar, sem muita polêmica, o que os meus superiores hierárquicos me diziam. Os governos são quem melhor sabe, pensava eu. Nem sempre, percebo agora.

Então por que razão, sabendo disso tudo e tendo passado por essas experiências, concordei com a decisão de enviar nossos filhos para um desses lugares? Porque, embora ainda tivesse algumas reservas, minha "lavagem cerebral" permitia que aceitasse a reconhecida sabedoria de minha geração, no caso de terem razão. Não queria que nossos filhos fossem prejudicados.

Além disso, pensava eu, as melhores instituições desse tipo são melhores do que no meu tempo. Investiram bastante para tornar o currículo implícito mais explícito e mais pertinente.

A generalidade das escolas defende que hoje o seu objetivo é desenvolver o indivíduo no seu todo. A cidadania é agora um curso, e não apenas um resultado desejado. Lembro-me do meu "Aha!" quando li, pela primeira vez, a teoria do professor Gardner sobre as inteligências múltiplas, que demonstrava que um indivíduo podia ser inteligente de várias formas diferentes. "Claro", pensei, tal como muitos professores e escolas, que se empenharam em adaptar os seus programas para fornecer um conjunto mais amplo de capacidades. Ainda penso que a maioria não tem grande alcance. Em parte porque não existe uma forma de avaliar, a longo prazo, se as escolas estão atingindo aquilo que se propuseram fazer — produzir cidadãos competentes e completos, preparados para pôr em prática todos os seus talentos. No atual estado de coisas, os métodos de avaliação formal apenas calibram os resultados acadêmicos, pelos quais, como proclama o velho adágio, o que conta é o que pode ser contabilizado, e as velhas inteligências tradicionais ainda dominam. Assim, e apesar dos desejos dos professores, as escolas procuram, cada vez mais, que seus alunos obtenham boas notas nos exames. Em suma, os fins e os *rankings* de classificação das universidades distorcem os verdadeiros objetivos da atividade.

Há 20 anos, fui presidente de uma campanha denominada Educação para a Capacidade, na Royal Society of Arts. Fundada por um pequeno grupo de pedagogos e empresários, era uma expressão das nossas preocupações com o grande desequilíbrio existente na educação britânica daquela época. Educação traduzia-se naquela época, e ainda hoje, num indivíduo estudioso, que é ensinado a compreender, mas não a agir. "Uma educação bem equilibrada", defendia o nosso manifesto, "deveria obviamente englobar a análise e a conquista de conhecimentos. Mas deveria também incluir o exercício de competências criativas, a competência de assumir e concluir tarefas e a capacidade de lidar com a vida do dia a dia, e de fazer tudo isso em cooperação com os outros. Os pedagogos deveriam passar mais tempo preparando as pessoas para uma vida fora do sistema de ensino." Cem líderes empresariais, políticos e líderes de educação assinaram o nosso manifesto, mas a maioria do sistema de ensino manteve-se imperturbável. "Essas competências têm de ser aprendidas na rua", disse-me um professor.

Ao espalhar as palavras do que denominávamos "Capacidade", fui convidado a fazer uma palestra para o corpo docente de uma das mais conhecidas escolas públicas. Quando terminei meu discurso, o reitor me agradeceu, comentando que era óbvio que eu não apoiava o que se passava nas suas salas de aula, mas que talvez aprovasse o que acontecia quando as aulas acabavam e os alunos iam praticar esportes coletivos, ter aulas de teatro ou de música, fazer algum trabalho comunitário ou abraçar um projeto para o Duke of Edinburgh's Award Scheme[2].

"É verdade", respondi, "mas o seu sistema é incomum, pois tem de manter os rapazes e as moças ocupados, porque estão a seu cargo durante 24 horas por dia. É óbvio que preenchem essas horas extras com atividades do tipo 'boas capacidades'." É

2. Prêmio atribuído por realização pessoal para jovens entre 14 e 25 anos. (N.T.)

uma pena que aqueles alunos que saem das instalações quando as aulas terminam tenham de aceder a outras competências em outros locais ou prescindir delas; em outras palavras, os alunos que frequentam o ensino estatal, que é responsável por 90% da educação na Grã-Bretanha. Em seguida, argumentei que nessas escolas o dia deveria ser dividido em duas partes; aulas até o meio-dia, e a parte da tarde ficaria reservada para atividades extracurriculares, não necessariamente conduzidas pelos mesmos professores, mas recorrendo a outro tipo de profissional ou apoios especializados da comunidade circundante. Isso começa a acontecer, embora tardiamente, na Grã-Bretanha: em 2005, a ministra da Educação, Ruth Kelly, anunciou a política de manter todas as escolas abertas até as 18 horas, com o objetivo de permitir a existência de mais atividades extracurriculares. Resta saber se haverá dinheiro suficiente para que os seus desejos se tornem realidade.

No entanto, acabei por descobrir que o currículo implícito tinha problemas subjacentes mais profundos. No início dos anos 80, fui convidado pelo Conselho das Escolas da época para analisar as escolas enquanto organizações. Seriam apropriados os seus sistemas, abordagens de gestão e estruturas? Como foi que essas organizações me surpreenderam, tendo em conta meu conhecimento teórico — tinha acabado de publicar *Understanding Organizations* — e minha experiência prática de trabalho no meio e com uma variedade de outros tipos de organização, embora majoritariamente empresariais?

Programei visitar algumas dessas escolas durante o úmido e frio mês de novembro, com a ajuda preciosa do então diretor de educação de Coventry, Robert Aitken, que me levou a várias escolas da sua área. Não há nada mais agradável numa manhã chuvosa e fria, descobri nessa ocasião, do que visitar uma pequena escola primária. Todos estavam se divertindo muito, o que me lembrou que não é possível aprender se não houver prazer nisso. Os jovens alunos estavam sentados em grupos, trabalhando em projetos conjuntos. Não diferiam muito dos grupos que se podiam encontrar num ateliê de *design* ou de arquitetura.

Tudo me pareceu diferente quando me dirigi à grande escola secundária, situada no final da rua. Ainda me lembro de andar pela sala dos professores, tentando travar conversa, enquanto bebíamos café, e perguntar quantas pessoas trabalhavam naquela escola. "Aproximadamente 70", foi o que me responderam. Isso me deixou surpreso. Essa era, apesar de tudo, uma escola de grandes dimensões. Quando contei a história a Robert Aitken, este disse:

— Meu caro, esqueceram-se dos funcionários da limpeza.

— Não — respondi. — Esqueceram-se das crianças.

Esse caso me abriu os olhos. Analisando aquela escola como uma organização, tal como me tinham pedido, era óbvio que as crianças eram o produto de uma espécie de fábrica. Eram tratadas, em termos organizacionais, como uma matéria-prima que vai ser processada, passando por várias estações de trabalho apelidadas de aulas, sendo analisada, avaliada e classificada antes de ser despachada, um processo que demora normalmente entre cinco e sete anos. Quanto melhor fosse a matéria-prima inicial, maiores seriam as probabilidades de classificação no final.

Percebi que se tratava do estereótipo de uma escola. Era e é uma forma cruel de retratar uma escola, onde muitos professores dedicados dão o melhor de si para ajudar cada jovem aluno. Meu argumento era que a organização escolar dificultava seu trabalho. Se os alunos fossem tratados, ao nível organizacional, como trabalhadores, como me pareceu que acontecia na escola primária que visitei, a atmosfera seria muito diferente.

Os trabalhadores das fábricas e escritórios bem organizados têm tarefas específicas a desempenhar. Uma grande parte do tempo é passada na realização de projetos, em conjunto com outros colaboradores. Suas tarefas têm, regra geral, um início e um fim. Sabem quando tiveram êxito ou quando fracassaram. Não receiam pedir ajuda. Estão cientes do que sabem fazer melhor e do que os outros fazem melhor. Se forem sensatos, colaboram uns com os outros. Uma boa organização se assegura de que adquiram todas as competências e técnicas necessárias para desempenhar seu trabalho. Os professores são supervisores de projetos, bem como instrutores, com um papel importante na concepção de projetos considerados interessantes e relevantes pelos seus alunos. Em uma de minhas rondas para inspecionar projetos indicados para serem premiados, falei com um jovem que estudava a produção de vidraria de qualidade numa faculdade de belas-artes.

— Que tipo de diploma se obtém no final do curso? — perguntei.

— Não tenho certeza, mas esse é o único diploma que preciso — disse, apontando para uma bela peça de vidraria que acabara de fazer. O produto final era suficientemente recompensador.

Uma forma de pensar como essa inverteria a ideia de escola. Não seria fácil gerir um local desses, embora já esteja sendo tentado por alguns. Apesar de exagerado, meu argumento era que a concepção atual das escolas contrariava a essência da natureza humana. Acredito que podemos aprender qualquer coisa, desde que tenhamos vontade suficiente. O problema é que a maior parte das coisas que nos pedem para aprender nas escolas não nos estimula ou interessa. Somos levados a acreditar de boa-fé que essa aprendizagem nos será útil num futuro distante, só que, quando se tem 15 anos, 30 é uma idade distante do presente.

Como no meu próprio caso, a aprendizagem empacotada ou armazenada desaparece rapidamente. Todas as lições deveriam ter uma etiqueta com a inscrição "utilizar até..." para se manterem presentes.

As crianças de 7 anos utilizam o serviço de mensagens escritas dos seus celulares melhor do que eu, sabem mexer num iPod, programar um vídeo — é óbvio que podem aprender a ler e a contar, se virem que precisam disso. Não se teriam vendido tantos livros de Harry Potter se os jovens não os quisessem ler. Se existem exceções, isso se deve ao fato de os pais e as escolas não terem descoberto o que os estimula. Temos de trabalhar com as fontes de interesse dos nossos filhos e não com as nossas, temos de começar onde eles estão e não onde nós estamos. No estado atual da educação, as crianças aprendem de qualquer forma, embora possa não ser aquilo que queremos que elas aprendam. Tal como referia nos meus discursos sobre a Educação para a Capacidade, "existe muita aprendizagem na sociedade atual, o problema é que grande parte não acontece na escola". Sempre foi assim. Aprendemos mais quando estamos trabalhando em coisas que nos interessam e, para a maioria, essas coisas não estão nas escolas.

Um dos casos retratados no nosso livro *The New Alchemists* mais do que comprova esse argumento. Trata-se de Sabrina Guinness, que foi fundadora da Youth Culture TV[3], em 1994. A YCTV reuniu jovens com idades compreendidas entre os 11 e os 19 anos e dava-lhes formação em todas as áreas de trabalho do mundo televisivo, incluindo a apresentação de programas e culminando na produção de um programa de 30 minutos todas as

3. A YCTV é uma instituição que se dedica à produção de programas televisivos para jovens feitos por jovens. (N.T.)

semanas. Tratava-se de educação para a realidade, concebida em especial para jovens desiludidos com a escolaridade tradicional. Independentemente de fazerem ou não carreira na mídia, dizia Sabrina, saíam dali confiando neles próprios, mais autodisciplinados e portadores de um conjunto de competências pessoais e práticas que lhes poderiam ser sempre úteis. Era coisa séria. Quem se inscrevesse tinha de frequentar primeiro um curso de introdução, seguido de uma série de *workshops* técnicos. Só depois começavam a trabalhar na produção de programas. As pesquisas demonstram claramente que o *background* familiar tem mais influência nas notas escolares do que o tipo ou nível das escolas. Os resultados da pesquisa revelam que as crianças provenientes de famílias com maior poder econômico tendem a ser mais bem-sucedidas nos estudos. Outra pesquisa demonstrou que, nos casos em que há envolvimento das famílias, observa-se uma melhoria do desempenho dos estudantes. Suspeito, porém, que as razões sejam mais profundas. A família, independentemente da sua forma, é nosso primeiro e, durante muito tempo, o único modelo de como o mundo funciona, de como as pessoas se relacionam umas com as outras, do que está certo e do que não é aceitável.

As atitudes e expectativas dos pais tiveram um significado importante na vida dos alquimistas. A responsabilidade prematura enquanto crianças, a possibilidade de testar a sua curiosidade por intermédio da experimentação, a aprendizagem de que os erros não são fatais e de que a mudança pode ser estimulante, essas eram as sementes iniciais da alquimia — se forem reprimidas, arriscamo-nos a retardar os impulsos criativos da criança. A nossa amostra de 29 crianças incluía apenas três primogênitos. Não eram em maior número porque as expectativas dos pais de realização tradicional poderiam pesar em demasia sobre o primogênito. Podem ter sido bem-sucedidos, mas muitos não apresentaram a mentalidade experimental que torna um indivíduo empreendedor ou criativo. É preciso um pouco de liberdade para fazer experiências com a vida.

No atual estado de coisas, existem cada vez mais indícios de que as crianças são superprotegidas, particularmente nas grandes cidades. Ao serem transportadas para todo o lado de automóvel ou ônibus, protegidas dos estranhos, impedidas inclusive de brincar com os amigos, porque se podem machucar e ter de processar os seus anfitriões, muitas vezes não sobra nada para os jovens experimentarem, exceto os jogos de computador na segurança dos seus lares. Em 1999, um estudo da BBC realizado com 1.300 jovens concluiu que eles estavam fartos de ser constantemente supervisionados e mantidos em cativeiro pelos pais e professores. Num discurso que proferi, na qualidade de presidente de uma grande conferência sobre educação, sugeri que não devíamos nos preocupar em demasia com as crianças malcomportadas das nossas escolas, desde que não machucassem ninguém. Afirmei que esta seria, talvez, a única forma de lhes proporcionar a "experimentação". Esse meu comentário valeu uma crítica severa de um sindicato de professores, que me avisou para me manter afastado de suas salas de aulas.

No entanto, o papel das famílias é mais importante do que o das escolas. A escola ocupa apenas 15% do nosso tempo acordado ao longo de um ano. As famílias ficam com grande parte do tempo remanescente. Até podem achar que não têm nenhuma influência sobre seus adolescentes rebeldes, mas, para o bem e para o mal, seu exemplo é o professor. Não é mera coincidência o fato de nossos dois filhos terem optado por trabalhar como autônomos. As palavras de minha filha são muito elucidativas: "Gosto de trabalhar com pessoas, mas não gosto de trabalhar para elas". Cresceram vendo como nós vivíamos e trabalhávamos, e agora têm ambos um comportamento idêntico, trabalhando em casa com os seus parceiros. Não é por acaso que os filhos e filhas de pais divorciados têm maior tendência do que os outros a passarem igualmente pelos processos de divórcio. O que seria impensável na minha família é considerado normal em outras. Se você crescer numa família de músicos, é provável que adore música, em especial porque a sua herança genética o fará pender para esse lado. Antigamente, a melhor forma de conhecer a atividade profissional de alguém era geralmente por meio da profissão do pai ou da mãe. Só que, hoje, a existência de tantas atividades desconhecidas para os pais acabou por enfraquecer esse laço, embora não o tenha extinguido. Os meus antepassados eram pregadores. Eu sou conferencista. O nosso filho declara que é o único membro honesto da família porque se autointitula ator. E salienta que sempre exercemos a arte da representação como qualquer ator, quer fôssemos bispos, quer fôssemos arquidiáconos ou professores. É possível que tenha razão. Está no sangue e na tradição da nossa família.

As famílias influenciam as atividades profissionais e os motivos de interesse, mas também, e muito importante, os valores. É alarmante e por vezes agradável observar as nossas atitudes refletidas em nossos filhos. Eu e minha mulher sempre valorizamos mais o nosso interesse pelo trabalho do que o que iríamos ganhar com ele, desde que tivéssemos o suficiente para viver, mas ficamos ambos satisfeitos e um pouco preocupados quando vimos nossos filhos tomarem a mesma atitude. Teriam o suficiente para viver, quando o suficiente é hoje muito mais do que era na nossa juventude? Uma vez, sugeri ao nosso filho ator que a arte de representar seria mais adequada como atividade de lazer do que como carreira, que talvez devesse pensar em ser advogado, argumentando que era uma atividade com características de palco. Olhou-me consternado. "Não acredito que tenha dito isso, uma pessoa que sempre afirmou que se devia seguir o coração e não o dinheiro."

Quem somos se sobrepõe sempre ao que dizemos. É mais fácil recordar como andamos do que como falamos. Quando reflito sobre a influência da família para o bem ou, por vezes, para o mal, pergunto-me por que fomos tão rápidos em delegar a juventude dos nossos filhos a estranhos. A percepção de minha insuficiência era umas das razões. Lembro-me de pensar que, se o nosso filho frequentasse uma escola local normal, eu seria largamente responsável pela sua vida depois das aulas. Receava não ter a energia, o tempo nem um leque de interesses que pudesse mantê-lo empenhado. Preocupava-me que pudesse arranjar companheiros e mentores que não fizessem parte das minhas escolhas, que ficasse, em suma, fora do meu controle. Em vez disso, nós o enviamos para um desses canis e, em retrospectiva, o perdemos durante algum tempo. Por ter delegado tanto da sua proteção e desenvolvimento a outros, estava agora ainda mais fora de minha influência. Olhando para o passado, tenho vergonha da minha covardia.

Que tipo de sociedade estamos criando, eu me pergunto, quando tantos pais acham mais fácil entregar o desenvolvimento dos seus filhos a quem não conhecem verdadeiramente, em jardins de infância, escolas? As escolas de um ou outro tipo são necessárias. Salvo algumas poucas exceções, as famílias não podem e não deveriam talvez ser as únicas responsáveis por aquilo que os franceses denominam "formação" dos seus filhos. As escolas ensinam algumas coisas necessárias e úteis. Embora esqueçamos a maioria delas, alguma coisa fica; mas nem sempre, infelizmente, o que esperávamos. Esse currículo implícito pode ser mais poderoso que o oficial. As famílias ensinam mais do que sabem, mas é pena que nem todas as famílias possam ser "professoras". Existem famílias más, famílias inexistentes, famílias preguiçosas e famílias pobres. As escolas podem constituir uma rede de segurança para as crianças de algumas dessas famílias.

Ainda mais crucial, precisamos de escolas que nos ensinem a pensar, agora que as regras estão em baixa com o declínio das fontes tradicionais de autoridade, mormente as religiões e os mais idosos da comunidade. É fácil esquecer o quão enraizadas estiveram as tradições da religião na nossa sociedade, mesmo entre aqueles que não professavam nenhuma fé. A história cristã, em particular, oferecia um cenário respeitado para a vida ocidental, produzindo um grande número de regras que regem o nosso comportamento. "Não faça aos outros aquilo que não gostaria que lhe fizessem" e "Ama o teu próximo como a ti mesmo" são apenas duas delas. Podemos não agir de acordo com esses preceitos, mas os conhecemos. Se a mitologia ficar esquecida, a sua mensagem subjacente desaparecerá igualmente.

Se as religiões estão perdendo o controle sobre a mente ocidental e o relativismo está em maré de crescimento, temos de ser ensinados a tomar decisões. Isso é possível, independentemente do assunto, desde que nos coloquem problemas em vez de fatos. Existe apenas uma disciplina que se baseia unicamente no pensamento. As pessoas, tanto os mais novos como os mais velhos, devem estudar Filosofia. As famílias transmitem a sua própria filosofia por meio do seu exemplo, mas têm dificuldade em ensinar os seus a pensar com independência, geralmente porque não o sabem fazer por elas próprias. É uma tarefa difícil, mas em vez de pregar determinada filosofia sob a denominação de "cidadania", gostaria de ver as escolas desenvolverem cursos de filosofia abertos a todas as gerações.

Os cursos que imagino não seriam versões resumidas do trabalho dos grandes filósofos, seriam mais parecidos com os ensaios que tinha de escrever na universidade, colocando questões que precisavam de resposta. Também não é necessário existirem ensaios. Seriam mais adequados os grupos de discussão. Veja-se, por exemplo, a seguinte discussão, "O que é a Justiça?". A Justiça pode significar dar às pessoas aquilo que merecem, quer seja por meio de recompensa ou de punição, retribuição por desempenho, talvez, ou, por outro lado, de multas por infrações à lei. Porém, Justiça também pode significar dar aos outros aquilo de que precisam. Os escalões de impostos, por exemplo, permitem que os mais pobres retenham uma parcela superior dos seus rendimentos. A maioria consideraria isso como justo, mas, se for demasiado longe, os ricos podem achar que estão sendo tratados com injustiça. Onde está o equilíbrio? Alguns filósofos, particularmente John Rawls, argumentam que o princípio básico deveria ser o da igualdade. A não ser que, em benefício de muitos, alguns sejam recompensados de forma desigual. Poderá ser justo, diriam, que os médicos sejam mais bem pagos porque a população precisa de mais médicos para o bem de todos.

Tal como todas as questões filosóficas, não existem respostas corretas, apenas uma análise dos problemas e o desafio de ser transparente quando se assume uma posição pessoal. Se não sabemos qual é a nossa posição em relação às grandes questões da moralidade e da ética, ficamos vulneráveis aos que nos querem impor as suas definições ou reféns de uma atitude de *laissez-faire*[4] em relação a tudo. Ambas as situações são perigosas.

Não creio que muitas escolas adotem uma agenda filosófica, embora algumas escolas primárias tenham iniciado o processo. O

---

4. Deixar fazer; em francês no original. (N.T.)

problema reside na forma escolhida para avaliar a aprendizagem. A filosofia não é um conjunto de respostas certas ou erradas que podem ser verificadas e classificadas. É o processo, e não o resultado, que interessa — como é desenvolvida a argumentação e justificada a conclusão. As únicas respostas que interessam na filosofia são aquelas que foram pensadas pelo próprio indivíduo. Daí que seja difícil classificar, difícil estipular padrões, difícil encontrar professores preparados e em número suficiente para dar à disciplina o tempo que ela merece. Algumas vezes, porém, temos de fazer as coisas porque são corretas ou necessárias. A filosofia é uma disciplina fundamental nas escolas francesas. É talvez por essa razão que os pragmáticos britânicos não a adotarão. Assim sendo, a família continuará a ser a principal influência na nossa vida, demonstrando-nos como pensar e como viver, algo que aprecio cada vez mais quando observo nossos dois filhos na sua vida adulta.

15

Assuntos de família

"Tome cuidado", disse ao nosso filho, quando decidiu se casar, "você não vai casar apenas com o amor da sua vida, mas também com uma família totalmente nova. É bom saber onde vai se meter — você vai descobrir o que são assuntos de família."

Eu falava por experiência própria. Conhecera Elizabeth numa festa em Kuala Lumpur numa noite chuvosa. Nunca me ocorreu, nem naquele momento nem algum tempo depois, perguntar de onde vinha ou quem era a sua família. Ela, por si só, era mais do que suficiente — até que as coisas começaram a ficar mais sérias. Elizabeth me convidou para passar uns dias com os pais em Cingapura, onde o pai servia no Exército britânico. Percebi logo que sua família era bastante diferente daquela que eu deixara no vicariato irlandês. "Você dorme com a minha filha?", inquiriu o coronel, enquanto me servia uma bebida na sala de estar, pouco tempo depois da minha chegada. Estávamos sozinhos. Senti que se tratava de uma espécie de teste. A discrição, pensei, seria sem sombra de dúvida a melhor parte da verdade nessa ocasião, pelo que, corando, sorri e disse: "Obrigado, um uísque com um pouco de água". Olhou-me de cima a baixo. "Hunf", retorquiu e me passou o copo.

O pai de Elizabeth era um homem fascinante, tal como sua mãe. Adoravam festas, sempre cercados por uma corte de amigos, e eram ótima companhia. Fiquei enfeitiçado pela sua atitude descontraída em relação à vida, pelas suas anedotas difamatórias, mexericos irreverentes e generosidade para com tudo e com todos. Seu modo de vida era muito diferente do de meus pais. Eu adorava essa vida e eles eram muito simpáticos para comigo. Isso foi antes de eu lhes pedir a filha em casamento. Enquanto fui apenas um dos namorados e admiradores de Elizabeth, estive à altura das exigências. Entrar para a família já era outra conversa. Estavam de férias na Turquia quando decidimos escrever-lhes — tínhamos voltado para Londres — para lhes dizer que estávamos noivos e que esperávamos que aprovassem e ficassem satisfeitos. Entretanto, chegou uma carta de resposta para Elizabeth. Qual é a pressa, dizia, és jovem e o que não falta são homens. Olhando para o passado, reconheço agora que tinham em parte razão. Aos olhos deles, eu não servia. Queriam algo melhor para sua filha única, talvez um ex-oficial com uma propriedade para herdar, e não o filho pobre de um padre irlandês que tinha recusado a hipótese de servir no exército. No entanto, como medida de precaução, o coronel pediu a um amigo seu das pescarias, um gestor sênior da Shell, que desse uma olhada no meu processo e analisasse quais eram as minhas perspectivas de futuro. Quando me disse o que tinha feito, senti-me ultrajado, muito embora o resultado aparentemente o tenha tranquilizado, não deixando, contudo, de comentar que, após ter analisado o plano de pensões da Shell, eu era certamente mais valioso morto do que vivo.

O casamento foi realizado seis meses depois, embora os augúrios iniciais não fossem favoráveis. Na ânsia de proceder corretamente, eu tinha alugado uma grande e dispendiosa limusine para levar minha futura sogra à igreja onde nos casaríamos — St. Mary Aldermary, em frente à estação do metrô de Mansion House e perto do Tallow Chandler's Hall, onde iria realizar-se a recepção. Infelizmente, o motorista levou-a para St. Mary Aldermanbury. Um erro porventura compreensível, mas por azar essa igreja estava sendo desmantelada, pedra por pedra, para ser reconstruída nos Estados Unidos. Minha sogra, que não aprovava o casamento de forma alguma, deparou com uma igreja sem telhado e desprovida de metade das paredes. Nada divertido.

Quinze anos mais tarde, infeliz e prematuramente, meu sogro faleceu antes de poder beber as 33 caixas de clarete que tinha armazenado com o seu negociante de vinhos para a sua aposentadoria. Fiquei comovido ao descobrir que tinha me deixado a maioria das caixas no seu testamento. Ao longo dos anos, tenho movimentado esse tesouro, vendendo algumas garrafas e investindo em outras para o futuro. Sempre que bebemos alguma, ergo discretamente o meu copo em agradecimento pelo vinho, mas especialmente pela sua mensagem, isto é, como tendo finalmente ganho o direito de pertencer à família, que estimo tanto como a minha família irlandesa. Até mesmo minha sogra acabou por se render.

Entrar numa nova família não é diferente de ir viver em outro país. É preciso aprender os seus usos e costumes e ganhar o direito de residência, mas mantendo a própria identidade. Tal como os países, as famílias têm as histórias que moldam sua cultura. Quando fiquei noivo, minha futura sogra enviou aos meus pais uma cópia da história da família redigido por um antepassado do marido. Minha mãe, para não ficar atrás, respondeu com um registro da sua família. Suspeito que estivessem trocando algo mais do que mera informação. Os casamentos nem sempre são os acontecimentos felizes que aparentam. Podem surgir calorosos conflitos culturais à medida que cada facção tenta sobrepor-se à outra, ficando os recém-casados com a missão de reduzir o hiato. Esse hiato nunca se fecha totalmente. Estou ciente disso na qualidade de parente por afinidade, visto que, apesar dos meus melhores esforços, nunca terei mais do que o equivalente a um visto de trabalho na minha nova família, sendo sempre um residente por adoção e não por nascimento. É assim que deve ser. As famílias preservam cuidadosamente suas fronteiras. Se assim não fosse, as melhores famílias deixariam rapidamente de ser o refúgio seguro nos maus momentos.

Nos primeiros meses em que namorei a minha futura mulher, descobri que não se conhece totalmente alguém até que, ou a não ser que, se conheça sua família. Muito do que somos é parte integrante da nossa herança genética. Daí que uma grande parte da nossa forma de pensar e de agir é determinada pelo que aprendemos nos nossos primeiros anos de vida. Por conseguinte, é estranho que ocultemos muitas vezes a nossa família dos nossos amigos. Vergonha? Medo do que isso possa revelar acerca de nós próprios? Eu hesitava em levar os meus sofisticados amigos da universidade à modesta casa na Irlanda. O que pensariam eles dos nossos modos genuínos, das nossas orações familiares à mesa do café da manhã, por exemplo, ou do fato de bebermos chá em vez de vinho ou cerveja às refeições? Para meu alívio e surpresa, esses amigos adoraram a minha casa e os meus pais, e chegaram mesmo a juntar-se às nossas preces familiares. Suspeito que isso se devia, em parte, ao fato de me compreenderem melhor, ou talvez de eu poder finalmente descansar por eles já conhecerem a verdade sobre minhas origens. Hoje observo que a maioria das pessoas me parece mais verdadeira quando conheço sua família. Só então as vejo na sua plenitude, sem o escudo protetor da sua identidade pública, a máscara que todos nós envergamos até conhecermos alguém suficientemente bem para então tirá-la. O melhor elogio que alguém pode me fazer, hoje em dia, é me apresentar aos seus familiares ou filhos.

É preciso algum tempo para crescer no seio de uma família, para aceitar que é um fato da nossa vida, ao qual é impossível escapar, e que deve ser apreciado como tal. Enquanto a minha sogra viveu, sua extensa família juntava-se na semana que antecede o Natal para trocar presentes e saudações. Podia ser uma ocasião bastante intensa, uma daquelas pelas quais poucos de nós anseiam, mas de que sentimos falta agora que a matriarca desapareceu e a tradição se desvaneceu. O simples fato de termos as mesmas raízes nunca garante que teremos os mesmos valores e interesses. As famílias nem sempre são fáceis. Mesmo assim... quando precisamos delas, gostando ou não, estão presentes, para nos ajudar. Lembro-me do enorme sentimento de perda quando morreu minha mãe. Eu era agora um órfão. Lembro-me também do rosto desolado de um velho amigo, da minha idade, quando seu único filho morreu e ele ficou sem familiares diretos. Independentemente de gostarmos ou de odiarmos nossas famílias, necessitamos delas.

Isso é aparentemente verdade mesmo que não seja a família convencional com dois filhos dos mesmos pais. A variedade de formas e dimensões familiares é, hoje em dia, impressionante. Nossos próprios filhos costumavam queixar-se de que, ao contrário da maioria dos seus amigos que tinham de decidir se passavam o Natal com o pai ou com a mãe, eles não tinham opção. Uma vez cometi o erro de falar da minha, não da nossa filha. "A sua mulher também tem uma filha?", foi a resposta, assumindo que eu pertencia a uma dessas famílias em que cada parceiro contribui com crianças de relacionamentos anteriores. As uniões de fato, os divórcios e a monogamia em série estão criando mais unidades familiares reconstruídas. Em 2001, 10% de todas as famílias no Reino Unido eram compostas por pais divorciados e 30% tinham apenas um adulto. As novas famílias podem até ser mais fáceis do que as tradicionais, porque existem menos expectativas em relação aos seus membros.

Talvez estejamos apenas vivendo mais tempo. Na época vitoriana, o casamento típico durava apenas 15 anos porque um dos cônjuges, muitas vezes a mulher, morria prematuramente. Hoje não morrem, saem de casa; mas a duração média do casamento mantém-se nos 15 anos, uns mais, outros menos. "Até que a morte nos separe" pode ter sido uma promessa realista no passado. Atualmente, os casais preferem jurar ficar juntos "enquanto nosso amor durar". O que estimula a pergunta: o que é o amor? Ao dar mais conselhos indesejados ao meu filho, insisti que não se baseasse na paixão ou na atração física para justificar uma relação de longo prazo, mas que procurasse alguém que um dia seria o seu melhor amigo, cuja amizade poderia fortalecer-se com o passar do tempo. Um dia, disse ao meu incrédulo filho que não seria bom sexo que ele quereria na cama, mas sim, abraços e carinho. Não estava falando por experiência pessoal. Muitos anos antes, tinha decidido investigar, com o apoio de um assistente de pesquisa, como conseguiam alguns dos meus alunos executivos e casados, na escola de ciências empresariais, lidar com a tensão de combinar carreiras bem-sucedidas e casamentos estáveis. A pesquisa levou-me a concluir que os bons casamentos alteram sutilmente os compromissos subjacentes que os parceiros têm entre si à medida que a sua vida evolui.

Hoje em dia, digo por vezes em tom de brincadeira que estou no meu segundo casamento — mas com a mesma mulher.

Quando as crianças cresceram e passaram a ter sua própria vida, depois de nossos pais falecerem, juntamente com o cão, eu e a minha mulher estávamos outra vez livres para desenvolver a nossa vida. Os laços familiares, que tinham servido para nos manter juntos e que tinham proporcionado um fio condutor comum, tinham enfraquecido. Pode ser um momento de transição importante. Tínhamos uma história juntos. Teríamos um futuro juntos? Estava construindo uma carreira autônoma como conferencista, produtor e escritor. Elizabeth tinha concluído um curso superior de fotografia e teria agora o tempo necessário para desenvolver uma vida profissional em tempo integral. Poderíamos estar ambos confortavelmente ocupados, mas levando vidas bastante separadas. Alguns casais que conhecíamos, cujas vidas profissionais tinham divergido, concluíram ser esse o momento para encontrar novos companheiros, com quem construiriam novas vidas, geralmente centradas em torno de interesses profissionais comuns. Tínhamos investido muito um no outro para querer arriscar uma situação dessas.

Por isso, decidimos arranjar uma forma de combinar nosso trabalho e assim preservar nossa amizade, nosso casamento e nossa família, tudo o que nos era precioso. Ela faz a gestão do meu trabalho, atua como minha agente e organiza nossos compromissos, viajando para todo lado comigo. Eu acrescento minhas palavras às suas fotos e aos seus livros, ajudando-a como posso nas impressões fotográficas. Assim acabamos por estar sempre juntos. Há algum tempo, um consultor nos expressou sua simpatia por aquilo que denominava a solidão da esposa do conferencista em viagem, e perguntou a Elizabeth qual tinha sido o período de tempo mais longo que eu estivera afastado dela. "Quarenta minutos", respondeu ela, "quando vai ao supermercado." Essa proximidade perpétua pode não agradar a todos, mas nós gostamos de pensar que não há ninguém que conhecemos que o outro não conheça, que partilhamos todas as nossas experiências e que nunca passamos a noite sozinhos. Não pode haver segredos nesse tipo de compromisso. Descobrimos um novo tipo de compromisso. Descobrimos um novo tipo de intimidade, que se baseia mais na confiança mútua do que na paixão. Era realmente um novo casamento, só que com os mesmos parceiros. É mais confortável e mais barato.

Um casamento, ou seu equivalente moderno de coabitação a longo prazo, é um elemento essencial do processo de construção de uma família. Mas pode ser, aliás, deve ser, segundo o livro de orações da Igreja Anglicana, o prelúdio para a fase seguinte e mais difícil — a paternidade. Eu não era daqueles que anseiam por crianças. Isso, pensava eu, podia ser um compromisso muito distante. Lembro-me de estar sentado ao lado da minha mulher, enquanto ela dava à luz pela primeira vez, e de pensar, quando vi a enfermeira levantar a nossa primeira filha, "isso vai me manter trabalhando durante os próximos 20 anos". A compra de uma casa já é muito complicada, mas sempre pode ser vendida, se não se gostar dela. Uma filha era algo completamente diferente. Não havia hipótese de fugir desse compromisso, nenhuma forma de a transacionar ou vender.

Passada meia hora, tinha me esquecido de tudo. Sentindo uma lufada de alegria, percebi o que significava o amor incondicional sobre o qual já ouvira falar. Estava ciente de que se avizinhavam tempos difíceis e novos desafios, mas nunca — percebi na ocasião — deixaria de amar aquela encomenda engraçada e sem cabelo, independentemente do que ela fizesse. Amar e não esperar nenhuma retribuição é, no mínimo, altruísta, mas agora era espontâneo.

Nem tudo era assim tão simples, pois a paternidade revelou-se mais difícil do que pensara. Para minha desilusão, as coisas não surgiram naturalmente. Criar filhos é difícil e não creio que o tenhamos feito particularmente bem. Mas o dilema mais difícil acontece quando saem do nosso controle. Lembro-me de um fatídico dia em que, depois ter cometido uma infração à lei, de que agora não me recordo, fui repreendido pela minha filha de 6 anos: "Mas a senhora Gotto diz...". Fiquei completamente desarmado. A senhora Gotto era sua professora e a autoridade que regia sua vida. Eu era apenas o homem que aparecia para almoçar aos domingos. Nosso filho me via de forma diferente. Sua turma teve, a certa altura, de escrever uma pequena redação sobre "O que faz o papai".

— O que foi que você disse? — perguntei, curioso em relação ao modo como descreveria meu trabalho.

— Disse que você era pintor.

Humm. Interessante. Talvez tivesse percebido alguma veia artística na minha pessoa.

— O que você disse que eu pintava?

— Paredes.

Claro. Esse era o único trabalho que ele me vira executar, pintar a casa. Não admira que a professora me tratasse com alguma condescendência na reunião de pais naquele mês. Pode ser um choque salutar ver-se a si mesmo como seus filhos o veem.

O pior estava por vir. Sei agora, depois de algumas das minhas pesquisas, que tendemos a pressionar demais e erradamente os nossos filhos. Queremos que eles tenham o êxito convencional desde o início, mesmo que o currículo da sua escola não se enquadre nos seus talentos. Hoje, graças a Howard Gardner, sei que a inteligência é mais abrangente do que o QI. É possível ser inteligente, em termos musicais ou atléticos, e por música não me refiro necessariamente ao repertório clássico, e ser medíocre no resto do programa curricular. Os músicos pop nem sempre ou quase nunca passaram pela universidade, nem os jogadores de futebol, em parte porque a sua inteligência específica se desenvolve mais cedo. Ter jeito para lidar com as pessoas, como tinha e ainda tem a nossa filha, que, além disso, é excelente organizadora, não conta tanto como as notas dos exames, embora possa ser mais útil na vida. E o que fazer quando seu filho se revela um brilhante clarinetista, como é o caso do nosso, obtém um lugar na National Youth Orchestra[1] da Grã-Bretanha, aos 15 anos, e torna-se depois saxofonista e cantor principal de um grupo pop, assim que sai da escola, passando o ano seguinte cantando e tocando com seu grupo? A única coisa que posso fazer é encorajá-lo, pensei eu, e assistir às suas exibições ("Por favor, fica no fundo da sala, pai, não quero que você dê muito na vista") e esperar que não dure ou, se durar, que tenha sucesso.

Era estranho constatar que o mundo em que eles estavam entrando era muito diferente daquele que eu conhecera com a idade deles, e que estavam muito mais seguros que eu do que queriam da vida. Era igualmente óbvio que nossos desejos em relação a eles eram irrelevantes, até mesmo contraproducentes. Quando nosso filho nos disse que queria renunciar à sua matrícula na universidade para estar tempo integral com seu grupo e seu agente ("Você sabe, pai, o que interessa é entrar na universidade, não é frequentá-la"), eu lhe disse, meio a sério, que apoiava totalmente a sua decisão, se era isso mesmo que ele queria fazer. Passadas duas semanas, me informou que o grupo tinha se dissolvido e que seus amigos tinham decidido ir para as respectivas universidades, por considerarem ser uma aposta melhor, a longo prazo. Se eu tivesse tentado convencê-lo a aban-

1. Orquestra Nacional da Juventude. (N.T.)

donar o grupo, aposto que teria abandonado a universidade só para defender a sua independência.

Às vezes, sentimos que não podemos vencer. Um dia, recebi uma carta de nossa filha que está gravada na minha memória. Eu tinha levantado algumas dúvidas sobre a sua opção de carreira. "Sempre teve muitas expectativas em relação ao seu filho e muito poucas em relação a mim", escreveu ela. Eu tentara simplesmente aliviar a pressão em relação a ela. Em geral, os filhos sobrevivem a esses anos conturbados da educação, o que nos leva a pensar por que nos martirizamos tanto em relação à escolha da escola e prolongamos esses serões intermináveis em que os amigos se vangloriavam do sucesso escolar ou de outro tipo de seus filhos. A dura verdade se manifesta aos poucos, isto é, que a verdadeira educação tinha sido em casa, enquanto nos empenhávamos arduamente em ganhar a vida. Eles nos observam e nos estudam, decidindo depois fazer o contrário ou imitar-nos, e não podemos ter a certeza do que é melhor, porque, a maior parte do tempo, não temos um comportamento ideal.

Nunca é fácil constituir família. Manter o equilíbrio entre a solidariedade da família e a individualidade de seus membros requer sensibilidade e compromisso. Elizabeth utiliza a sua técnica "sociável" para captar esse equilíbrio ilusório nos seus retratos de família. Em cada fotografia, a família é colocada no centro do cenário, sendo incluídas imagens individuais de cada membro no resto da fotografia. Ela pede a cada um para posar com alguma coisa que revele algo sobre a sua personalidade ou fazendo alguma coisa que demonstre um dos seus interesses. No início, os membros mais novos da família mostram resistência, mesmo em relação à ideia de um retrato de família, mas quando percebem que podem posar como eles próprios, e não apenas como filhos ou filhas, ficam entusiasmados e envolvidos.

É o mesmo equilíbrio que está no coração de uma relação ou de qualquer grupo. Os casamentos funcionam melhor quando existe um quarto separado para cada cônjuge, bem como um para ambos. Eu e a minha mulher trabalhamos intimamente juntos, mas só funciona porque fazemos coisas diferentes em espaços físicos diferentes. Quem quer que entre em nossos locais de trabalho, percebe imediatamente que temos formas diferentes de organização, rotinas diferentes e hábitos diferentes. Ambos cozinhamos, mas eu cozinho no campo e ela em Londres. Nossa culinária é diferente, o que acrescenta tempero às nossas refeições e elimina a monotonia. Vivemos juntos, mas não juntos demais.

Alguns anos antes de falecer, meu pai me entregou um envelope surrado. "Nunca mais vou precisar disto; pode ficar com ele". O envelope continha a árvore genealógica da família, que retrocedia, supostamente, até a filha ilegítima de Eduardo I. O que me intrigou foi a parca informação sobre as atividades dos meus antepassados — tirando o fato importante de terem tido filhos, porque se assim não fosse eu não estaria aqui. Eram um elo crucial da cadeia que terminava comigo e agora com meus dois filhos. Na ocasião, fiquei satisfeito por termos, eu e Elizabeth, dado continuidade à cadeia. A cerimônia de casamento anglicana é praticamente perfeita, pensei, no que diz respeito às razões que justificam sua celebração — primeiro, para a procriação e a criação de filhos; segundo, para ter sexo legítimo (estou lendo nas entrelinhas); e terceiro, "pelo convívio, apoio e conforto mútuos que ambos devem ter e proporcionar ao outro, tanto na prosperidade como na adversidade".

O que tem sido estimulante e gratificante, nos últimos anos, é ver como esse "convívio mútuo" passou a incluir nossos filhos, que não foram crianças durante esses anos, sendo antes companheiros ou mesmo mentores. Nesse mundo novo, eles são mais sensatos do que nós em muitos aspectos e se revelam comovedoramente preocupados com a nossa ingenuidade em alguns assuntos, aparentemente sentindo nossa crescente fragilidade. Quando os filhos se tornam nossos amigos, sabemos que a família funcionou.

Num mundo que aparenta estar em total fragmentação, todos nós precisamos pertencer a alguma coisa por direito. Isso não acontece com relação às empresas — elas não duram tanto tempo assim e podem deixar-nos à deriva quando nossas competências se esgotam. Os vizinhos se mudam e perdem o contato. Muitas relações acabam por ser romances de verão — intensos no momento, mas passageiros. A família, porém, está sempre presente, mesmo que tenha de ser desenterrada, aqui e ali. Aqueles que vaticinam o declínio da família acabarão por reconhecer seu erro. Poderá mudar de formato, mas não vai desaparecer. As famílias são importantes, mas precisam ser alimentadas. A comunicação é essencial. A desconfiança e o ciúme podem crescer descontroladamente em silêncio. Aproveitamos todas as oportunidades que temos para celebrar como família, nos casamentos, festas e aniversários, e mesmo nos funerais. Hoje em dia, qualquer desculpa para um almoço é suficiente, tendo por base a premissa de que uma família que come bem unida, viverá bem e por muito tempo unida.

Nunca imaginei, quando conheci Elizabeth naquele coquetel em Kuala Lumpur, numa noite chuvosa, que o resultado seria, um dia, uma nova família, aliás, uma família inserida num grupo de famílias. Temo que meus pensamentos fossem de muito curto prazo. Olhando para trás, todas as outras vertentes de minha vida são comparativamente insignificantes. A família, em todos os aspectos, foi a melhor coisa que me aconteceu. Entretanto, enquanto nossos filhos se ocupavam em lançar a própria carreira, eu me dedicava à minha.

16

Tempos de guru

A vida segue, por vezes, caminhos misteriosos. À imagem da duvidosa teoria do caos, em que uma borboleta a voar na China pode provocar uma tempestade no outro lado do mundo, na nossa vida pessoal, acontecimentos muito distantes e sem nenhuma relação podem desencadear situações que, no devido tempo, mudam nosso destino. Assim aconteceu comigo.

Nunca tinha ouvido falar de dois consultores McKinsey chamados Tom Peters e Bob Waterman. Como a maioria de nós, aliás. No entanto, em 1982, eles publicaram um livro intitulado Na Senda da Excelência[1]. Propunham oito receitas de sucesso para o mundo empresarial, com exemplos recentes de empresas que consideravam estar seguindo seus conselhos. Era de fácil leitura, agradável, quase atraente, coisa aliás estranha para um livro sobre negócios. Eu tinha recebido a edição americana antes de sua publicação na Grã-Bretanha, e soube que tinha tropeçado em um novo tipo de livro. Até mesmo tinha a esperança secreta de que ninguém ouvisse falar dessa obra na Grã-Bretanha, o

1. *In Search of Execellence*, editado em Portugal pelas Publicações D. Quixote. (N.T.)

que me permitiria utilizar algumas de suas citações em minhas aulas. Isso não aconteceu. O livro foi enorme sucesso de vendas em nível mundial; meus alunos entraram na sala armados com suas mensagens.

Não dizia nada de muito revolucionário. Era a forma como o dizia, com receitas do gênero "Fixe-se no essencial", "Mantenha-se perto do cliente", "Estrutura ao mesmo tempo rígida e flexível". Essas são "obrigações" empresariais muito conhecidas, hoje em dia, mas eram conceitos novos para muitos gestores naquela época. O que Peters e Waterman fizeram foi tirar a teoria de gestão das universidades e colocá-la mais perto do público. Tom Peters escreveu muitos outros livros, embora tenha também entrado para o mundo das conferências, cativando audiências de gestores em todo o mundo com desempenhos eletrizantes, quase evangélicos, de dois dias de duração, em que divertia, provocava e desafiava os seus ouvintes. Descreveu-se a si mesmo, por diversas vezes, como alguém enfadonho, mesquinho, um campeão dos fracassos óbvios, um príncipe da desordem, um mestre da boa vida, um líder de claque empresarial e um provocador. Esse autorretrato nos dá uma pitada do homem e do seu encanto. Seus livros estão cheios de histórias sobre empresas e pessoas verdadeiras. O fato de muitas das empresas ditas "excelentes", citadas no primeiro livro, terem mais tarde "derrapado", não diminui o seu entusiasmo ou encanto, apesar de alguns dizerem, em tom de brincadeira, que ser citado num livro de Tom Peters é mau agouro. Tom apenas mencionou que essas empresas não conseguiram se manter fiéis às máximas que tinham ajudado a criar.

Tom Peters foi o primeiro professor de gestão a se assumir mais seriamente como conferencista. A revista *Fortune* o apelidou de "Ur-guru" ou guru original. O jornal *The Economist* descreveu-o como "Ober-guru". Peter Drucker tinha escrito mais livros e durante mais tempo (morreu com 95 anos, em 2005, tendo escrito até o fim da vida); foi provavelmente o mais sensato de todos e, na verdade, não era bom para falar em público. Não se sabe com certeza quem inventou a palavra "guru" para descrever Peters e seus pares, e o termo não é exatamente apropriado. Peter Drucker gracejou um dia que os jornalistas só utilizavam a palavra "guru" porque "charlatão" era muito comprida para um título. Esses gurus de gestão não cultivam grupos de acólitos, nem se assumem como oradores em qualquer tipo de Ashram[2] de gestão, mas apresentam algumas verdades sobre as organizações e como devem ser geridas, não se envergonhando das suas crenças e ideais. Hoje existem tabelas de gurus que classificam, por exemplo, os 50 maiores conferencistas em termos de popularidade junto aos gestores, havendo um número significativo de pessoas do "circuito guru", um pouco à margem do circuito de tenistas profissionais. Alguns gurus participam anualmente em mais de cem conferências, em geral cobrando honorários de estrelas de ópera e com o mesmo tipo de vantagem.

É difícil dizer como alguém se torna um guru. Não pode se candidatar ao clube, porque não existe um clube formal. Tampouco pode se autodenominar guru. É um título atribuído pela mídia ou pela agência de comunicação que gere a carreira da pessoa. Na sua grande maioria são, de fato, americanos, porque o circuito de conferências se situa principalmente nos Estados Unidos, embora esteja se expandindo com a globalização do mercado. Por uma feliz coincidência em termos de *timing*, Tom Peters e o fenômeno guru começavam a se espalhar quando um dos meus livros, *The Age of Unreason*[3], foi publicado nos Estados

---

2. Local de retiro hindu. (N.T.)

3. *A Era da Incerteza.* (N.T.)

Unidos, pela Harvard Business School Press, em 1989. Tom Peters teve a gentileza de escrever uma sinopse lisonjeira para a capa do livro, envolvendo-me na sua aura. O livro foi bem recebido. Entre outras coisas, previa o advento do *downsizing*, da empresa de *outsourcing*, que batizei de Organização do Trevo, com as suas três "folhas" de colaboradores nucleares, subcontratados e do indivíduo, além do trabalhador especializado ou temporário. A ideia de utilizar a metáfora do trevo era para realçar que, apesar de as folhas representarem várias categorias de trabalhadores, eram igualmente uma folha única, parte integrante de uma só organização, parceiros e aliados, e não apenas subcontratados. Defendia que a linguagem molda as atitudes.

Entretanto, fiquei pessoalmente impressionado quando fui abordado, numa conferência nos Estados Unidos, por um grupo que envergava camisetas com um trevo. "Alteramos o nome da nossa empresa para Empresa do Trevo", afirmaram, "porque as suas ideias nos convenceram por completo." Desejei-lhes boa sorte, esperando que não sucumbissem ao efeito Tom Peters e falissem cedo. Graças ao livro, fui contatado por uma agência de conferencistas e assinei um contrato de um ano, como experiência. Era uma situação estranha. Não gostei de me ver incluído num catálogo, com direito a fotografia, acompanhado por mais 30 conferencistas, apresentado como se fosse uma mercadoria como outra qualquer para quem estivesse interessado. Fazer parte de uma empresa de encomendas postais, em que eu era o produto, não era a minha ideia de futuro. Ao fim de um ano me livrei do contrato, mas o catálogo tinha colocado o meu nome no clube dos gurus, apesar de muitos considerarem que eu teria de ser americano.

Na ocasião, Elizabeth tornou-se a minha agente oficial e a guardiã da minha imagem e reputação. Além do mais, ela já era a essa altura a minha fotógrafa pessoal. Nunca autorizou quem quer que fosse a tirar fotos minhas para uso público. Juntos definimos algumas regras para meu trabalho como conferencista. Decidimos que só trabalharíamos com quem tivéssemos conhecido pessoalmente, para desenvolver algum tipo de relação de confiança. Aceitaríamos participar, no máximo, de dez conferências por ano, desde que fossem com grupos ou em países onde pudesse enfrentar novos desafios, e apenas nos meses de inverno. Cinco conferências seriam feitas a troco de honorários e cinco para cobrir as despesas, enquanto quaisquer outras seriam para causas ou projetos beneficentes, esperando que isso fosse suficiente para nos mantermos financeiramente. Os meses de verão teriam de ficar livres para o trabalho fotográfico de Elizabeth.

Estava determinado a evitar que essas aparições tomassem conta da nossa vida e a aprender alguma coisa com elas. Eram úteis, pois me permitiam conhecer novas pessoas em lugares novos, e era aliás por isso que gostava de assistir à totalidade do evento e, sempre que possível, ir dois ou três dias antes para conhecer pessoas relevantes do lugar. As conferências também se revelaram um meio valioso de testar novas ideias para os meus livros. Era para aquela audiência que eu escrevia — se alguma ideia não funcionasse na conferência ou no seminário, sabia que tinha de ser repensada.

Assim, em consequência das nossas regras, cada evento, a maioria no exterior, podia representar cinco ou seis dias da nossa vida. Portanto, dez conferências dessas eram mais do que suficientes. Meu verdadeiro trabalho era escrever livros. Mas não deixava de temer que, sem esse meio de testar ideias, os livros pudessem ser pouco relevantes ou interessantes. Outros autores enviam seus manuscritos a amigos e colegas para obter comentários. Eu prefiro utilizar minhas audiências. "Não precisam tomar notas", informo já de início, "brevemente estará disponível em livro." Aprendi em Oxford a tentar escrever da mesma forma que falo, porque tínhamos de ler nossos ensaios em voz alta aos tutores. Nem em sonho teria fôlego para ler em voz alta uma frase comprida, cheia de orações subordinadas. Mantenha as frases curtas, digo a mim mesmo, nem sempre com muito sucesso.

Descobri também o Fog Index[4] nos meus primeiros anos de escrita. O Fog Index requer uma contagem do número de palavras numa página e depois a sua divisão pelo número de pontos finais. Obtemos desse modo o comprimento médio das frases. Em seguida, acrescenta-se 1 para cada palavra com mais de três sílabas e 1 por termo técnico nessa página. O Fog Index das minhas páginas anda, via de regra, em 18. A média do tabloide *Sun* é inferior a dez. O *The Economist* tem um índice muitas vezes superior a 30. É preciso avaliar a audiência, seu grau de atenção e seu nível de sofisticação, mas duvido que se possa manter a atenção de uma audiência, mesmo que seja muito versada no assunto, com um Fog Index acima de 20. Não escrevo as minhas preleções ou discursos, em parte para manter minhas frases sob controle, preferindo falar diretamente para a audiência, sem utilizar anotações. Isso me permite manter o contato visual durante o discurso inteiro. No entanto, é preciso memorizá-lo previamente — uma boa receita para as noites de insônia e o nervosismo antes de algumas atuações. "É fácil pra você", diz o meu filho ator, "só tem de decorar os seus próprios textos. Eu tenho de decorar os de Shakespeare."

"Sim", respondo, "mas os textos de Shakespeare são fluentes, até rimam regularmente e nenhum dos seus monólogos tem 50 minutos." Mas é preciso ter cuidado. O Fog Index não gosta

4. Teste para avaliar a facilidade de leitura de um texto em inglês. (N.T.)

de palavras como "imaginação" ou "harmonioso" devido ao número de sílabas. Se formos fundamentalistas demais, podemos eliminar a criatividade, a poesia e a beleza.

Este mundo dos gurus acrescentou interesse e agitação e viagens a nossa rotina depois dos meus 60 anos. Como tudo na minha vida, comecei tarde. Quando os meus contemporâneos já estavam pensando em se aposentar, eu estava mais ocupado do que nunca. Felizmente, a idade parece ser irrelevante no mundo dos gurus. São as ideias e sua apresentação que contam. Isso é igualmente verdade para um crescente número de atividades, à medida que as pessoas entram na economia do conhecimento e da informação. Um afinador de pianos pode ser cego e ter mais de 80 anos, mas se o seu ouvido ainda estiver bom e os dedos em forma, você nem vai pensar em arranjar outro; a única coisa que interessa é a afinação do piano. O mesmo se aplica a quem se movimenta no mundo da criatividade. O talento não escolhe idade nem cor, e ignora as incapacidades. Tenho na minha escrivaninha uma cópia de um autorretrato de Lucien Freud, pintado quando tinha 80 anos, apenas para me recordar que é o trabalho e não a idade que conta — a arte, no caso dele; as ideias e o modo como são expressas, no meu.

Que ideias? Se for totalmente honesto, poucas das minhas ideias são realmente originais. Como eu as expresso é que fazem a diferença. Ainda guardo a crítica ao meu primeiro livro, que começava assim: "Não há nada neste livro que não tenha já sido dito". O meu coração quase parou. E depois continuava: "Mas provavelmente nunca foi lido antes". O autor da crítica tinha detectado perfeitamente minha intenção, nesse primeiro livro, de reformular as pesquisas conhecidas na área da gestão para uma linguagem que tivesse maior significado para os meus alunos.

A essa altura, em 1976, a complexidade residia na linguagem acadêmica dos estudos de investigação, provenientes em grande parte dos Estados Unidos. Hoje, é a linguagem que as organizações inventaram para si próprias que revela presunção, mostrando-se desligada do que realmente acontece na prática e muitas vezes isenta de um verdadeiro significado. Todas as profissões e atividades inventaram os seus próprios códigos e termos técnicos. É eficaz em termos funcionais, mas também deixa de fora aqueles que não aprenderam a linguagem utilizada pelos profissionais. Os gestores, contudo, muitas vezes têm ido longe demais na utilização de uma linguagem própria, que se tornou um clichê, sem grande significado, ou tão absurda que apenas meia dúzia de iniciados consegue decifrá-la, e as empresas não podem ser geridas apenas com alguns iniciados. Exemplos não faltam. Todas as organizações declaram se preocupar muito com seus clientes, ficam mesmo apaixonadas por eles, embora isso possa suscitar algumas dúvidas quando se está há 40 minutos ao telefone tentando acessar a linha de apoio ao cliente. Todas as organizações defendem que os seus colaboradores são seus ativos mais preciosos, embora muitas vezes os tornem redundantes. Todos os negócios têm um plano de desenvolvimento estratégico que, na maioria das vezes, é apenas uma projeção dos resultados esperados no presente. Todas as empresas estão empenhadas na excelência e ambicionam alcançar uma dimensão mundial, apesar de as pesquisas confirmarem que apenas uma pequena parte consegue fazer isso. São os novos clichês da gestão.

Depois existem os novos termos que os profissionais da gestão, os consultores, as escolas de gestão e mesmo alguns gurus introduziram: Reengenharia, Competências-chave, JIT, Seis Sigma, Feedback 360°, CRM, Análise de Network Social, Globalização e ROI do Marketing são apenas alguns dos termos pseudotécnicos que levam o óbvio a parecer mais inteligente. Hoje existe um banco que promete "alavancar sua marca global para proporcionar soluções financeiras eficazes aos clientes, ao abrir uma porta para diversos mercados". Deduzo que estejam apenas dizendo que estão aptos a ajudar seus clientes, onde quer que estejam. Essa pseudolinguagem cria uma falsa mística, sugerindo que há respostas técnicas ou profissionais para qualquer problema de gestão.

Em minha opinião, a realidade é bem diferente e muito mais simples. As organizações não são máquinas que possam ser concebidas, planejadas, medidas e controladas de uma forma clara. O fato de algumas operações em particular poderem ser ou terem de ser geridas dessa forma tem levado a pensar erradamente que a organização no seu todo é apenas um superprojeto. É aquilo que os lógicos denominam erro categórico. Durante muito tempo, os teóricos da gestão adaptaram a linguagem da engenharia para descrever o modo como as organizações funcionavam. As pessoas eram recursos humanos, coisas que podiam ser contabilizadas, distribuídas, controladas e descartadas quando necessário, em suma, eram geridas. Na linguagem do dia a dia, as coisas é que são geridas, e não as pessoas. É aceitável falar de gestão do equipamento audiovisual, mas é inaceitável englobar os técnicos no mesmo pacote.

A palavra é intrinsecamente confusa. Dizemos *manage*, gerir, quando muitas vezes queremos dizer apenas "lidar". Quando diz à sua mulher "*How did you manage today?*"[5], não está à espera de um discurso sobre a teoria da motivação. *Manage* até pode estar relacionado com a execução de alguma coisa, como em "*Did you manage to fix the car?*"[6].

---

5. Como correram as coisas hoje? (N.T.)

6. Conseguiu consertar o carro? (N.T.)

Ao utilizar a linguagem das coisas e das máquinas para exercer o controle sobre as empresas, os gestores involuntariamente tornaram o seu trabalho mais difícil. As pessoas não gostam de ser vistas como coisas nem como problemas para resolver ou contornar. Se as palavras que utilizamos não significam aquilo que queremos que signifiquem, é melhor mudar a linguagem do que redefinir as palavras. Não somos a Alice no País das Maravilhas, onde as palavras podem significar aquilo que quisermos. No mundo real, as palavras dúbias apenas confundem quem as ouve. As organizações não são máquinas. Essa tem sido a mensagem central de todos os meus livros. São comunidades vivas de indivíduos. Para descrevê-las é necessário utilizar a linguagem das comunidades e a linguagem dos indivíduos. Isso significa utilizar um misto de palavras usadas na política e no dia a dia. A tarefa crucial da liderança (uma palavra proveniente da teoria política, ao contrário da palavra "gestor") é combinar as aspirações e as necessidades dos indivíduos com os objetivos da comunidade mais abrangente à qual pertencem.

Não é preciso ser gênio para perceber que, se o líder souber qual deve ser o objetivo da comunidade e conseguir convencer a todos da importância disso, sua tarefa fica muito mais fácil. Os indivíduos da comunidade também devem ser as pessoas certas para as várias tarefas. Em geral, se as pessoas souberem o que têm de fazer e por quê; se tiverem as competências, o voto de confiança para tentar fazer o melhor que puderem e forem remuneradas de modo justo quando bem-sucedidas, a missão da comunidade provavelmente terá tido êxito. É óbvio que tudo isso é mais fácil dizer do que fazer, mas não se facilita a tarefa enfeitando-a com palavras sofisticadas ou acrônimos.

Acredito que a maioria tenha um conhecimento básico do que faz funcionar as organizações. Só precisa de ser lembrada disso e estimulada a aplicar esse conhecimento em seu próprio trabalho. O falecido Sumantra Goshal, da London Business School, disse certa vez que Peter Drucker praticava a arte do senso comum. Eu gostaria que dissessem isso de mim. Por exemplo, é puro senso comum dizer que é mais provável alguém se sentir empenhado numa causa ou missão se tiver participado do seu desenvolvimento. Não é preciso nenhuma pesquisa para provar isso. Tampouco são necessárias pesquisas para saber que os grupos têm maiores probabilidades de produzir melhores resultados do que os mesmos indivíduos agindo isoladamente. As equipes de estrelas nem sempre ou quase nunca são as melhores equipes. Os egos intrometem-se no trabalho em parceria. O filme *True Blue*, da equipe de remo de Oxford, que se livrou dos seus remadores internacionais devido à sua arrogante intransigência e os substituiu pelo segundo time, que venceu a regata contra Cambridge, é um claro exemplo disso. Todos temos talentos e personalidades diferentes. Se pusermos as pessoas certas com os parceiros certos, tudo funcionará bem; ao passo que, se nos enganarmos, o caos poderá se instalar. Isso é apenas senso comum, mesmo que não seja comum na prática.

Acima de tudo, todos sabem instintivamente que é necessário haver confiança para que uma organização funcione; confiança entre os membros do grupo, que darão o melhor de si e não prejudicarão a empresa, bem como confiança nos líderes. Todos percebem implicitamente que essa confiança tem de ser conquistada e não simplesmente presumida; que depende tanto de quem é como do que faz; confiança que é frágil e que, uma vez perdida, dificilmente é recuperada. Sabem também que é difícil confiar em alguém que não se conhece ou com quem apenas se mantém contato por correio eletrônico. Não são necessários estudos elaborados para demonstrar essa verdade básica. Além disso, as organizações precisam de confiança se não quiserem ficar atoladas em regras, controles e controladores. Mesmo assim, as organizações gastam muito tempo verificando se o que deveria ter acontecido aconteceu de fato. Se as pessoas sabem o que têm de fazer e têm competência para isso, deveriam ser deixadas em paz.

Peço muitas vezes aos executivos para elaborarem uma lista de pessoas que conheçam suficientemente bem e há tempo suficiente, em quem confiem para tomar as decisões acertadas quando eles não estão presentes e surgem problemas. É muito raro aparecerem com mais de 20 nomes. Isso significa que, para serem verdadeiramente eficientes e sólidas, as organizações deveriam ser concebidas em torno de unidades operacionais com menos de 20 pessoas. No papel, isso parece um desperdício. As organizações acabam inevitavelmente por se organizar, esperando de forma otimista que a lógica da economia de escala prevaleça sobre a necessidade psicológica de confiança e intimidade, e que todos façam o seu melhor para que a empresa funcione. E depois ficam admiradas e desapontadas. É uma dificuldade específica das grandes organizações, cuja existência se baseia muitas vezes nessas economias de escala. Podem então ter ambas, visto que ambas são necessárias? É possível combinar o grande com o pequeno? A resposta, do ponto de vista da teoria política, é afirmativa. O federalismo é uma fórmula comprovada, e há princípios claros, testados ao longo da história, de como funciona. Só para começar, podíamos ler os *Federalist Papers**[7], a base intelectual da Constituição norte-americana. O que temos de fazer é aplicar esses princípios às organizações.

---

7. Série de 85 artigos publicados inicialmente em jornais de Nova York e compilados em 1788. (N.T.)

Outra das minhas convicções é que não é necessário reinventar a teoria das organizações. À medida que aumenta o número de organizações dependentes das competências de seus colaboradores, estes têm de ser tratados, mesmo os escalões mais baixos, como profissionais — pessoas com competência e conhecimento reconhecidos. Por conseguinte, deveríamos observar como têm sido geridas as organizações profissionais para ver que mensagens podemos aprender com essas instituições centenárias.

Vão ao teatro, digo aos meus leitores e ouvintes. Consultem o programa enquanto esperam pela abertura da cortina. Todos os que estão ligados ao espetáculo estão incluídos na lista, independentemente da sua contribuição. Todos gostam de ser reconhecidos como indivíduos. As companhias de teatro não se referem a seus atores como recursos humanos — se fosse assim, nenhum aceitaria fazer parte delas. Observem com maior atenção o programa. A palavra "gestor", em geral substituída por diretor, está reservada aos que estão encarregados de coisas, não de pessoas, o diretor de cena, o diretor de iluminação. Aliás, nem os nomes desses profissionais estão em maiúsculas: essa distinção aplica-se apenas aos que estão em contato direto com os clientes, os atores, e são dirigidos, não geridos, por alguém que sai de cena assim que o projeto deslancha. A direção confia no elenco para continuar o projeto e, não raras vezes, este introduz melhorias na produção assim que o diretor se afasta. A confiança inspira. Só mais uma coisa — ao final de cada atuação, recebem uma expressão de apreço por parte da sua audiência, um feedback direto de quem realmente interessa. Não é preciso esperar pela avaliação anual de desempenho.

As lições estão à vista de todos os que quiserem vê-las. Nas organizações profissionais e de serviços, quem está em contato direto com o cliente é o maior responsável pela primeira e, muitas vezes, pela última impressão que se tem da organização. Poderá ser o operador da telefonia, o engenheiro que vem reparar a máquina, o assistente de vendas atrás do balcão, até mesmo o garçom. No entanto, os mais mal pagos são muitas vezes os que lidam diretamente com o cliente. Até que ponto é possível dizer a alguém que ele é determinante para a empresa, quando o seu contracheque conta uma história diferente? Numa reverência ritual à importância do indivíduo, as organizações tentam compensar um pouco essa situação pedindo que tenham o seu nome à vista. Não enganam ninguém; nem o colaborador nem o cliente.

Tendo em conta que as organizações são um conjunto de seres humanos comuns, gosto de pensar que podemos tirar as lições necessárias do nosso próprio dia a dia. A forma como aprendemos, a forma como nos relacionamos com aqueles de quem necessitamos, ou com quem temos de conviver, podem nos dar algumas lições úteis para o mundo onde trabalhamos. A vida é vida, quer seja na família, quer seja no escritório. No início, costumava buscar minhas histórias em uma variedade de estudos de caso, mas descobri que todos achavam mais fácil basear-se em histórias triviais do cotidiano do que em organizações de que nunca tinham ouvido falar. Minha tarefa consiste em mostrar como se aplicam ao mundo do trabalho.

Estou certo também de que todos acham mais fácil lembrar imagens do que conceitos, que as imagens vivem mais tempo na nossa mente do que os termos técnicos. Gosto de intercalar os meus discursos com imagens, muitas vezes fotografias tiradas por Elizabeth ou cópias de obras de arte. Na minha opinião, a arte é fabulosa, pelo menos em parte, porque lida de forma "apimentada" com o dilema humano ou expressa alguma dimensão da nossa condição humana. As esculturas de Rachel Whiteread, que utiliza o cimento ou o plástico para retratar a parte interna ou inferior de objetos familiares, como cadeiras ou escadas, tornam visíveis os pormenores do nosso meio ambiente que não vemos ou notamos. É por isso que espreito muitas vezes por baixo das coisas, a fim de perceber de relance o que está lá mas é ignorado pela maioria, como aqueles colaboradores que atendem pessoalmente o cliente. Muitas vezes penso que a chave em relação ao nosso futuro está igualmente no que já está acontecendo e não é notado, como o advento da economia de trabalhadores independentes ou autônomos, ou a substituição das cotas por direitos nas sociedades de advogados. A inovação, acredito, pode surgir da observação não de qualquer outra pessoa, mas, antes, do espaço despercebido "debaixo das escadas".

As boas histórias e as boas metáforas podem suscitar imagens na mente. O trevo era uma metáfora antiga. As curvas sigma, essas duas curvas da vida e da mudança, eram outra metáfora no sentido de proporcionarem uma imagem visual de um dilema humano. Os *donuts* também podem, garanto às minhas audiências intrigadas, conter o segredo para a concepção de uma organização sólida. O recheio de qualquer tarefa, o que está no meio do *donut*, representa as tarefas que têm de ser executadas; a massa é o espaço para as iniciativas. Os *donuts* que só têm recheio não dão nenhuma responsabilidade de iniciativa às pessoas ou ao grupo. Se houver muita massa e pouco recheio, a organização não terá nenhum controle sobre sua tarefa crítica. Os *donuts* de maior dimensão requerem uma percepção transparente da missão da organização e um interesse partilhado em cumpri-la. Senão, o espaço para as iniciativas pode ser mal utilizado, levando a uma redução constante desse espaço e à resultante perda de motivação. Os objetivos sem espaço para a iniciativa são como os *donuts* sem massa. Não funcionam. O *donut* é, portanto, uma forma gráfica de observar a delegação de poderes. Uma organização federal é, na sua essência, um grande *donut* composto de minidonuts. Se forem bem feitos, isto é, se apresentarem um equilíbrio adequado entre o centro e o espaço de liberdade, o todo será uma delícia. Até já utilizei os *donuts* para descrever os dilemas do capitalismo moderno — recheio em excesso para poucos e muitos são deixados dentro da massa.

Trevos, *donuts*, equipes de remadores e portfólios são exemplos da minha tentativa de traduzir ideias conceituais em imagens memorizáveis. São o que considero ideias de baixa definição. Não têm uma definição precisa, não nos dizem o que fazer, servem para estimular e não para substituir. O meu objetivo é interpretar o mundo das pessoas para elas, não é dizer-lhes como lidar com o seu mundo. Isso seria, creio eu, insultar sua inteligência e independência, se insinuasse que sabia melhor do que elas próprias como viver suas vidas ou gerir as organizações. Mas se conseguir ajudá-las a compreender melhor a própria situação, talvez permita que vejam mais claramente quais os riscos e oportunidades que enfrentam.

Entretanto, as minhas perguntas estão cada vez mais centradas no "por quê", em detrimento do "como". É o impulso socrático que me leva a fazer perguntas constantemente. Por que precisamos de organizações tão grandes, quando a maioria de nós não deseja trabalhar nelas? Por que tratamos quem trabalha nessas organizações da forma como tratamos? Por que vivemos nossa vida assim? O sucesso tem muitas faces. Por que escolhemos umas e não outras? Por que concordamos que há tantas injustiças no mundo mas não fazemos nada para combatê-las? Por que continuamos a ser fiéis a deuses que nos têm desiludido? Será que existe amor demais pelo dinheiro? Estará o capitalismo enganado? — ou, o que é mais certo, a nossa interpretação do capitalismo?

Não consigo — digo aos meus leitores e audiências de executivos — pensar num mecanismo mais eficiente para tornar o mundo um local melhor do que um conjunto de economias de mercado livre bem regulamentadas, no sentido de se manterem competitivas na medida certa. No entanto, é a expressão "tornar o mundo um local melhor" que muitas vezes está ausente da narrativa capitalista. Atualmente, o capitalismo é visto e interpretado como sendo impulsionado pelo egoísmo, que pode facilmente evoluir para a ganância. O capitalismo assume que a necessidade de termos tudo para nós próprios faz parte da condição humana neste mundo dos mais fortes. Estamos direcionados para a competição. É uma conclusão decepcionante. E não é necessariamente verdadeira. Existe um gene altruísta na maioria de nós. A maior parte quer contribuir na mesma medida em que quer beneficiar-se do mundo. O perigo — a meu ver — é que a linguagem do capitalismo, reforçada pelos instrumentos e métodos de avaliação que utiliza, pode se prender a uma causa em que não acreditamos necessariamente. Porém, quando a versão mais brutal do capitalismo é dominante, o que pode a maioria das pessoas fazer, senão conformar-se com o estereótipo e murmurar seu desacordo?

Como a narrativa do capitalismo defende que quanto mais, melhor, as empresas compram constantemente seus concorrentes, e são apoiadas e instigadas por seus banqueiros e consultores, embora todas as provas indiquem que apenas numa minoria de casos os clientes ou os acionistas compradores saem beneficiados. Então, por que continuam a seguir esse processo, a criar organizações grandes demais para a escala humana? Por que razão as organizações, quando anunciam sua atividade durante o ano, só falam dos resultados que obtiveram, raramente dos resultados para os seus clientes ou para o mundo em geral? Porque, tenho de admitir, mais é considerado melhor, quer seja mais poder, quer seja mais vendas ou maior influência. Todavia, sabemos que, em grande parte do resto do mundo e em outras organizações, mais não é sempre melhor. Por vezes, sugiro aos executivos que, se perguntarem a uma orquestra sinfônica quais os seus planos de crescimento para o ano seguinte, é provável que não mencionem a intenção de aumentar o número de músicos ou mesmo de espetáculos, optam por falar em aumentar o seu repertório e a sua reputação. É óbvio que mais dinheiro ajudaria, mas apenas como um meio para atingir aqueles fins. O mesmo acontece com outras organizações ou escolas, em que muitas vezes melhor é menor. Numa conversa com um produtor de vinhos de Napa Valley, que me confidenciou sua ambição de fazer crescer o seu negócio, disse-lhe olhando à minha volta:

— Onde vai arranjar mais terra? Ou pensa em comprar a propriedade vizinha?

— Não é nada disso, não preciso aumentar o tamanho do meu negócio, apenas melhorá-lo — respondeu-me.

Por que não existem mais empresas que pensam assim?

Continuo a defender que os negócios confundem os meios com os fins, e assim vão continuar até que nós, a sociedade apoiada pelo governo, consigamos redefinir esses fins, tornando-os mais relevantes para as necessidades de maior número de pessoas. Penso que não é suficiente pagarmos os nossos impostos e deixar o resto do trabalho para o governo.

É provável que as minhas mensagens sejam, inevitavelmente, reflexo dos meus valores. Preocupo-me mais com os indivíduos do que com as organizações que, no fundo, não passam de seus instrumentos. Acredito que as organizações deveriam levar mais a sério os indivíduos, que são, na prática, a organização. Seria uma forma de alcançarem mais facilmente os seus objetivos.

Acredito que as organizações são, em sentido lato, os servos da sociedade. Existem para nos fornecer as coisas e os serviços de que necessitamos ou queremos. É por isso que confiamos na sua eficácia e eficiência. O ideal seria que seus interesses e os nossos coincidissem, mas poderão prosperar mais se definirem os seus objetivos em relação a algo maior do que a sua sobrevivência. Aquelas organizações, bem como aqueles indivíduos que trabalham apenas em benefício próprio, acabarão por descobrir que são o seu pior cliente, porque nunca estão satisfeitos, raramente agradecidos e não deixam legado. A definição de sucesso no mundo moderno e abastado é um dos nossos problemas mais intrincados. Era mais fácil quando tínhamos menos opções de escolha. Hoje podemos escolher, mas não temos nenhum critério adequado para as escolhas. Até mesmo os executivos de negócios têm de ser filósofos.

17

Viagens com microfone

"Estaria interessado em dar um seminário sobre gestão aos empresários locais de Calcutá, atualmente Kolkata?" Era o Consulado Britânico que indagava, tendo ouvido dizer que eu passaria pela Índia a caminho da Austrália. O British Council é uma instituição admirável, composta por pessoas esplêndidas, mas que não é rica. Os honorários propostos eram mínimos. Todavia, uma das qualidades de minha agente, Elizabeth, era ser imaginativa. Assim, propôs-lhes:

— Não precisam lhe pagar nada, mas como devem ter os melhores contatos, seria possível arranjarem uma reunião de uma hora com as quatro pessoas mais interessadas de Calcutá?"

E foi assim que conhecemos pessoalmente o governador do Estado, que se revelou um marxista jovial, Madre Teresa, rodeada por suas freiras, o vice-chanceler da universidade e um artista de renome local. O dinheiro não compra esse tipo de experiência. O padrão estava definido. Tínhamos feito esse tipo de contrato em vários países do mundo inteiro, onde nossos anfitriões tinham contatos e influência, mas pouco dinheiro. Por vezes, arranjavam-nos jantares e almoços privados com políticos e cidadãos importantes, bem como visitas a empresas locais, escolas ou museus e teatros, para conhecer quem estava à frente deles. Isso não somente me permite tornar meus seminários ou discursos mais pertinentes como também é uma forma agradável de aprender mais sobre o mundo e suas diferentes características.

Na verdade, não sou muito bom como turista. Não gosto muito de visitar locais famosos ou de andar no meio de ruínas, apenas para dizer que estive lá ou para guardar imagens no meu banco de memória. Para ser mais exato, sou o que poderiam chamar de turista sociológico, gosto de observar como funciona um país, como vivem e trabalham os seus habitantes e, se possível, conhecê-los. A melhor forma de fazer isso, sem ser um *voyeur* intrometido, é ter algum trabalho nos locais que pretendo visitar. Tenho tido sorte — os convites recebidos ao longo dos anos para participar de conferências ou seminários em vários locais do mundo têm sido em número suficiente para que a minha curiosidade se mantenha satisfeita —, além da disponibilidade de nossos anfitriões partilharem os seus contatos como retribuição.

O melhor companheiro de um turista é, sem sombra de dúvida, um microfone da BBC. Graças a um produtor talentoso e empreendedor, tive o privilégio de fazer vários programas radiofônicos para a BBC. Quase todos adorariam poder falar num microfone com as letras mágicas BBC, desde que soubessem que não estavam conspirando contra eles. Numa das séries, pediram-me para reviver o percurso da minha vida, a fim de explorar minha própria procura religiosa do significado da vida. Regressei à minha Irlanda natal, a Oxford, Cingapura, Estados Unidos, Windsor e Toscana para conhecer as pessoas que aí viviam, e refletir sobre como tinha sido no meu tempo e o que tinha aprendido sobre Deus e a vida. Foi uma oportunidade fascinante e rara de poder refazer o percurso da minha vida e de ver como o mundo mudara enquanto estive longe.

Entre outras coisas, descobri — o que me deixou incomodado — quão ingênuo tinha sido durante a minha juventude, o pouco que tinha feito em alguns desses locais, o tempo que necessitara para crescer, o fato de estar hoje menos preocupado em relação à minha pessoa e, ao invés, de demonstrar maior interesse em relação aos que me rodeiam. Lembro-me de estar de pé no padang[1] de Kuala Lumpur, no Merkeda Day[2] de 1957, quando a Union Jack[3] foi descida pela última vez e substituída pela bandeira da Malásia, para celebrar a independência dessa parcela do antigo Império britânico. Mas também me lembro de estar mais interessado em descobrir onde poderia beber uma cerveja do que nos sentimentos dos cidadãos recém-independentes à minha volta.

Quando se anda com um microfone no bolso, é para ouvir com atenção o que os outros têm para dizer. A cada momento e em cada lugar, sente-se por instantes que o mundo gira à volta do local onde se está. Para os que encontram o que procuram, o seu local é de fato o centro do mundo. É salutar descobrir que não existe nenhuma notícia sobre a Europa, quanto mais sobre a Grã-Bretanha, nos jornais de Uganda, nem mesmo quando se realizaram os concertos do Live Aid em Londres. Os neozelandeses sentem algum regozijo discreto pelos mapas que colocam a Nova Zelândia no centro do mundo, em que a Grã-Bretanha aparece como uma pequena mancha na extremidade superior do mapa. Quando volto uma semana depois ao meu próprio centro do mundo, aos campos de East Anglia, na Grã-Bretanha, sinto alguma dificuldade em recordar que a vida continua na cidade

1. Padang Pahlawan — Campo dos Heróis. (N.T.)

2. 31 de Agosto — Dia da Independência. (N.T.)

3. Bandeira do Reino Unido. (N.T.)

que acabei de deixar para trás, a alguns milhares de quilômetros. É preciso uma grande catástrofe, como um tsunami, um terremoto, um caso de pessoas morrendo de fome e uma guerra ao vivo na mídia para nos sacudir e nos fazer sair do nosso próprio mundo. Mas ao fim de dez dias já nos esquecemos de tudo. Sou um desses novos viciados, que precisam do seu jornal diário, porque me recorda, especialmente, que existe um mundo mais amplo, para além dos meus horizontes.

É mais uma razão que nos leva a viajar, para não nos esquecermos de que existem muitos centros no mundo que são importantes para quem lá vive, pessoas cujas preocupações são muito semelhantes às nossas — viver, amar, aprender e deixar um legado —, mas cujas circunstâncias podem ser muito diferentes. O indivíduo que colhe o chá em Darjeeling, por exemplo, mostrava-se muito orgulhoso de sua família, enquanto Elizabeth o fotografava numa das nossas viagens, mas austero e sério. O que aconteceria com os seus filhos, pensávamos nós, e provavelmente também ele. Desejaria uma vida melhor para eles, que não passassem dias difíceis debaixo do sol, apanhando pequenas folhas dos arbustos para encher o saco que carregam às costas. A empresa de chá construiu uma bela escola gratuita para os filhos dos seus trabalhadores, e os ensina a ler, escrever e contar. É possível até que consigam ir para uma escola maior na vila e, mais tarde, para uma universidade na longínqua Nova Délhi. Mas a vida na grande cidade seria realmente melhor do que a vida na aldeia dos seus pais?

Era mais uma vez a velha questão do progresso. Será que mais é melhor? Será que iremos alguma vez parar o mundo, o nosso mundo, no ponto em que está, ou será que temos constantemente de tentar andar para a frente? O que vai acontecer àqueles campos de chá idílicos, àquela agitação ondulante dos campos de camélias verdes debaixo da sombra das árvores, se os filhos dos atuais trabalhadores dos campos de chá forem para a universidade? Irão mecanizar os jardins, deslocando grandes máquinas para o meio dos campos? Atualmente, já dispõem de uma fábrica para transformar as folhas em pó para o chá instantâneo. Assemelha-se a uma pequena refinaria, repleta de encanamentos e chaminés. É o progresso — um tipo de progresso.

É preciso ponderar. O mercado possui uma força inexorável. É difícil fugir dele, é difícil fugir da concorrência. Se não acompanhar a evolução, outros o farão em outras partes do mundo, vendendo aos seus clientes. Isso é globalização, um mundo onde não nos podemos esconder. O fabuloso chá Darjeeling, colhido e selecionado à mão, aquele cujas folhas ficam coladas na borda da chávena, é algo raro nos dias que correm, além de ser bastante caro. Gostamos dos nossos presentes de Natal que provêm dos jardins de chá, mas refletimos — quando o provamos — até que ponto o chá, tal como tantas outras coisas, é agora uma mercadoria. Quem sabe de onde vem e como é colhido? Ou quanto ganham esses trabalhadores? Quem se importa? Apesar dos melhores esforços dos partidários do Comércio Justo e de outros tantos como eles, os compradores atarefados apenas querem comprar chá. O mercado converge para um denominador comum, um mundo de coisas iguais. Eficiente, mas triste. As diferenças são um prazer.

É por causa das diferenças que gosto da maioria dos pequenos países que, tal como a minha própria Irlanda, têm pequenas populações. É o caso de países como Uganda, Cingapura, Nova Zelândia, Eslovênia, ou os países do Báltico, a Estônia, a Letônia e a Lituânia. Tenho mais facilidade em me inteirar das suas circunstâncias. Apelido-as de economias-pulga, em oposição aos países-elefante que dominam o comércio internacional. São suas diferenças que me fascinam, diferenças que pretendem preservar contra as forças que clonam o mercado global. A maioria apenas possui seus terrenos agrícolas e os talentos da sua população. Cingapura nem possui terra, mas é um dos países mais ricos, *per capita*, do mundo. Tal como a Irlanda, mas apenas nos últimos anos. Prestem atenção à Eslovênia e à Estônia, mas não contem com Uganda para se juntar a elas. Será que a Nova Zelândia vai entrar para o grupo dos países mais ricos? Por que são todos tão diferentes? O que posso aprender com eles nas minhas viagens?

Para começar, posso aprender um pouco de economia. Minha hipótese é de que as economias-pulga têm ótimo desempenho se puderem andar, de alguma forma, às costas de um grande elefante. A Irlanda se beneficiou muito com a adesão à União Europeia. Não foram só os subsídios e apoios recebidos que permitiram sua saída do grupo de países em desenvolvimento. Os benefícios oferecidos pelo governo irlandês às empresas estrangeiras, na sua maioria norte-americanas, para se instalarem no país também ajudaram.

Utilizaram a Irlanda como um trampolim para entrar no mercado europeu, beneficiando-se de uma língua comum e de uma força de trabalho especializada, jovem e, durante algum tempo, barata.

Por intermédio dessas empresas importadas, a Irlanda passou de uma economia agrícola para uma economia da informação e do conhecimento, sem precisar das chaminés da revolução industrial. O jovem irlandês agarrou o novo mundo com entusiasmo. Numa classificação, em termos de internacionalização, compilada pelos consultores A. T. Kearney, a Irlanda aparece destacada no topo da tabela, não somente apresentando uma proporção maior de importações e exportações como também registrando mais viagens *per capita* ao exterior e mais chamadas telefônicas internacionais. A Europa foi benéfica para a Irlanda, mas o país estava bem preparado, pois tinha investido as duas décadas anteriores na educação técnica e universitária de sua população e começado simultaneamente a cortejar as empresas internacionais. Assim que essas empresas começaram a aparecer, os irlandeses compreenderam a importância da educação, em especial na área tecnológica. E assim nasceu o tigre celta.

A Nova Zelândia tem a mesma população da Irlanda e, tal como a Irlanda, esteve durante muito tempo presa e dependente do mercado britânico, um elefante útil, embora longínquo. Após terem desaparecido as vantagens que a proteção imperial costumava oferecer e que tiveram de acabar quando a Grã-Bretanha aderiu ao mercado comum, a Nova Zelândia ficou sem um elefante em que se apoiar e comercializar os seus produtos. Precisa encontrar outro elefante. A Austrália não é suficientemente grande e os Estados Unidos estão muito distantes. Por isso, muitos neozelandeses acham que poderá ser a China. Entretanto, além da queda das exportações agrícolas, há que desenvolver o mercado interno, que é muito pequeno para permitir que as pequenas empresas possam crescer mais, o suficiente para se tornarem importantes em nível mundial.

A Nova Zelândia é, no entanto, uma sociedade calma, territorialmente muito afastada das crises do resto do mundo, com um padrão de vida adequado. Existe um sentimento entre a maioria da população de que é uma pena ter de trabalhar arduamente, se isso significar a perda de outras partes da vida. Numa visita à nossa filha, que viveu lá durante seis anos, observei o encanador que veio um dia consertar o chuveiro. Enquanto trabalhava, seu telefone tocou. Era óbvio que precisavam dele em outro local, provavelmente para solucionar algum problema urgente, como acontece habitualmente com os encanadores. Depois de atender o telefone, virou-se para a minha filha e disse: "Desculpe, tenho de ir. As ondas estão boas para o surfe. Estarei de volta dentro de duas horas". Minha filha se manteve imperturbável. Aquilo era algo comum na cidade costeira onde vivia.

Os kiwis[4] talvez tenham razão. A vida não se resume à economia, em especial quando se vive numa bela zona sem trânsito e repleta de praias. No entanto, para manter os serviços públicos com níveis comparáveis aos do resto do mundo, a economia precisa crescer. Um mundo global convida às comparações. Ninguém pode dar-se ao luxo de ficar muito afastado, pois seus melhores cidadãos poderão sair. O crescimento econômico é uma máquina implacável que ninguém ousa abandonar. Algum dia desses, os kiwis vão precisar ter suas próprias empresas-elefante e um país-elefante para vender os seus produtos.

Um mundo tecnológico é um local agitado, onde não é sensato um país ficar parado, onde cada sucesso parece ser apenas o prelúdio de outro problema e, pior ainda, onde não se sabe para onde nos leva o caminho, se é que, de fato, existe um fim para o caminho. A viagem poderá não valer toda essa luta, o progresso poderá ser apenas uma ilusão, mas parece não haver alternativa a não ser continuar a viagem. Como tudo na vida, eu suponho. Por que haveriam os países de ser diferentes?

A globalização é, na melhor das hipóteses, uma bênção mista. Por um lado, ninguém pode optar por não querê-la, nem mesmo o pequeno reino do Butão, que está sendo gradualmente obrigado a abrir sua fechada sociedade. Não é possível descansar em parte alguma. Mas é um fato que estimula, ou mesmo força, o advento da tecnologia, à medida que as empresas e países competem para se manter atualizados. A interminável procura de vantagens

---

4. Designação utilizada para os habitantes da Nova Zelândia. (N.T.)

competitivas mantém as abelhas capitalistas ocupadas na busca do néctar mais recente e mais barato. Isso provoca uma redução dos custos e dos preços, mas também leva as abelhas para novos territórios, propagando seu know-how e criando empregos e riqueza em sua passagem. Estas são as boas notícias. Por outro lado, quando avançam, deixam um vazio atrás de si, a não ser que os territórios de onde saíram tenham sido capazes de utilizar a injeção de dinheiro e competências para construir o seu próprio banco de talentos e de mantê-los dentro de suas fronteiras.

A ganância e a pressa são características inerentes ao capitalismo global. Os países pensam em gerações, as empresas em anos, cinco no máximo. Embora a maioria seja bem-intencionada, têm aquilo que o sociólogo Erving Goffman apelidou de relações *taxicab*[5] com os seus países anfitriões: íntimas mas curtas. Os anfitriões têm de se aproveitar ao máximo dessas empresas, enquanto estiverem presentes, e preencher a retirada de algumas, mas, em primeiro lugar, têm de aliciá-las a entrar no mercado nacional. Infelizmente, essas deslocalizações de empresas são a inevitável e aparente consequência do crescimento econômico. Quanto mais depressa cresce uma economia, maior é o hiato entre os rendimentos dos mais ricos e os dos mais pobres, mesmo quando, como é o caso da Grã-Bretanha, existe um governo trabalhista empenhado em reduzi-lo. É lamentável, mas parece que, à medida que o hiato aumenta, também aumenta a propensão para problemas de saúde, depressão e violência entre os que ficaram para trás. Paradoxalmente, o crescimento econômico gera muitas vezes o declínio social no seu rasto. Nada é fácil.

A origem desse crescente hiato de rendimentos pode ser encontrada no mercado global, em que o talento e o trabalho,

---

5. Viagem de táxi. (N.T.)

como todo o resto, são transacionados entre países, razão pela qual o preço dos melhores talentos é fixado internacionalmente, tal como o custo do trabalho no outro extremo. O mercado obriga perversamente à redução de alguns custos e simultaneamente ao aumento de alguns preços. O vencedor fica com tudo. Assim, os ricos ficam mais ricos e os pobres, embora fiquem mais ricos em termos absolutos, ficam ainda mais para trás. Não sei muito bem como poderemos inverter essa tendência, embora possamos obviamente fazer mais para ajudar os mais pobres e acabar com a pobreza absoluta, introduzindo-os nessa economia de mercado. Seria do interesse de todos. No final, se os ricos quiserem continuar a enriquecer, terão primeiro de ajudar os pobres a ficar mais ricos, para permitir que a economia mundial no seu todo cresça exponencialmente. Não é estranho que seja o mercado internacional o causador de muitos problemas e simultaneamente a melhor forma de resolver esses problemas? Mas a economia é isso.

As minhas viagens com um microfone me deixaram com um sentimento de culpa. Senti-me um *voyeur*, observando a vida dos outros mas sem fazer nada para ajudá-los. Senti-me pessoalmente insensível à situação dos lugares que visitamos. Porém, houve uma viagem em que isso foi diferente. Visitamos a África do Sul nos meses imediatamente seguintes à libertação de Nelson Mandela e à implementação das primeiras eleições verdadeiramente livres naquele país. Eu ia discursar numa conferência importante e nossos anfitriões nos haviam gentilmente arranjado um encontro com alguns líderes sindicais e membros do ANC — Congresso Nacional Africano. Estavam empenhados em não condenar o regime anterior e nem ao menos em falar dele. Seu olhar estava fixamente concentrado no futuro. A Comissão de Verdade e Reconciliação, que se seguiu posteriormente, foi uma forma admirável de as pessoas se redimirem de suas culpas, enquanto aceitavam assumir a responsabilidade por seus crimes. Cheguei, mais uma vez, à conclusão de que uma nação pode evoluir se não aceitar o passado e o deixar para trás e que, se não for capaz de enfrentar a verdade sobre si própria, nunca conseguirá se livrar dos antigos problemas. A Irlanda só começou a avançar quando parou de se lamentar pelos problemas do passado, perdoou seus pretensos opressores e assumiu a responsabilidade pelo próprio destino. Isso é verdade tanto para os indivíduos como para os países, e o grau de dificuldade é idêntico. Deixei a África do Sul impressionado e esperançado com seu povo, apesar de todas as suas dificuldades, e decidido a aprender pessoalmente com o seu exemplo.

18

Um septuagésimo aniversário

Há três anos, acordei cedo no dia 25 de julho, naquele que ainda era o nosso apartamento na Toscana. Suspirei ao pensar na data. De repente, num instante, tinha atingido os 70 anos de idade. A fatídica marca tinha sido ultrapassada, a esperança de vida bíblica alcançada. Os meus familiares mais próximos tinham se reunido para festejar o acontecimento. O que estamos festejando, pensava eu? A sobrevivência, acho. Percebi que chovia lá fora, algo improvável nessa região em fins de julho. Seria um presságio?

Olhei-me ao espelho. Era realmente um rosto envelhecido. Seria o meu? Não me sentia assim. Algumas semanas antes, no metrô de Londres, uma bela e elegante jovem etíope — ou seria sudanesa? — olhou-me fixamente e sorriu. "Ah!", pensei, "afinal parece que ainda tenho algum encanto." Depois, percebi que estava me oferecendo seu lugar. Aceitei, corado, tentando não demonstrar meu desapontamento. Animei-me, e pensei que 80 eram os novos 70, portanto, com sorte e boa saúde, ainda poderia viver mais dez anos antes de ser realmente velho. Afinal, ainda jogava tênis, embora mal, nadava todas as manhãs, andava de bicicleta, andava a pé, bebia muito vinho tinto e trabalhava tempo integral.

Tinha de reconhecer, porém, que os sinais aí estavam. Minhas costas se ressentiam se as desafiasse. Quando acordava, sentia peso nas articulações. Era mais fácil me sentar para calçar as meias. Tomava comprimidos para isto e para aquilo todos os dias. Avisos diários da minha mortalidade. Suponho mesmo que tinha a sorte de não ter mais para tomar.

A morte, propriamente dita, era algo que agora se encaixava nos meus horizontes. Tinha entrado finalmente na minha geração. A morte dos pais, tias e tios é triste, mas previsível, se acontecer depois de terem chegado a uma idade avançada. Só quando os nossos contemporâneos começam a morrer é que acordamos, começamos a ler os obituários com renovado interesse, tentando antes de mais nada saber que idade tinham. Vamos a mais funerais e missas em memória de pessoas falecidas nos dias que correm, porém, apesar de sempre triste, é uma forma estranha de refletirmos e até de desfrutarmos a presença de tantos rostos familiares com tantas reminiscências para partilhar, sendo a tristeza muitas vezes aliviada pela consciência de uma vida bem vivida. Acabo sempre por ir embora considerando que o meu próprio tempo não está assim tão longe. Tempo para pôr a casa em ordem, digo a mim mesmo. Depois, o otimismo se sobrepõe. Planeje viver para sempre, dizem, mas viva cada dia como se fosse o último. Um bom conselho, sem dúvida, mas difícil de seguir quando os dias se tornam nublados.

Pergunto-me se os que forem ao meu funeral pensarão que a minha vida foi bem vivida. Tenho tido o privilégio, ao longo dos anos, de receber doutoramentos *honoris causa* por parte de diversas universidades. Nessas ocasiões, o homenageado senta-se normalmente numa cadeira sobre um estrado, perante a totalidade dos recém-licenciados, enquanto um membro da faculdade lê a menção, ou justificativa, para a atribuição do título. Assemelha-se a um obituário antecipado. Essas menções são sempre lisonjeiras. E devem ser mesmo. Não se critica a pessoa que está sendo homenageada. Por isso, são apenas uma parte da verdade sobre quem somos. Nossa vida real é quase sempre escondida da opinião pública. Até mesmo os *paparazzi* raramente revelam todos os contornos da personalidade daqueles que atraem a curiosidade do público. Nós, que deveríamos ser os que nos conhecemos melhor, nem sempre estamos preparados para enfrentar a verdade, mas, à medida que se aproxima a idade da morte, não há tanto a perder em ser honesto consigo mesmo em relação ao tipo de vida que se viveu.

Aristóteles aconselhou-nos a fazer o teste do leito de morte, para imaginarmos o nosso último dia de vida e pensarmos como deveríamos avaliá-la. Há tempos, pedi a alguns executivos num seminário para fazerem uma versão desse teste. "Imaginem-se à beira da morte, em idade avançada. Escrevam o maior elogio fúnebre que gostariam que seu melhor amigo lesse na cerimônia em sua homenagem." Acham obviamente que é difícil, porque estão ainda no meio da carreira. Aliás, os que têm menos de 30 anos e ainda não estiveram perto da morte, ou não assistiram à morte de um entre próximo ou querido, são incapazes de considerar essa situação e de transformá-la em uma fantasia ou brincadeira. Quando os mais velhos concluem o exercício, têm de se imaginar às portas da morte, talvez com 80 anos. Se conseguirem olhar para trás, descobrem que muito do que consome seu tempo e energia provavelmente será insignificante à luz da sua longevidade. O elogio fúnebre do amigo imaginário passaria provavelmente em revista os pormenores de sua carreira, procurando mostrar que tipo de pessoa tinham sido, incluiria uma ou duas reminiscências e terminaria com as lembranças que deixavam aos que os conheciam melhor. Quem foram tem muitas vezes mais importância do que o que fizeram.

Eu próprio fiz esse exercício, quando ainda tinha 50 anos. Cheguei à conclusão de que utilizar meu tempo para criar um currículo que impressionasse estranhos era pura perda de tempo. Estava ciente de que os feitos da minha carreira tinham sido engolidos pelo desperdício do passar dos anos. As organizações têm péssima memória e esquecem rapidamente nosso nome e nosso rosto. Existem algumas lições mais salutares do que regressar aos locais onde a sua palavra teve, no passado, alguma influência e o seu nome era importante, apenas para descobrir que ninguém o conhece, reconhece seu nome ou rosto. "Eu já fui presidente desta empresa", disse uma vez a uma recepcionista. "Ah, sim?", foi a única resposta. *Sic transit gloria mundi*[6].

O que quero deixar para trás e a quem? Que legado pessoal? Não são certamente os meus discursos e programas radiofônicos. Estou a par das pesquisas sobre retenção mental. Sei, infelizmente, que 80% do que disse desapareceu da mente dos que me ouviram, antes mesmo de terem saído da sala ou desligado o rádio. Não é o caso dos meus livros. Tenho prateleiras deles, versões de cada edição em diferentes línguas. Guardo-os como referência e como recordação nostálgica dos tempos passados. Pedi que fossem todos queimados, à moda de ritual, depois da minha morte. Também podem aproveitar para queimar todos esses rolos de papel com títulos honoríficos ou outros. São apenas os detritos de uma vida. Agrada-me a ideia de uma fogueira nos fundos da casa, com a minha família em volta, enquanto arde o trabalho da minha vida — o mais próximo possível de um funeral indiano

6. Assim passa a glória do mundo. (N.E.)

na Grã-Bretanha. Se as ideias desses livros tiverem algum valor, serão absorvidas pela forma de pensar de outras pessoas. Isso seria algo de que poderia me orgulhar, embora nunca soubesse qual a ideia que se tinha relacionado com quem.

Esqueçam, portanto, o currículo arduamente construído ao longo dos anos. Esqueçam os livros. Esqueçam minha pessoa física. Eu estarei apodrecendo na terra. A ideia do NADA após a morte não me preocupa. Se nunca tive um pensamento em relação ao que existia antes de eu existir, porque haveria de me preocupar com o que acontecerá depois? O que espero que se mantenha durante algum tempo, nos meus entes mais queridos, na minha família e em alguns amigos mais chegados, é alguma recordação da minha pessoa. Se existe algum tipo de imortalidade, ela reside nas mentes e nos corações dos outros. Penso e sonho mais com os meus pais, mortos há mais de 25 anos, do que pensava e sonhava quando eram vivos. Quando penso nisso chego a ficar chocado.

Existe uma tradição judaica da herança em vida em que se lega formalmente aos herdeiros, além de objetos físicos ou dinheiro, as crenças e valores pessoais, na esperança de que eles os perpetuem ao longo de suas próprias vidas. Não posso ter a presunção de prescrever como os outros devem viver, mas escrevi cartas para minha mulher e meus dois filhos, que devem ser abertas após a minha morte, em que transcrevo minhas esperanças em relação a cada um deles, bem como algumas palavras sobre o que considero que mais importou na minha vida. Atualizo-as todos os anos. Para ser honesto, essas cartas são mais para meu proveito próprio do que para o deles, pois me obrigam a pôr em evidência os meus pensamentos. São a minha versão do exercício do leito de morte de Aristóteles. Nunca soube o que o meu pai pensava acerca da vida ou da morte. Quem me dera ter sabido.

Minha família me diz que sou, tal qual T. S. Eliot, obcecado pela morte. Isso porque, como Aristóteles, penso que só podemos avaliar nossa vida quando atingimos o seu termo. Antecipando o fim da minha, estou estipulando para mim próprio o objetivo de viver de acordo com meu elogio fúnebre imaginário durante o tempo que me resta. A maioria só está em condições de estipular esse tipo de objetivo quando está literalmente em seu leito de morte, não no imaginário. É sempre tentador adiar o inventário de nossa vida por mais algum tempo, enquanto vamos vivendo como sempre vivemos. O autoconhecimento poderá ser um remédio amargo. Na maior parte das tragédias, o protagonista só faz essa avaliação quando é tarde demais. Quando Fausto descobriu finalmente o erro das suas escolhas, era demasiado tarde, estava morto.

A disciplina do leito de morte ajuda a manter-me concentrado no que realmente interessa, mesmo que, como a maioria das pessoas, nem sempre consiga cumprir as minhas resoluções. As boas notícias são que isso se torna mais fácil à medida que se envelhece. A ambição esmorece, tal como a inveja dos outros que são aparentemente mais bem-sucedidos. Isso porque há muito que as oportunidades desapareceram e porque já racionalizamos o nosso passado e os seus fracassos, permitindo-nos assim viver mais confortavelmente. Tenho reparado que, quando se pede a figuras conhecidas que reflitam sobre seu pior erro, para elaborar um perfil para um jornal, acabam sempre por considerar que se tratou de uma importante experiência de aprendizagem e que, na sua opinião, foi positivo que acontecesse. Pode ter sido uma dessas situações que os tenha obrigado a enveredar por uma nova direção e que se tenha tornado um ponto de mudança em sua vida.

À medida que a idade avança, há igualmente menos pessoas a quem queiramos causar boa impressão. Assim, mais vale dizer a verdade tal qual a vemos, viver como queremos e estar apenas com quem valorizamos. Santo Agostinho via a vida como uma escada de tentações, que nos surgem em cada degrau à medida que vamos subindo mais alto. Ao contrário da maioria das escaladas, essa parece se tornar mais fácil com o progresso da idade, tendo as tentações há muito desaparecido.

Na manhã do meu aniversário, lembrei-me de que havia coisas que gostaria que tivessem sido diferentes em minha vida. Por exemplo, preferiria não ter tentado, até praticamente os meus 30 anos, ser um executivo do setor petrolífero. Por outro lado, e há sempre outro lado, não teria tido a experiência de trabalhar no seio de uma grande organização e não teria usufruído os prazeres do Sudeste Asiático antes de a região ficar infestada de turistas como eu. E mais importante, não teria conhecido Elizabeth. Lembro-me da despedida de minha mãe, ao partir para passar três longos anos na Malásia.

— Não se preocupe, meu querido, é uma forma de você arranjar material para os seus livros.

— Livros? — disse intrigado. — Vou ser um homem do petróleo e não um escritor.

Por vezes, as mães nos conhecem melhor do que nós próprios. Pensando bem, ela tinha razão. Eu não devia lamentar esses anos.

Lamento, mas só às vezes, já estar casado e bem domesticado quando chegaram os libertários anos 60 e nunca ter usufruído a sua suposta liberdade. Teria igualmente gostado de ter ganhado mais dinheiro nos primeiros anos do nosso casamento, mas não estava preparado para fazer o que era necessário para ganhá-lo. Teria gostado de estar nos meandros do processo político, de ter podido influenciar de alguma forma as opções governamentais, mas não estava preparado para vender a minha alma, ou mesmo o meu tempo, a qualquer partido político. Tudo tem um custo, e eu não estava preparado para enfrentá-lo.

Teria gostado de recuperar minha juventude. Não fiz o suficiente nesses preciosos anos. A Irlanda era, nessa época, uma terra enfadonha, e eu era um tipo enfadonho. Não viajava, não praticava esportes, não me interessava o suficiente pelo mundo natural à minha volta. Por outro lado, pensando bem, lia muito nesses dias. Esse é talvez um passatempo mais útil quando se é mais velho. Sendo agora menos egoísta, lamento nunca ter sujado minhas mãos, nunca ter trabalhado com os pobres ou desempregados, tendo apenas escrito sobre eles. Nunca participei de uma manifestação de rua, nunca me juntei a uma marcha de protesto. No decurso das minhas incursões voyeuristas, estive em algumas das regiões mais pobres do mundo, mas nunca fiquei para ajudar. É melhor fazer essas coisas quando se é jovem, cheio de energia e se está menos preocupado com o local onde se irá dormir e com o aspecto das instalações sanitárias, mas eu estava muito preocupado com o meu próprio futuro, não com o dos outros. Até mesmo nos dias de hoje, quando passo cheques para uma boa causa, mantenho as minhas mãos limpas. Penso, e provavelmente com razão, que eu seria, a esta altura, mais um estorvo do que uma ajuda.

Talvez isso tenha sido sempre verdade. Lembro-me das palavras do bispo que me aconselhou a não ser ordenado: "Fique onde está, continue a fazer o que está fazendo. Você tem acesso ao tipo de pessoas que a maioria dos padres nunca conhece. Use isso para fazer o bem na medida do possível". Era a minha cláusula de emergência, e tenho-a utilizado desde então como meu argumento para continuar a fazer o que faço. É provável que tivesse razão, mas a culpa das minhas mãos limpas, que carrego desde a juventude no vicariato, ainda me causa remorsos.

Acredito que Aristóteles teria concordado com o bispo. "Faz o teu melhor com aquilo em que és melhor" é a minha tradução do seu princípio do eudemonismo. Não podemos ser todos bons em tudo. Não tente ser aquilo que não é. Nossos genes nos definem até certo ponto. Podemos desejar ter sido mais bonitos, ou mais inteligentes, ou mais atléticos. Podemos pensar que a vida teria sido diferente se tivéssemos nascido em outro estrato da sociedade, é provável que sim. A única solução, porém, é o conselho que meu barbeiro me deu quando lhe perguntei o que fazer em relação ao avanço da minha calvície: "Devia ter trocado de pais antes de nascer", respondeu-me. Eu nunca teria querido isso.

"Conhece-te a ti mesmo", segundo Juvenal, era uma das mensagens inscritas no templo de Apolo em Delfos, na Grécia antiga. Difícil. No entanto, o corolário "Aceita-te como és" é quase igualmente difícil. Tal como muitos outros, suponho, consigo imaginar uma vida diferente se tivesse nascido num contexto diferente, tido uma educação diferente ou uma juventude que me tivesse posto mais à prova. Tenho de viver com o rosto que vejo no espelho, por mais que tente contorcê-lo. É muito fácil para Aristóteles sugerir que devemos nos concentrar naquilo que fazemos melhor, mas saber o que é e depois nos prepararmos para isso é outro assunto.

É particularmente difícil se aquilo que se faz melhor só pode ser feito quando se é mais novo. Lembro-me de entrevistar em um programa de rádio o treinador da equipe de rúgbi do Wigan, a essa altura a campeã da Liga.

— Qual é o seu maior desafio?", perguntei-lhe. A resposta me surpreendeu:

— É conscientizar os jovens leões da minha equipe de que os seus dias como jogadores acabarão antes de completarem 30 anos e persuadi-los a seguir outra carreira.

O que aqueles jovens faziam melhor não pode ser feito durante muito tempo. É o mesmo para todos os atletas, cujos melhores anos ficarão rapidamente para trás e para quem o resto da vida poderá bem ser um anticlímax. É apenas um pouco melhor para os que têm competência para gerir pessoas, porque isso surge mais tarde. A não ser que tenham sorte, as organizações em que atuam vão querer desfazer-se deles quando, em sua opinião, ainda estão no auge. Descobrir uma nova versão do seu melhor na chamada aposentadoria pode ser difícil. Quando entrei para a Shell, disseram-me que a maioria dos seus executivos tinha morrido num prazo de 18 meses após terem se aposentado. Para eles, ninguém era eudemonista depois da Shell. Os profissionais liberais podem avaliar melhor se podem exercer sua atividade por conta própria a partir de suas competências profissionais. Contudo, isso é cada vez mais difícil, à medida que o exercício de um número crescente de profissões requer a contratação de um seguro caro e a necessária atualização quanto às novas tecnologias ser onerosa.

A aposentadoria das pessoas tem de ser reinventada, uma vez que hoje em dia pode durar 20 ou mesmo 30 anos e ser vivida com saúde. Aposentadoria é obviamente a palavra errada. Trata-se de outra fase da vida, um bônus inesperado de prosperidade. Um dos livros que escrevi em parceria com Elizabeth intitulava-se *Reinvented Lives*[7]. Nesse livro, 28 mulheres descreviam como era sua vida depois dos 60 anos. Tendo agora mais tempo, os filhos criados, os pais mortos, estavam livres para se concentrar em sua própria vida. Algumas iniciaram novas carreiras; uma abriu um restaurante com a filha; outra lançou uma empresa de consultoria jurídica internacional; uma terceira criou uma

---

7. Vidas Reinventadas. (N.T.)

instituição de abrigo para animais abandonados. Outra ainda decidiu se divertir com as amigas, que tinha perdido de vista por ter casado cedo. Um casal parecia feliz por estar ocupado com os netos. Uma casou pela primeira vez, outra pela segunda. Outras podiam agora dedicar-se mais às atividades que sempre tinham realizado nos seus momentos livres e viram seu trabalho florescer a partir disso. O fator comum em todas essas histórias reside em terem todas essas mulheres dado passos positivos para aproveitar ao máximo esses anos de bônus. Eram pessoas ocupadas, realizadas, exemplos vivos de eudemonistas. Nenhuma delas usava o termo aposentadoria, à exceção de uma senhora que se queixava de ter sido forçada pela empresa a se aposentar. A aposentadoria era, para ela, algo que lhe tinham imposto, não era uma opção sua; no entanto, olhando para o passado, era a melhor coisa que poderia ter lhe acontecido, que a impulsionou para uma vida nova e mais interessante. Em determinado momento, suspeito que muitos pensarão nos seus anos de trabalho formal como nós pensamos agora nos nossos anos de faculdade, como uma experiência de formação longínqua. Há pouco tempo, perguntei a um vizinho o que era ou o que fazia um amigo comum, a fim de poder contatá-lo. "Não faço a menor ideia, nem me parece relevante", respondeu-me. O homem em questão tinha apenas 65 anos. Já está acontecendo, pensei comigo mesmo. Os homens também estão reinventando a vida depois dos 60. Observo que alguns amigos compraram vinhas ou que se dedicaram ao esqui ou às caminhadas, tendo feito disso suas novas paixões. Outros ainda voltaram a estudar, recorrendo à Universidade Aberta da Grã-Bretanha em busca dos cursos que lhes faltaram na juventude. Muitos se tornaram artistas e descobriram um talento até então desconhecido, ou escreveram aquele romance que todos acreditamos existir em algum lugar dentro de nós. Perguntem o que faziam antes e eles respondem dando de ombros, referindo-

-se a algo que foi importante no passado, mas que já não define quem são. Sua nova vida é agora mais importante. Sem alguns dos constrangimentos da paternidade e sem uma carreira formal, agora podem se dedicar livremente ao que sabem fazer melhor. Encontraram o eudemonismo, e isso é visível no rosto deles. Todos deveríamos ter essa sorte.

No meu caso, sou como aquele amigo agricultor. Perguntei-lhe o que fazia agora que já estava na casa dos 70 anos. "O mesmo, só que mais lentamente", respondeu. "Por que haveria de fazer algo diferente? Isso é o que eu gosto de fazer." Eu também. Gostei da história que James O'Toole, meu intérprete de Aristóteles, conta acerca de John Jerome. Jerome escreveu 11 livros, porém, quando morreu, no início de 2002, seu falecimento passou praticamente despercebido, mesmo nos círculos literários e editoriais. Seu trabalho nunca recebeu grande reconhecimento público durante sua vida, apesar de suas meditações em torno de tópicos como a natação, as montanhas, a meteorologia e a construção de paredes de pedra serem bem pensadas e estarem bem elaboradas. Segundo seu cunhado, escritor da revista *New Yorker*, Bruce McCall, no passado Jerome se sentira incomodado com a falta de sucesso financeiro e editorial, até que chegou à conclusão de que o objetivo de sua escrita era o prazer que usufruía do ato em si.

"Parece que escrever livros se tornaria, de fato, a compensação de John por não vender livros, até que um fato deixou praticamente de ter qualquer relação com o outro e ele ficou liberto para exercer sua escrita com base no mais puro dos objetivos: explicar o mundo em que vivia a si mesmo."

Não creio que meus editores ficassem muito satisfeitos se ignorasse tanto assim os meus leitores, mas, no fundo, hoje escrevo para explicar as coisas a mim mesmo, na esperança de que isso possa igualmente interessar a alguns leitores. Minhas ambições iniciais de entrar para a lista de *best-sellers* são agora menores, embora ainda sinta alguma vaidade quando isso acontece. Sou um perito em palavras. É o que faço. Olhando para o passado, reinventei a minha vida quando estava perto dos 50 anos e não sinto ainda a necessidade de voltar a fazê-lo de forma tão radical. Os livros e os artigos podem ter uma natureza diferente e ser menos frequentes, os discursos são mais curtos e mais esporádicos, mas, à imagem do meu agricultor, continuarei a fazer o que faço, embora mais devagar. Isso vai permitir que eu tenha mais tempo para minha família e meus amigos, para ir ao teatro, à ópera e a concertos, ou seja, para outras formas de aprendizagem, porque sei, ao observar os outros, que, assim que se para de aprender, mais vale também deixar de viver. Nada disso mudará o mundo no seu todo ou em parte, mas há muito que abracei uma parte do Juramento de Hipócrates, prometendo a mim mesmo "abster-me de toda espécie de mal e injustiça".

O dinheiro será sempre uma preocupação. Os escritores não têm pensões de aposentadoria, apenas as suas poupanças. É aqui que invejo os que continuaram na Shell ou em outras organizações, que recebem mensalmente um cheque à prova de inflação, sem terem necessidade agora de trabalhar para ganhá-lo, muito embora seus sucessores possam não ser tão bem tratados. No futuro, a maioria vai sentir a necessidade e a vontade de exercer alguma atividade remunerada para complementar a pensão proporcionada pelo Estado ou por seus antigos empregadores. Por outro lado, nossas necessidades financeiras diminuem à medida que envelhecemos. Independentemente do portfólio de atividades que criamos, algumas devem ser remuneradas. Além da utilidade prática do dinheiro, é uma forma de sentirmos que ainda temos valor.

Ainda deitado na cama, percebo novamente quão fugaz é a vida, como nossos esforços oficiosos são inconsequentes, mas também como são preciosos alguns momentos. Fazendo o balanço, considero que tive uma vida boa. Pais adoráveis para me criar, filhos fantásticos, uma mulher que adorei e a quem devo qualquer sucesso que tenha alcançado, bons amigos e uma boa saúde (até agora!). A possibilidade de passar o pouco tempo que me resta a fazer aquilo de que gosto, rodeado daqueles que amo, deve ser um bônus. Não vou precisar ser cínico. Erich Fromm, o grande psicólogo pós-freudiano, conclui que, apesar das suas dificuldades, "o amor é a única resposta sã e satisfatória para o problema da existência". A maioria tem grandes expectativas e ambições, tal como eu próprio, de deixar sua marca na história para, no final, como o Cândido de Voltaire, decidir apenas cultivar o seu jardim. Voltaire também afirmou: "Quão infinitesimal é a importância do que faço, mas quão infinitamente importante é o fato de o fazer".

É isso mesmo. Estendo-me satisfeito na cama.